大学文科基本用书·历史
DAXUE WENKE JIBENYONGSHU

SHIXUE GAILUN

史学概论

李隆国 著

北京大学出版社
PEKING UNIVERSITY PRESS

图书在版编目(CIP)数据

史学概论/李隆国著. —北京：北京大学出版社，2009.7
（大学文科基本用书）
ISBN 978-7-301-15365-9

Ⅰ.①史… Ⅱ.①李… Ⅲ.①史学—概论—高等学校—教材 Ⅳ.①K0

中国版本图书馆 CIP 数据核字(2009)第 097195 号

书　　名	史学概论 SHIXUE GAILUN
著作责任者	李隆国　著
责任编辑	刘　方
标准书号	ISBN 978-7-301-15365-9
出版发行	北京大学出版社
地　　址	北京市海淀区成府路 205 号　100871
网　　址	http://www.pup.cn　新浪微博：@北京大学出版社
电子信箱	pkuwsz@126.com
电　　话	邮购部 010-62752015　发行部 010-62750672 编辑部 010-62752025
印刷者	北京虎彩文化传播有限公司
经销者	新华书店
	965 毫米×1300 毫米　16 开本　17.5 印张　280 千字 2009 年 7 月第 1 版　2023 年 2 月第 6 次印刷
定　　价	49.00 元

未经许可，不得以任何方式复制或抄袭本书之部分或全部内容。
版权所有，侵权必究
举报电话：010-62752024　电子信箱：fd@pup.pku.edu.cn
图书如有印装质量问题，请与出版部联系，电话：010-62756370

目录

第一章 导论：史学概论源流 /1
　　一、起源于西方 /1
　　二、现代中国的史学概论 /3
　　三、当代中国的史学概论 /5
　　四、本书宗旨 /8

第二章 历史、历史学家与历史学 /9
　第一节 历史 /9
　　一、史字源流 /9
　　二、过去与历史 /12
　第二节 历史学与历史学家 /14
　　一、历史学与科学 /14
　　二、观察历史的两种方式 /17
　　三、历史学科 /20
　　四、历史学家 /23
　第三节 历史学有什么用？ /25
　　一、史学之功用 /25
　　二、现代历史学的用途 /26
　　三、历史学与思维训练 /28

第三章 历史研究的逻辑起点：史料收集 /33
　第一节 历史研究的起点 /33
　第二节 历史学只是史料学？ /35
　　一、过往史 /35
　　二、史料 /38
　第三节 史海导航：工具书 /42
　　一、现代学术与工具书 /42

二、知识的查阅/45
三、书目/47
四、史料学/54
第四节　史料分类法/56
一、史料分类法概说/56
二、二分法源流/57
三、中国古代史料分类/59
第五节　史料收集程序举例/61

第四章　历史研究的实际起点：选题/66
第一节　问题的提出/66
一、何谓选题？/66
二、新手的有利条件与不足/67
三、经验之谈/69
四、三种系数/69
第二节　可行性调查/71
一、可行性调查的范畴/71
二、研究计划/76
第三节　历史学家的选题技巧/78
一、小题大做/78
二、举偶/80
第四节　作业选题/83

第五章　理解史料：传统辅助学科/85
第一节　传统辅助学科/85
第二节　年代学(Chronology)/86
一、中国年代学/87
二、公元纪年/90
三、年代学与历史学/92
第三节　书学、文书学与档案学/95
一、书学(Paleography)/95

二、文书学(Diplomatics)/97
　　三、档案学(Archives)/99
　第四节　语言学(Philology)/101
　　一、识字/101
　　二、训诂/103
　　三、翻译/106
　第五节　校勘学(Textual Criticism)/108
　　一、校勘四法/108
　　二、校勘新法/109
　　三、校勘"怪圈"/111

第六章　理解历史现象：现代辅助学科/115
　第一节　现代史学与社会科学/116
　第二节　视野的拓展/119
　第三节　新史料的利用：历史人口学/125
　　一、马尔萨斯与现代人口史/125
　　二、剑桥人口小组的研究/127
　　三、中国人口史的实践/130
　第四节　史学科学化：经济史/132
　第五节　历史发生学：结构、文化与事件/137

第七章　考据/143
　第一节　考据之缘起/143
　　一、说考据/143
　　二、中国考据传统/145
　　三、西方考据传统/146
　第二节　内部考据(Internal Criticism)/148
　　一、文献/148
　　二、标点/150
　　三、读不通与获取信息/152
　第三节　外部考据(External Criticism)/157

一、时间/158
　　二、地点/161
　　三、作者/162
　　四、史事/164
　第四节　证据的运用原则/166
　　一、确证、通识与阙疑/166
　　二、意见性史料的利用/168
　　三、尊重证据与考据的真精神/169
　第五节　示例两则/171
　　一、《辞海》"竹刻"条辨误/171
　　二、"同观福音"源流/172

第八章　历史写作/176
　第一节　历史写作与文章/176
　　一、古代历史写作原则/176
　　二、现代历史写作与叙事/178
　第二节　从记载到研究/182
　　一、记载与研究/182
　　二、折中于记载与研究之间/186
　第三节　现代历史写作/188
　　一、论文的缘起/188
　　二、学术规范/190
　　三、论文写作技巧/191

第九章　传统中的史学/196
　第一节　传统与史学/196
　　一、静态传统与动态传统/196
　　二、史学传统/197
　　三、史学传统三重奏/201
　第二节　史事的传统/202
　第三节　口传与历史记忆/205

一、古代之口述历史/205
　　二、民俗口述历史/208
　　三、口述史学/210
　第四节　史文传统/213
　　一、古代史文与考据/214
　　二、辞章/217
　第五节　史义传统/219

第十章　历史是什么？——思辨的历史哲学/223
　第一节　思辨的历史哲学的缘起/224
　　一、古代历史作品中的历史哲学/224
　　二、西方中世纪的历史哲学/226
　　三、历史哲学的兴起/229
　第二节　黑格尔和马克思/233
　　一、黑格尔/233
　　二、卡尔·马克思/236
　第三节　现代历史学家的世界历史模式/239
　　一、阿诺德·汤因比/239
　　二、布罗代尔/241
　第四节　主要分析范畴/244

第十一章　历史学是什么？——分析的历史哲学/247
　第一节　整理史料与历史学专业化/248
　　一、德国大学与现代专业化史学/248
　　二、阿克顿勋爵与价值判断的公正化/252
　　三、专业化历史研究范式/253
　第二节　作为社会科学的历史学/255
　　一、美国的进步史学/255
　　二、研究人文的历史学/257
　　三、年鉴运动/260
　　四、折中于古今之间/262

第三节 作为文学的历史学/263
    一、范式革命/263
    二、元史学/265
第四节 分析范畴/269
    一、历史知识与真实/269
    二、实用与真实/269
    三、主体与客体/270

后　记/272

第一章
导论:史学概论源流

一、起源于西方

史学概论,是介绍史学研究的入门性读物或课程。作为一门课程或教材的名称,还有许多其他的提法,如"史学原理""史学导论""史学的理论与方法""史之阶梯""史学原论""历史学研究法""历史是什么""史学入门(学生用书)""历史写作导论""历史研究手册""写作手册(历史学者用书)"等。

作为入门性课程,史学概论是随着现代大学历史系的设立,与史学训练的专门化同时产生的。18世纪中叶德国的史学概论,主要讲述各种辅助学科,也讲述各种体裁的历史写作,探讨普遍性理论与具体实证研究之间的关系。18世纪末19世纪初,探索世界演变法则较为流行。到19世纪初,历史哲学开始淡出史学概论范畴,成为其他课程的讲授对象,如黑格尔的"历史哲学"。取而代之的是对各种关键性现象和制度演变的纵向考察。兰克如此,布克哈特在巴塞尔大学也是如此。"用一些比较随意的思路对历史观察和历史经验方面的一系列现象和观点进行审视……不是想从一个学者的角度对历史研究做一个介绍,而是从精神世界的各个领域对于如何学习历史的问题给出一些提示。"[①]在哥廷根大学,"历史百科"课程是史学概论的代名词。

19世纪中叶,随着历史研究的专业化,兰克影响的扩大,讲授课程日益专业化,史料批评开始成为史学概论的核心。德罗伊森讲授方法论、系统论、体裁论,内容涉及史料收集、考证取舍和书写表达。19世纪下半叶,伯

---

① 雅各布·布克哈特著,金寿福译:《世界历史沉思录》,北京大学出版社2007年版,第1页。

伦汉(E. Bernheim)出版《史学方法论》①，分为"史学之概念及本质""方法论""史料学""考证""综观""叙述"六章，奠定了此后史学概论书籍的框架，包括史料收集与考辨，史事综合，历史写作。

另一部著名的史学概论书是法国人瑟诺博斯(Seignobos, Charles, 1854—1942)和朗格诺瓦(Langlois, C-V, 1863—1929)编写的《史学原论》。这部出版于1898年的作品称：唯有那些从事和接受历史研究训练的人，才有资格评论历史学家的方法和主张，将历史叙述的权威性与历史学家的权威性联系起来。《史学原论》沿袭德国模式，开宗明义，与当时流行的"历史之哲学"区别开来，并树立起自己的旗帜："没有史料就没有历史学。"(No documents, No history)全书凡三卷：

第一卷　准备活动，包括第一章：寻觅史料，第二章：辅助学科。

第二卷　分析操作，由两部组成，第一部：外部考据，包括文本批判、作者调查、史料的类型学批判以及批判型学术与学者；第二部：内部考据，又析分为三章，第一章为解释性批判，第二章为对作者良好声誉和准确性的消极性内部考据，第三章为确定特定事实。

第三卷　综合操作，下辖五章，历史性构造的一般条件、事实的组合、理由的构造、一般规则的构造、成果体现、结论。②

20世纪上半叶，社会科学迅猛发展，大规模整理史料开始转化为利用史料研究过去的社会。如何运用社会科学的范畴、方法研究历史，成为史学研究的新任务。史学概论也随之增加了新的篇章。马克·布洛赫(Marc Bloch, 1886—1944)的《历史学家的技艺》，虽是遗稿，但经过吕西安·费弗尔的整理，也首尾完备，影响极为广泛。这部书稿分成七部分：1. 历史认识：过去与现在，2. 历史的考察，3. 历史的分析，4. 时间与历史，5. 历史的经验，6. 历史的解释，7. 历史的预见。

在社会科学的观照之下，布洛赫反思历史学术语，推演历史解释的范畴。例如第六章"历史的解释"的写作提纲。

---

① 伯伦汉著，陈韬译：《史学方法论》，台湾商务印书馆1975年版。
② Langlois Ch. V. & Seignobos Ch., *Introduction to the Study of History*. Trans. G. G. Berry, London: Duckworth & Co. 1898. 译法采用民国时期李思纯先生的译本，商务印书馆1926年版。类似导论书籍还有阿兰·讷文思的《史学门径》(1938)，奥曼斯《论历史写作》等等。不烦举。

第六章　历史的解释

绪论:好疑的一代(与科学家)

1. 原因的概念。原因论与动机(不自觉的)论的弊端。浪漫主义与自发性。

2. 偶然性的概念

3. 个人和他不同的价值。附录:时代、非个人的文字证明。历史学仅仅是社会中人的科学吗? 人民大众的历史与精英。

4. "决定性"行为或事实。①

目前西方史学概论的基本目标主要限于"史学论文"的写作,指导学生遵循怎样的步骤写出一篇合格的历史论文,其中包括阅读、选题、找寻材料以及成文(包括表述、打字等等)几个核心部分,另外还有分量不等的篇幅讨论史学与其他学科方法的关系、历史哲学等等。本杰明在所著的《史学入门(学生用书)》中交代写作意图时说:"我发现我的学生们与我所教的材料之间存在无形的障碍,这一障碍的体现可以不同,但是其核心是学生们需要基本的技艺:学习、研究和写作。如果我的学生们不能记下简要的笔记,不能理解一次考试的问题要求,或者不能清晰地写作,那么我解释过去意义的努力将会头碰南墙。"②这部书的内容包括:历史学的主题及应用,怎样理解历史作业及做课堂笔记,考试及历史作业写作,怎样就选题开展研究,怎样写研究论文。

二、现代中国的史学概论③

北京大学史学系是中国现代最早的史学专门培养机构,1920 年系主任朱希祖教授开始推行以科学方法治理国学的培养计划,大规模改革课程设

---

① 马克·布洛赫著,张和声、程郁译:《历史学家的技艺》,上海社会科学出版社 1992 年版,第 4—5 页。

② Benjamin, Jules R. *A Student's Guide to History*. Boston:Bedford Books, 1998 p. vii. 哈佛大学的"历史写作"课程的教学目的是:"我的职责是教会他们:只有研究原始材料——历史得以被构造的基本原料——以便感知它们并讲述一个关于它们的故事,历史学才会变得最为激动人心。" Marius, R. *A Short Guide to Writing about History*, New York:Longman, 1999, p. ix.

③ 综述史学概论书籍,参见赵世瑜:《20 世纪历史学概论性著述的回顾与评说》,载《史学理论研究》2000 年第 4 期,第 15—30 页。亦可参见姜义华等著《史学导论》,复旦大学出版社 2003 年版,第 48—69 页。

置,重定培养目标,安排了与之配套的史学概论课程:"中国史学概论"。

朱希祖(1879—1944),1919年年底担任史学系主任,试图将社会科学的科学方法和中国史馆修史的传统结合起来,培养编纂民国史、编写中华通史的修史人才。他主持编定的1924—1925学年度北京大学史学系"课程指导书"有这样几条规定:

> 第三条:学史事者,先须学习基本科学。盖现代之史学,已为科学的史学,故不习基本科学,则史学无从入门。所谓基本科学者,即地史学、生物学、人类学及人种学、社会学、政治学、经济学、法律哲学、社会心理学等,必须于二年以内先行学完,乃可以研究史学。而此各种科学中,尤以社会学及社会心理学尤为重要,学习时尤宜注意!

> 第四条:基本科学既习之后,则各种科学的学术史,如政治史、经济史、法制史、宗教史,亦须次第选习。而文学史、哲学史、美术史、教育史等,皆可以补通史之不足,学者所最宜注意。但不可躐等以求!

朱希祖非常重视史学概论,重视各种专门科学,出版的《中国史学概论》主要援引近代社会科学史学原理梳理中国史学传统,尤其是德国历史学家朗泊雷希脱(Lamprecht)的主张,重新分析各类史书体裁,利用现代科学方法观察史事。1930年因为学生反对,朱希祖辞职。

1931年蒋梦麟代理系主任,发布了全新的《史学系课程指导书》。强调"严整的训练",所谓严整的训练,就是专业化训练的代名词,具体为当时西方流行的整理史料的方法。"史学系的修习完满,而不能直接处理某一部分史料,便是一场失败。"①从以社会科学入门,改为以整理史料入门,并据此调整课程设置。

一年级课程包括"历史研究法","在说明历史学今日之标准,史书之读法,材料如何搜集,如何鉴别,如何采用,以及专题如何研究,史书如何构作等等。本书立论,专从西史,而目的则在使选修者获得作史之一般常识。"1932年这门课程改名为"史学方法导论",讲授"一、中国及欧洲史学观点之演进;二、自然科学与史学之关系;三、史料之整理方法"。

最类似于"史学概论"的课程就是"历史学","陈述近今欧洲历史学家之历史研究方法,使治史者了然历史材料之搜集,批判及综合等功夫,而知

---

① 《国立北京大学史学系课程指导书》(中华民国二十年度),北京大学档案馆,一/230/2。

所从事。但为学者明了历史学在近今学术界之地位及价值起见,本科特先及历史学之意义与其范围,历史学与社会科学的关系,以及历史哲学等题。"参考书即为朗格诺瓦的《史学原论》。

三、当代中国的史学概论

1948年冬天以后至1953年院系调整的五年间,史学概论类课程与"历史唯物主义和辩证唯物主义""社会发展史"同时并存,这是一个过渡时期。过渡的结果,便是后两者取前者而代之,从此,史学概论类课程具有了强烈的历史原理色彩,历史唯物主义成为主要讲述内容,被视为史学门径。白寿彝先生曾经回忆说:"在50年代,同志们在一起谈天,提起史学概论来,都认为应该在马克思主义基本原理指导下,写这么一本书;同时也认为,在高等学校历史系应该开设这门课程。至于这本书应该怎么写,这门课程应该讲些什么,大家一时想不出办法来。一年一年过去了,对这个问题一直没有认真讨论过。后来,我在北京师范大学历史系开了这门课程,主要讲的是历史唯物主义,但我并不认为这种讲法是对的。因为我觉得,如果只讲历史唯物主义,这门课就应该叫历史唯物主义,不应该叫史学概论。"①

80年代之后,中国的史学实践发生巨大变化,大学历史系的培养目标、训练内容和课程设置发生了重大变化。史学概论类课程的讲授内容也随之而变。葛懋春、谢本书主编的《历史科学概论》,代表了改革开放之后史学概论教材编写的第一个重要尝试。编者说:"它的中心任务是在唯物史观的指导下,从历史认识论及历史方法论的角度帮助、引导学生跨入历史研究领域。"并认为历史科学概论可以说是"历史科学学",其主要内容是"概论历史科学是怎样的一门社会科学,应该怎样从事历史科学的研究以及怎样进行历史科学著作的写作"。从理论上解决了史学概论的教学目标问题。

从内容安排上讲,这部概论主要讲述历史唯物主义。第一章,历史和历史科学;第二章,唯物史观是唯一科学的历史观;第三章,科学分析社会基本矛盾;第四章,正确运用阶级分析方法;第五章,辩证考察人类历史的运动过程;第六章,民族和民族关系问题;第七章,关于历史人物的评价;第八章,批判地继承文化遗产;第九章,史论结合。余下四章为:历史文献资料的搜集和整理,考古学,中国史学史概要,西方史学史概要。既坚持历史唯物主义

---

① 白寿彝:《史学概论·题记》,宁夏人民出版社1983年版,第1页。

原理是历史研究工作的入门训练,也增加了历史研究实践的章节。奠定了偏重于理论反思的史学概论的基本思路。

后来者包括田昌五、居建文所著《历史学概论》(1985年,增加了"历史工具书"),赵吉惠教授主编的《史学概论》,强调以"能力培养与训练"为主,而"不以传授历史知识作为目的和出发点。"这种能力指如何处理三大理论问题:"历史唯物主义与史学理论的关系问题""历史理论与史学理论的关系问题""传统史学理论遗产与西方现代史学理论成果的关系问题"。类似的教材还有李振宏所著《历史学的理论与方法》,他说:"承担历史系的史学概论课教学任务,由此开始了在史学理论方面的学习和探索。"[1]此外如胡成国的《历史学的理论与方法》、姚太中、程汉大主编的《史学概论》,贾东海、郭卿友为民族院校主编的《史学概论》。而新近出版庞卓恒、李学智和吴英主编的《史学概论》更认为"实际上就是历史哲学概论。历史哲学的基本内容,也就是《史学概论》要讲述的基本内容"。[2]

也在80年代初,白寿彝主编的《史学概论》出版。该书认为:"史学概论应该是在马克思主义的批判继承的原则指导下,概括地论述史学在发展中为自己提出的重要问题及其成就,并应该指出当前史学工作面临的重大任务。"注意到五个方面:第一,历史观方面,"我们这里是打算就历史观的内容提出一些重要的问题,论述各种不同的观点。历史唯物主义是最科学的历史观,在我们论述历史观的时候,要占较多的篇幅。"第二,历史文献方面,"只能就历史的和应用的部分论述一些要点。"第三,史书编著和史书体例方面。第四,历史文学方面。第五,史学跟其他学科的关系。书稿最后三章探讨近现代史学史以鉴往知来。史学概论包括历史观、历史文献学、历史写作,历史学与其他学科的关系。偏重于从史学史的角度对历史学进行总结。

吴泽教授主编的《史学概论》包括历史原理三章,方法与史料二章,历史写作二章,史学与其他学科一章,史学史一章,历史学家修养一章,凡十章。姜义华、瞿林东、赵吉惠所著《史学导论》将史学概论视为一个"新兴的学科分支",有自己的"学科体系","系统地研究历史学的一般过程、主要特征、基本规律,确定现代史学发展的途径,推动历史研究活动和整个历史学

---

[1] 李振宏著:《历史学的理论与方法》,河南大学出版社1999年版,第591页。
[2] 庞卓恒等著:《史学概论》,高等教育出版社2006年版,第20页。

进一步科学化与社会化,更加有效的发挥其积极的社会功能"。① 与赵世瑜教授的主张基本一致:"必须首先明确,史学概论并不是历史学习的入门指南,不是《历史研究入门》或者《历史学常识》……从体系到内容上,它不应该与'史学理论'有什么差别,只不过是'概论'史学理论而已。"因此他建议将史学概论的教学任务分解为三门不同的课程,"历史概论"(关于客观历史进程的)、"历史研究入门"(介绍基本的历史学问题)以及"史学概论"(史学理论)。偏向于体系化的史学概论。

在80年代中后期,出现了技艺入门性史学概论,介绍史学研究经验和技艺。例如赵光贤的《中国历史研究法》,以解决具体历史问题的过程为讲述线索,一步步地引导学生进行史学研究,具有很强的操作性。此后,杜经国等主编的《历史学概论》也注意到实用性,充分体现了史学概论课程的"介绍""导引"功能。"我们的主要考虑是,历史学概论作为历史学专业的入门课程,内容应该尽量避免繁芜,应该主要致力于向刚刚跨入历史学门槛的大学生讲述那些他们最急需了解的有关历史学专业的基本知识,使他们对自己所学的专业有一个比较系统的认识,帮助他们较早地走上攻研这个学科领域的正确途径。"② 王旭东的《史学理论与方法》、孙恭恂主编的《历史学概说》都属于此类。

最近十年间,在东西方历史学家实践的基础上,将史学原理与史学技巧结合的趋势越来越明显,历史学一方面具有非常专门化的技巧,一方面又日益开放,面向其他学科,接受马克思主义指导,进行理论反思。李剑鸣教授所著《历史学家的修养与技艺》面向研究生,博采东西,熔修养、经验和技巧于一炉,围绕史学论文的写作,从具体上升到抽象。③ 朱孝远教授的《大学历史学基础》是本书的一个重要参考源。这部教材用三分之一的篇幅结合大量具体实例介绍历史学的操作技巧,从选题、做卡片、收集史料到写作提纲、行文、注释等;用三分之一的篇幅,以史学与其他学科关系的方式,介绍了西方史学研究的最新动向;再用三分之一的篇幅泛论历史学与历史科学,结合西方马克思主义与中国马克思主义对辩证唯物主义和历史唯物主义做

---

① 姜义华等著:《史学导论》,引言,第2页。
② 杜经国等著:《历史学概论》,高等教育出版社1990年版,前言,第1页。
③ 李剑鸣著:《历史学家的修养和技艺》,上海三联书店2007年版。

了新的介绍。①

四、本书宗旨

　　本书基本是一本"史学入门手册",介绍本学科基本的概念和范畴,结合大量普通历史学家的论著,介绍查找资料的门径,选题的操作,史料的阅读和理解;讲述考订史实,分析历史现象,写作合格论著的方法。在此基础上,介绍史学传统,历史理论和史学理论,试图沟通中西,搭建中西史家开展对话的共同平台。

---

① 朱孝远:《大学历史学基础》,北京大学教材科1992年版。

第二章
历史、历史学家与历史学

第一节 历 史

一、史字源流

对"史"字的古典训释来自《说文解字》。在那里许慎说:"史,记事者也,从又持中,中、正也。"清代学者段玉裁引用《玉藻》对此作了一些注解:古代帝王的事迹由左史负责记录,言论则由右史记载,这里用记事泛指记录。对于"正"字,他解释说:"君举必书,良史书法不隐。"对于许君的释义,"又"指手,后人没有疑义,所引起争议的一点乃是"持中"。按许慎的理解,"中"是形容词,"正也",指客观公正。但是,从辞源上讲,"中"到底为何物,竟可被手持呢?王国维在清代学者吴大澂、江永等人的考据成果之上,借鉴日本学者的研究成果,作了较为系统的新诠释。① 他说,所谓"中"就是古代官员置于案头用以盛"算"(筹码之类)的"算器",引申为"文书"。据《周礼》记载,每当举办"射"的活动的时候,用"中"形器具,装盛所射之算,由太史负责办理。而"中"这种器具也可以用来装"竹简",竹简多了,编在

---

① 王国维著:《释史》,载《观堂集林》卷六《艺林六》,中华书局1959年版,第263—274页。王国维(1877—1927),字观堂,浙江海宁人。1921年受聘为北京大学国学研究所通讯导师。1927年自沉于颐和园昆明湖。王国维早年从事翻译工作,攻西方哲学,后来由于填词的成功而习文学,想编戏剧。他曾经为自己的学术前途苦恼:"余之性质,欲为哲学家则感情苦多,而知力苦寡;欲为诗人则又苦感情寡而理性多。诗歌乎?哲学乎?他日以何者终吾身?所不敢知,抑自而这之间乎?"参见《静庵文集》,辽宁教育出版社1997年版,第160—161页。王国维的说理性文章见《静庵文集》,考据性文字见《观堂集林》。

一起就成为簿书,因此,当时的簿书也被称为"中"。据此,王国维认为,持中就是持书的意思,史就是持书之人。

但是,王国维先生的解释存在一个漏洞,那就是他所描绘的"算器"与出土的东周时期"算器"实物不太一样,对此,他用"周末弥文之制"来加以解释,也就是说,实物并非原初的面貌,而是晚周时期发展了的形式。他说:"周时,'中'制作兽形,有首、有足、凿背、容八算,亦与'中'字形不类。余疑'中'作兽形者,乃周末弥文之制,其初当如中形,而于中之上横凿孔以立算,达于下横,其中央一直,乃所以持之。"对此一辩解,姚名达先生不同意,①他认为,从字形上讲,不当读为"中",而应该是两种物件:"似乎两种物体是笔和口,史字的上半部是象笔在口前的形态。"

其他学者也多从象形的角度进行阐释。例如,章太炎直接将"中"解释为"册"之省,意为持"简册"者。另外有些学者从民俗学等角度来考察史之缘起,如不愠斋主以为:"中者,箙也,盛矢器。王者出猎,史为随记之职,接近王身,故有时代执矢箙,亦为自然之事。且王猎用矢,取自此箙,尤便记录,史为尽职,亦当执箙,由此知一切官吏,皆由史出。"陈梦家先生认为,从字形来看,史是打猎时捕鸟兽的工具,即一用木棍支撑的网。捕获的动物用于献祭,献祭之后占卜,将占卜结果编订成书。因此,史起初是搏兽之官,后为祭祀之官,最后为文书之官。

尽管这些解释之间相互出入,但是,它们都着眼于"史"是怎样演变为记事者的,是对于许慎所给出的定义进行解释。在他们看来,"史"是记事者,是"人",是不同政府部门负责记事的官员,相当于今天的秘书。这些"史"并不一定就是历史学家,而是保存各部门相关材料的人。利用这些材料,用叙事的方式写成史书的"史",只是其中之一而已。

中国古代也有"历史"这一术语,往往指"历代史记"。据二十五史光盘检索结果,历史一词最早见于《三国志·吴书第二·吴主传》,裴松之注引"吴书"。吴国的外交使节赵咨到许昌朝觐魏文帝,魏文帝问他孙权是个怎样的人,赵咨的回答中有一句:"虽有余闲,博览书传历史。"

在现代英语里面,"历史"是"history",但是,从辞源来看,"history"的本义也不是指"过去"。"history"源自古希腊语"`ιστορια",来自于动词

---

① 姚名达(1905—1942),江西兴国人,抗战时期在战地服务时遭遇日军,不幸遇难。所著《中国目录学史》颇有名。

"ἱστορεω",是指"调查""询问""打听","historia"就是调查的结果,"调查报告"。享有"西方史学之父"美誉的古希腊史学家希罗多德,①在著作的开篇将自己的作品称为"调查报告"(histories),他说:"这里所发表的,乃是哈利卡尔那苏斯人希罗多德的调查报告,他之所以这么做,是为了保存人类的功业,使之不因时代久远而被遗忘,并将希腊人与异邦人之间冲突的原因找出来。"希罗多德的书稿本来没有名称,一个世纪之后,亚历山大里亚的整理者们根据第一个关键词,称之为《调查报告》。随后"historia"逐渐被用做类名,指代所有关于历史的记载,其词义也就变成了"历史书"。在这种背景之下,《调查报告》的作者也就成了"史学之父"。②

虽然"historia"被用做类名,但是,其调查报告的本义一直保留着,成为一种独特的史书体裁,表示这一记载是作者亲眼目睹的,或者是依据所见之历史纪念物,探寻其背后的历史故事,加以记录。7世纪著名的拉丁教父伊西多尔在《辞源学·历史学》中对历史的这两个义项都有表达,一个是类名,泛指历史撰述,另一个便是一种体裁,特指"作者亲身经历或者亲眼所见"。

正是基于这一现象,西方史学史家在调查西方史学起源的时候,往往是从体裁的角度着眼的,探讨历史写作这一体裁是如何发生的。包括它与"史诗"(Poem)的分离,对"散文叙事"(Logography)的辩证否定,等等。希罗多德的研究者们"讨论最多的一个问题就是他是如何发明历史写作的"。③

借鉴西方史家探究历史撰述起源的经验,胡适先生也试图将中国最早的"史"当做一种独特的文体来加以考察。他在《说"史"》中,认为孔子所说"吾犹及史之阙文,其亡也夫?",可以解释为:"我还看见过那没有文藻涂饰的史文。现在大概没有了吧?"这种"阙文的史",就是"那干燥无味的太史记录",而与之相对的则是"文胜质则史"的"史话","讲史的评话小说","演义式的'史'"。"这种'史的故事',或'史的评话',起源很古,古到一切民族的原始时代"。他的结论是"古代流传的'史',都是讲故事的瞽史编演出来的故事。东方西方都是这样。希腊文 ἱστορια,拉丁文 historia,也是故

---

① 希罗多德(Herodotus,BC. 485—425),出生于小亚细亚地中海沿岸的哈利卡尔那苏斯城,四处游历,考察各地民风民俗。公元前450年前后,来到雅典,在公共集会上朗诵自己的作品,受到热烈欢迎,并采用一个宏大的主题、统一的结构来组织所有的叙事,从而发明了历史学。
② 据现存文献,最早使用这一称号的古典作家是古罗马的西塞罗,中译可以参见王焕生译:《论共和国·论法律》,中国政法大学出版社1997年版,第182页。
③ Luce, T. J., *The Greek Historians*, London: Routledge, 1997, p.17.

事,也是历史。古法文的 estoire,英文的 story 与 history,都是出于一个来源的"。① 胡适先生试图总结出一个普世的现象。但是,由于上古完整留存下来的史书数量非常少,那些残篇又过于残缺不全,以致根据这些史料,很难弄清楚历史书写的最初起源。因此,史的起源还在不断地激发史家去做学术探险。

二、过去与历史

历史一词有三个义项。一是指过去;二是指对过去的反映,是历史写作的简称;三是历史学的简称。在英文中,也是如此,"history"的翻译,需要根据上下文灵活处理。例如希罗多德被称为"Father of History",这里应该译为"历史学之父",而不是"历史之父",又如"Department of History",应该译成"历史学系"(简称"历史系")。这三个义项,是在使用"历史"的过程中,逐渐产生,并区别开来的。

与中国古代相似,西方古代的"史"不是指今天意义上的"历史过去",而是"史书",古代人对"历史"与"历史书"是不进行严格区分的。现代历史学家则强调历史书写只是对历史过去的反映,它们并不就是历史本身。通过对以历史记录为主的史料,进行考证分析,历史学家可以不断地接近于历史的真相,甚至恢复历史的原貌。在这种意义上,作为过去的历史,与作为史书的历史,基本上被分离开来。

中文的"历史"作为过去的代名词,是从日本引进的。幕府末期,日本人用"历史"来翻译西文中的"history",清末民初传入中国,"历史"才有了现代意义上的"过去"这个义项。

一般来说,李大钊较早对作为过去的"历史"与指代历代史书的"历史"做出了有意识的区分。② 李大钊认为历史并不等同于历代史书,这是一种误解:"吾人自束发受书,一听见'历史'这个名词,便联想到二十四史、二十一史、十七史、《史记》、《紫阳纲目》《资治通鉴》乃至 Herodotus, Grote 诸人

---

① 胡适著:《说"史"》,载欧阳哲生编:《胡适文集》第 10 卷,《胡适集外学术文集》,北京大学出版社 1998 年版,第 238—242 页。

② 李大钊(1889—1927),河北乐亭人。1913 年赴东京,进入早稻田大学政治本科留学。1916 年放弃学业,赴上海组织讨伐袁世凯事宜,途中赋诗云:"一翔直冲天,彼何畏荆棘。男儿当雄飞,机失不可得。"1918 年进入北京大学担任图书馆主任,1920 年为史学系开设"唯物史观研究"课程,以后又相继开设"史学思想史""史学概论"等课程,1924 年将讲义集结出版,是为《史学要论》。

作的希腊史等等。以为这些便是中国人的历史,希腊人的历史,我们欲研究中国史,希腊史,便要在这些东西上去研究;这些东西以外,更没有中国史希腊史了。"在他看来,历史是过去的社会,是活的东西,并没有仅仅凝固在史书中,我们的研究就是要直面历史本身,要重写历史,而不仅仅是接受已有史书中提供的东西。他说:"吾人所托以生存的社会,纵以观之,则为历史,横以观之,则为社会。横观则收之于现在,纵观则放之于往古。此之历史,即是社会的时间的性象。一切史的知识,都依他为事实,一切史学的研究对象,都以他为对象,一切史的记录,都为他所占领。"也就是说,历史是过去的社会,任何历史书籍只是对历史的反映和认识。

大多数历史学家们假定历史是过去,业已消逝,无法改变。这种过去是否被历史学家所了解,需要借助于史料。由于史料的不完善性,史料不可能反映过去的一切,因此,越来越多的历史学家赞同,历史并不是所有的过去,而只能是被以各种方式记录下来的过去,即可以借助于各种史料被认识到的过去。那些没有被记录下来的,很难成为历史研究的对象。海登·怀特说:"仅仅因为它们是过去,或实际上被当做过去,这些实体才能得到历史的研究,但使它们成为历史的并不是它们的过去性。它们之所以是历史的,仅仅因为它们被再现为特定历史书写的主题。"[1]因此从历史叙事理论的角度,历史与历史书之间的关系,需要重新加以审视,它们之间的密切联系重新受到历史学家的重视。

不仅如此,历史学家还必须意识到,他严格地依据历史记录所做出的研究结论,也有可能是偏颇的。因为那些没有说话的对象、没有留下记录的对象,被不同程度地忽视了,我们是在他们缺席的情形之下进行了历史"审判"。因此,它提醒历史学家,要更多地留意自己结论的偏颇性,并有意识地加以校正,以趋向于公正。努力从历史书籍所说的内容中推导出没有被说出的内容,从历史文献中榨取更多的隐含信息,越来越成为历史学家工作的自觉追求。

注意到那些发生了而没有被记录下来的历史,还涉及历史学家的基本职业道德和操守,那就是:尊重历史。通过记录而遗留下来的历史现象必定是非常有限的,是发生过的历史全部的非常小的一部分,大部分历史发生

---

[1] 海登·怀特著,陈永国译:《形象描写逝去时代的性质:文学理论和历史书写》,载海登·怀特著,陈永国,张万娟译《后现代历史叙事学》,中国社会科学出版社2003年版,第293页。

过,但是并没有被记录下来。然而,历史发生必须被尊重,虽然没有被记录下来,但确实存在过。通过对记录的精心研究而发掘出记录者没有想到要告诉我们的那些东西,揭发被记录者所忽视、忽略的那些历史现象,从而增加后来者对于历史的了解,这一渴望为历史学家不断改进其研究方法,提供着强有力的刺激和压力。历史学家的努力,就是不断保存史料,发现新史料,从而通过残缺不全的历史记录,更大程度地复原历史的整体面貌。

在史书之外,还有更为丰富的历史资源可供历史学家支配,用以研究历史,这就是现实。现实作为历史的遗留,不是史料,但是却可以起到史料的作用,反映历史,帮助人们认识历史。我们自身便是过去的遗留物!与历史血脉相连!因此,历史并不仅仅是历史记录里面所反映的那些部分,还应该包括在现实之中。现实就是历史的延续,作为历史的遗留而存在。我们可以在现实社会中发现历史的遗留,听到历史的回响;也可以将现实作为起点,回溯历史。有今可以知古。比利时历史学家亨利·皮朗的名言是:"我是个历史学家,因此我热爱生活。"对此,马克·布洛赫评论说:"这种渴望理解生活的欲望,确确实实反映出历史学家最主要的素质。"①

第二节 历史学与历史学家

一、历史学与科学

史学是很早就发展起来的一个概念。通过四库全书电子版②检索可知,在《朱子语类·五经语类·统论三传》中,朱熹关于史学的论述就很经典,他在比较《春秋》三传异同的时候说,《左传》是史学,《公羊传》和《谷梁传》是经学。"史学者,记得事却详,于道理上便差。""经学者,于义理上有功,然记事多误。"这一点与中国伟大的史学家司马迁的实践互相印证。司马迁说自己的写作不过是"整齐故事",将发生过的历史功业记录下来,并不是像孔子那样"作"历史,微言大义。虽然司马迁自诩是"究天人之际,通古今之变,成一家之言",可是在经学家的眼中,他的"议论浅而不笃",算不得高深的哲学思想。历史学的属性,似乎确实在于"记事却详"。

---

① 马克·布洛赫:《历史学家的技艺》,第36页。
② 文渊阁四库全书电子版,SKQS-V-02,上海人民出版社、迪志文化出版有限公司1999年版。

中国古代的历史学家大多在从政之余，写作历史。有名的历史学家绝大多数都不以此为终身职业。但是，相对来说，在中国古代，史学很早就有了相当程度的专业化趋势，不仅有专门的史馆，专门的史官，从事史书的修纂，而且早在魏晋南北朝时期有专门的史学培养系统。据《晋书·石勒下》，有"史学祭酒"的说法，而《宋书·志第四》提到："史学生山谦之。"[①]虽然，这种专业化出现于政府行政体系之内，与西方现代基于大学教育体制而生的专业化不尽相同，但是，毋庸讳言，中国史学出现过专门化。

古代历史撰述的功能主要是"记载"或"记事"，"当时记事，各有职司，后又合而撰之，总成书记"[②]。在记载的同时，需要进行史料收集、排比、考证，甚至在叙事中"寓论断于叙事"，成一家之言。但是，这些都附属于记载，是为了更好地记载而进行研究。宋代大学者司马光主编的《资治通鉴》，是中国古代考订最为精审的历史作品之一，但是，其写作动机，也仅仅是方便人主阅读史书。即使是清代考据学名作，如赵翼的《廿二史札记》，王鸣盛的《十七史商榷》以及钱大昕的《廿二史考异》，也主要是为了减少这些史书的错误，有利于读者阅读。因为在他们看来，"夫史非一家之书，实千载之书，祛其疑，乃能坚其信；指其瑕，益以见其美，拾遗规过，匪为龂龂前人，实以开导后学。"[③]因为这些史书保留了一代之史，所以是千载之书，他们考证研究，是为了便于读者阅读。

系统的专业化史学，出现于现代西方。古典时期的历史学家，并非专业化的作者，多为政治家和军事家，在从政之余，或者赋闲之后，写作历史；到中世纪，则是教会神职人员和修道士，他们的主要工作是"祈祷"，从事宗教礼拜之余，写作历史。据说，18世纪英国历史学家爱德华·吉本是第一位专业化历史学家。虽然他并没有受过专业化的历史训练，但是长期没有职业，而以写作历史为主。随后，现代大学兴起，历史系纷纷建立，专业化的史学培养成形，专业化史学的时代来临。

现代史学的专业化，主要是在大学教育体系之内，以科学为根本追求而形成的。德国历史学家利奥波德·兰克（Leopold von Ranke, 1795—1886）

[①] 对这一时期史学状态的总体认识，可以参见周一良著：《魏晋南北朝史学发展的特点》，载氏著《魏晋南北朝史论集》，北京大学出版社1997年版，第384—402页，尤其是第384—390页。
[②] 《隋书》卷三十三《经籍志二》。
[③] 钱大昕：《廿二史考异·序》，载陈文和主编：《嘉定钱大昕全集》贰，江苏古籍出版社1997年版，第1页。

被公认为"现代科学史学之父"。他与同时代的一群德国历史学家建立起现代史学的研究标准,试图仿效自然科学,收集原始材料,对这些材料进行严格的考证,进而如实描述历史。为了达到专业化,历史学从业者应该接受专门的训练,尤其是以史料批判方法为核心的技巧,包括发现原始史料,收集原始史料,排比史料,考辨史料,在此基础之上,以说理的方式,表达自己的研究结论。或者综合同行们的研究成果,以叙事的方式,将研究对象的有机演化过程介绍给读者。"对人类过去性质的调查,旨在对人类过去面貌的某个方面或多个方面提供真实的叙述。"[1]现代历史学,沿袭传统的功能,以叙事的方式,整理过去的史料。但是,在实际研究过程中,围绕问题或专题,在研究史料的基础之上,进行说理,似乎变得越来越重要。研究史事,似乎也要压倒保存史事的功能,阐释历史的色彩越来越浓厚。

现代史学的功能主要在于研究历史,解释历史。促使研究者在遵循专业性操作的基础之上,发挥主观能动性,发挥自己的独特理解力,透过史料,理解和阐释历史现象和历史进程,进而理解古人,把握历史。从理论上讲,不同历史学家的立场、方法和观点不尽相同,他们的历史研究也会具有鲜明的个人烙印,从而给历史学带来各种各样的色彩,产生不同类型的历史学。20世纪影响最大的两种较为激进的史学主张,都在不约而同地强调历史学的主观性。一种以意大利学者克罗齐、英国学者柯林武德为代表,主张"一切真历史都是当代史""一切历史都是思想史",现在思想史成为史学热门话题,多少与此相关。另一种就是马克思主义史学。虽然马克思主义史学强调历史的客观存在性,认为历史发展存在着不以人的意志为转移的规律,主张历史学是"研究人类社会发展规律的科学"。但是,在历史认识论上,马克思主义史学特别强调历史认识者的"立场、方法和观点",认为只有坚持马克思主义的科学历史观,信仰历史唯物主义,才有可能发现历史演变的真正规律。是历史唯物主义的创立,才"第一次把对社会历史的研究奠定在科学的基础之上"。因此,自称为马克思主义者的美国历史学家海登·怀特,因为强调了历史写作中的人为因素,被许多人当做不折不扣的后现代主义历史学家。

---

[1] Ritter, Harry, *Dictionary of Concepts in History.* Westport: Greenwood Press, 1986. pp. 193-197. 这部辞典一般会从定义、源流、目前的争论几个方面展开论述,对于理解西方历史术语有较大帮助。

在实践中，绝大多数历史学家虽然承认这种主观性的积极意义，但更愿意承认史料对于历史学家思考的限制，重视史料收集和考证在历史研究过程中的重要性，以便消解历史学家乱用意志，歪曲历史的可能性，从而限制认识者主观性的消极作用。英国宪政史家乔治·艾尔顿以保守著称，他不断地重申："历史学家所关心的只能是一件事：尽可能地发现真相，尽可能忠实地表达真相，使真相大白"。① 20世纪初，美国学者特纳便主张将"事实"与"认识"分开，前者来源于原始史料，绝对客观，而后者则是历史学家的主观性认识。若干年后，英国历史学家爱德华·卡尔从"事实"与"认识"互动的角度，做了进一步的引申，他说："历史学就是历史学家跟他的事实之间相互作用的连续不断的过程，是现在跟过去之间的永无止境的问答交谈"。② 成为绝大多数历史学家认可的说法。

主观性的增加不仅提升了历史学家认知历史的能力，而且给历史写作引入了更多的文学性和艺术性。如何既依靠史料，科学地考证，归纳演绎；又笔端常带感情，精心构思，组织行文，创作历史撰述，便成了历史研究内在的一对矛盾，科学性与艺术性之间的张力，成为现代史学演进的重要动力。

无论史学的变迁如何，历史学家们实际回答的问题围绕"五个W"而展开："带着记者式的问题去阅读——何人（Who）、何事（What）、何地（Where）、何时（When）和为何（Why）。在你的笔记本上将这些问题记下并在阅读过程中进行回答。他们将帮助你摘录信息并接近主题。这些问题是学者处理信息的自然而且普遍的方式。"③

二、观察历史的两种方式

从古今关系的角度来看，历史学家观察历史的方式有两种：纵向和横向观察。历史事物有一个发展演变的过程，"此一代之所趋，而前代已启其

---

① Elton, G. R., *The Future of The Past: An Inaugural Lecture*, Cambridge: at the University Press, 1968, p.22.

② 参见爱德华·霍列特·卡尔著，吴柱存译：《历史是什么?》，商务印书馆1981年版，第28页。这部书由六篇讲演组成，颇多经验之谈，便于初学者提高。

③ Marius. Richard, *A Short Guide to Writing about History*, New York: Harper Collins College Publishers, 1995. p.31. 燕京大学的洪业教授是在中国广泛传播这一说法的史家，"洪先生开宗明义，说明史学方法无非是搞清历史的人物、时间、地点、原因、过程五大要素，即who, when, where, why, how, 他将此戏称之为五个'W'方法，凡搞任何历史问题，离不开从五个W方面去追查，去发现问题、分析问题、解决问题"。参见王钟翰著《王钟翰学述》，浙江人民出版社1999年版，第35页。

端,有彼一代之所开,而后代遂衍其绪"。纵向观察,就是考察这一过程,"明变","详一代之壹壹",发现"历史演进的线索"甚至"规律",抓住"祖"和"孙"。纵向考察,主要是从某个结局的位置来做逆向观察(纵向考察还包括向后观察,对结局的影响进行探究,这里略过),也就是说,先知道了结局之后再去对结局之前的状态进行考察。比如说要探究"秦为何二世而亡",这里,结局——秦朝仅仅经历两代君主统治就灭亡了——是必须要先知道的,否则便无法进行纵向考察了。马克思在名著《资本论》第一卷中对这种考察方式作了说明,他说:"对人类生活形式的思索,从而对它的科学分析,总是采取同实际发展相反的道路。这种思索是从事后开始的,就是说,是从发展过程的完成的结果开始的。"

由于先知道结局,站在结局的位置逆向回溯,这种考察其实就是在解释"这个结局为什么会出现"。又由于结局不可更改,因此,这个问题实质上就是"为什么必然会出现这种结局"。由于怀着这样的问题,研究者的眼光自然而然地具有了方向性,聚焦于导致这种结局和妨碍这种结局的两种力量,历史的材料便会经过这么一个"过滤网"被筛选,与这两个方面相关的就会被纳入视野,与此无关的,则将被拒之门外。例如马克思在进行经济学说史的研究中,就是这么来进行的。对此方式,恩格斯作了非常好的总结,他在《卡尔·马克思〈政治经济学〉批判》中说:"历史常常是跳跃式地和曲折地前进的,如果必须处处跟随着它,那就势必不仅会注意许多无关紧要的材料,而且也常常打断思想进程;并且写经济学史又不能抛开资产阶级社会的历史,这就会使工作漫无止境,因为一切准备工作都还没有作。"怎么办,那就是要"摆脱历史的形式以及起扰乱作用的偶然性而已"。恩格斯将这种考察方式称为"逻辑的研究方式"。他虽然下意识地承认这种研究方式有些毛病,但是也肯定这种方式"实际上无非是历史的研究方式"。当我们身处历史之中的时候,对于历史发展的趋势和方向,是非常难以把握的,因此,若将这些历史现象置入比较长期的时段来加以纵向考察,这时,可以超越观察过程中的短视,把握大趋势。

在这种逻辑的研究方式之下,历史摆脱了"起扰乱作用的偶然性",也就往往被简化为导致结局出现的某些力量如何克服阻碍而最终得以实现。于是乎,无形之中历史进程被"单向度化"了,历史演化似乎也就具有了比较浓厚的"方向感"和"目的性"。历史学家所要做的就是站在结局的立场来解释这种结局为什么会必然出现。事后诸葛亮,其实就是这种考察方式的通俗说法。仅仅依靠这种方式,历史学家的研究结论会受到个人主观偏好的严重干扰,甚至只能看到自己想看到的历史现象,而忽略了形成特定历史结局的复杂的"合力",将历史简单化。其不足还需要横向观察来进行弥补。

横向观察就是观察某个时间点上所有的历史现象。从逻辑上讲,每个历史现象都具有独特的存在状态,它是在特定的时间、特定的地点、特定人物的参与下,以特定的方式发生着,具有独特性。这就是赫拉克里特所说的"人不能两次踏进同一条河流"的道理。

横向观察有点类似于看照片。我们只能知道在拍摄照片的那一刹那被摄入的所有景物:人物的衣着、表情、动作以及他周围的环境。但是我们并不知道他在此之前干了些什么,在此之后将又做些什么,我们只知道他此时在做什么。这个时候,我们对这个照片中人物的认识,仅限于他此时的状态,我们并不知道他未来的发展方向。此时历史学家所能做的工作,就是描述这个特定画面,将这个研究对象当下的各种特征予以尽可能准确的描述,充分展现其具体性、多样性。在这时,照片中的人物,被从时间的前后联系中隔离出来,他就成为了一种独特的、历史性存在,也就是说,一个偶然性的存在。

横向观察偏重于把握特定性,它所要解释的是在特定的时刻、特定的地点、由特定的人物参与之下所发生的特定事件,描述其所有的偶然性。而纵向观察重视历史发展的方向、大趋势以及某种历史结局的必然性。将两种观察历史现象的方式结合,历史学家才能够合理地解释为什么会有某一历史现象如此发生:在特定的时刻、特定的地点,在特定人物参与之下以特定方式发生。

根据传统的科学定义,关注必然性的纵向考察是科学的,而关注特殊性和偶然性的横向考察则不是科学的,因为它们被当做一次性发生来看待,具有不可重复性。反对将历史学"自然科学化"的学者认为二者之所以不能等同,那是因为科学包含两个基本步骤,第一是收集材料;第二是在此基础之上总结出法则。历史学的研究具备第一步,但是并不具备第二步。[1] 针对后一种情形,当年柯林武德大胆地对整个科学的体系提出了质疑。他说,

---

[1] Swain, J. W., "What Is History?" in *The Journal of Philosophy*, Vol. 20, No. 11 (May, 1923), pp. 281-289.

近代以认识普遍性为目标的思维体系受到了历史学的挑战,因为这种以科学作为其哲学基础的认识论根本无法解决如何认识特殊性的问题。这个问题在当时并没有引起轩然大波,但是,后现代主义者的抗议第一次使得这个当年的命题受到广泛关注和重视。对特殊性的认识,如何成为科学呢?目前人类似乎还没有能力解决这一问题。

在史学史上,历史作品尤其是历史记载都是以关注独特性,记载发生的特殊事件为基本的内容。但是,那些传之久远的优秀作品,却无一例外地上升到了哲学的高度,思考历史的必然性问题。例如司马迁、班固、希罗多德、修昔底德以至于布罗代尔等人的著作。司马迁是要"究天人之际,通古今之变,成一家之言",而班固更从理论性的高度对此做了总结,他说:"(史官)历记成败存亡祸福古今之道,然后知秉要执本。"①在他眼中,记载了那么多特殊现象,自然要找到其背后的根本性要素。西方历史学之父希罗多德,是要在记录人类功业的基础之上,说明希腊人与异邦人冲突的原因。波利比乌要把罗马史写成世界史,他认为:"只描述事件的作者,无法全面把握历史,他们可以部分地考察整体,但是不可能真正地把握整体,唯有通过比较、综合,考察其异同,才能够获得整体。"②

其实,纵向考察和横向考察结合起来,就构成了"历史的眼光"。纵向考察,旨在洞悉历史之变化,了解特定对象的"历时性"特征,横向考察,旨在理解历史之类似,把握特定对象的"共时性"特征。二者结合,便是区分时代,明其异同,一个时代既从前一时代有所继承,又有所损益,从而形成自己的特点。其中包括试图矫枉过正,与先辈决裂的行为,也包含试图墨守成规,守祖宗之法的举动。各种力量活动的合力,共同构筑了时代的面貌。

三、历史学科

在现代学科体系中,历史学是专门的学科分支,具有系统的学科建制。历史研究的类别在这种建制之内得到进一步的细分。历史学属于一级学科,或者在人文与社会科学门类,或者在哲学与社会科学门类。在历史学这个一级学科之下,有二级学科十四个,三级学科七十二个,具体如下(不同时期具体数目有增减,这里以1992年的数据为例):

---

① 《汉书》卷三十《艺文志·道家》。
② Polybius, *Histories*, Vol. I, 4.

学 科 分 类 表①

一级学科	二级学科	三 级 学 科
历史学	史学史	
	史学理论	
	历史文献学	
	中国通史	
	中国古代史	先秦史 秦汉史 魏晋南北朝史 隋唐五代十国史 宋史 辽金史 元史 明史 清史 中国古文字学:包括甲骨文、金文等 中国古代契约文书:包括敦煌学、明清契约文书研究、鱼鳞册研究等 中国古代史其他学科。
	中国近代史现代史	鸦片战争史 太平天国运动史 洋务运动史 戊戌政变史 义和团运动史 辛亥革命史 五四运动史 新民主主义革命史 中国国民党史 中国共产党史 中国民主党派史 中华民国史 中华人民共和国史 中国近代史现代史其他学科。
	世界通史	原始社会史 世界古代史 世界中世纪史 世界近代史 世界现代史、国际关系史(又见"政治学"一级学科下之二级学科"国际政治学") 世界通史其他学科。
	亚洲史	日本史 印度史 东南亚史 南亚史 中亚史 西亚史 亚洲史其他学科。
	非洲史	北非史 撒哈拉以南非洲史 埃及史 南非联邦史 非洲史其他学科。
	美洲史	美洲古代文明史 美国史 加拿大史 拉丁美洲史 美洲史其他学科。
	欧洲史	俄国史:包括原苏联史 英国史 法国史 德国史 意大利史 西班牙史 东欧国家史 北欧国家史 欧洲史其他学科。

---

① 资料来自《国家标准 GB/T 13745——92〈学科分类与代码表〉》,引自丁雅娴主编:《学科分类研究与应用》,中国标准出版社 1994 年版,第 126—129 页。

续 表

一级学科	二级学科	三级学科
	澳洲、大洋洲史	
	专门史	经济史（又见一级学科"经济学"下之二级学科"经济史"）政治史 思想史 文化史 科技史 社会史 城市史 中外文化交流史 军事史（又见一级学科"军事学"下之二级学科"军事史"）历史地理学 方志学 人物研究 谱牒学 专门史其他学科。
	历史学其他学科	

现在教育部授予学位时执行的学科分类标准，与国家标准略有不同，二级学科八个：(060101)史学理论及史学史，(060102)考古学及博物馆学，(060103)历史地理学，(060104)历史文献学（含：敦煌学、古文字学），(060105)专门史，(060106)中国古代史，(060107)中国近现代史，和(060108)世界史。

历史学内部的建制，大致遵循了三种设置标准，第一是按学科门类划分，如经济史、政治史、社会史、科技史、史学理论、史学史等等；第二种是按时间段来划分，大的分段一般包括两个：古代史、近现代史；但是历史学家们的研究时段还可以更加细分，形成三级学科，如先秦史、秦汉史、魏晋南北朝史、隋唐五代十国史、宋史、明史、清史等等；第三个标准就是区域，最大的区分是世界史和中国史，细分还包括区域史，如欧洲史、亚洲史等，下面则有国别史、地区史、厂史、家史等等。这三种标准被混合运用。

现代史学的专业化，知识不断累积，新史料不断被发掘出来，"譬如积薪，后学转精"。历史学术精深的同时，也使得历史学知识越来越碎化。为了解决这一弊端，历史学家们有做总体史的尝试，也有对学科交叉的关注。1955年美国太平洋史学家协会主席的致辞中提到："越来越意识到历史的全景……历史学家们面临着无数的综合工作，不仅要在其他领域的帮助下解释各自的领域,而且还要探索彼此的共同点。"①

在古代并不存在现代学科分类,文史哲不分家。近年来,不仅重新强调文史哲不分家,而且建设更为开放的历史学,日益受到重视。如何与其他社会科学进行学科交叉,文理学科之间如何有效交流,都被提上日程。开放的历史学科,不仅是学科内在发展的需要,还是社会大众的呼唤。最近几十年,原本属于象牙塔之内的历史学越来越关注普通民众的需求,既将普通民众纳入到研究范畴之内,又对民众日益开放,于是有所谓公共史学的兴起,历史学与博物馆、档案馆一道,进行创建公共文化的活动。其中,利用档案写作家庭的历史,越来越流行。2006年11月7日英国国家档案馆的通讯录上,就有两则活动消息:想知道你家最初曾经参与过的军事活动吗?想知道你家在"末日审判书"时代的渊源吗?期待普通百姓参与到历史文化建设之中。民众与历史学家的互动,也推动历史学发生变化,尤其是对于历史学家如何看待自己的专业,影响深远。

四、历史学家

在日常生活的话语体系里面,"家"是一个等级符号,被称为"家"者,是个学派的代表,所谓"成一家之言"。根据这一标准,历史学家就是从事历史学工作、且能成一家之言的人。其他的研究人员则还可以分成:"历史学研究者""历史学专家"以及"著名历史学家"等等,他们共同组成一个等级链。超出了《汉语大字典》中该词的本义:"家,具有某种专长,特征,或从事某种专门活动的人。"

在古代中国,历史学家是指写作过历史作品的人,其主体为史官。史官的职掌是有明确规定的。《明史·职官志》说:"史官,掌修国史。凡天文、地理、宗潢、礼乐、兵刑诸大政,及诏敕、书檄、批答王言,皆籍而记之,以备实录。国家有纂修著作之书,则分掌考辑撰述之事。经筵充展卷官,乡试充考试官,会试充同考官,殿试充收卷官。凡记注起居、编纂六曹章奏、腾黄册封等咸充之。"古代历史学家的主要职责是修史,除此之外,还有一些教育、文化方面的职责,类似于今天的秘书,远比今天历史学家的事务要广泛。

现代历史学是一种职业化的活动,其主体是大学、研究机构的教学、科研

---

① John D. Hicks, What's Right with the History Profession, in *The Pacific Historical Review*, Vol. 25, No. 2. (May, 1956), pp. 111-125.

人员。他们在这些机构之中,从事整理史料、解释历史的工作,以研究历史为职业。历史学家是有历史学专长,专门从事历史研究活动的人。虽然大部分传统史家的记载任务,基本上与历史研究分离,成为秘书、新闻、档案等学科的研究范畴。但是大学历史系还是承担两类人才的培养:社会人才和专门研究历史的史学专门人才。国家教委大学招生目录历史学专业所附培养目标:本专业培养具有一定的马克思主义基本理论素养和系统的专业基本知识,有进一步培养潜能的史学专门人才,以及能在国家机关、文教事业、新闻出版、文博档案及各类介事业单位从事实际工作的应用型、复合型高级专门人才。

北京大学历史学系本科教育的培养目标固然更加强调史学专门人才的培养,但也重视对应用人才的素质训练。"本系史学教育的人才培养目标,在总体上尽量兼顾史学教育的学术性和社会性,分层次地培养高质量的史学人才。一是突出学术功能,建立从本科生到硕士、博士生的系统培养模式,在各阶段都打好厚实的通史基础,以利于进一步的专业学习,适应现代社会对学术精英的高层次需要。二是加强本科学生的能力训练,包括资料收集、整理、考订、综合、分析能力,语言、表述、写作能力,计算机等辅助工具应用能力,研究、思维能力等等,并给他们提供一些跨学科的必要知识,满足社会各界各部门对于具有一定史学功底的应用人才的广泛需求。三是充分发挥史学的'教化'功能,从事历史知识的普及教育,使史学教育面向非史学专业的高等院校学生乃至全体国民,承担提高民族素质和公民文化教养、建设社会主义精神文明的重要任务。"①

先有历史写作活动,然后有历史作品,然后有历史学家。因此,古代东西方都将历史作品的作者称为历史学家。凡是写作过历史作品的人,都可以被称为历史学家,被纳入到史学史的内容中去。与古代不相同,有些现代历史学家并不一定出版历史作品,而是主要从事教学工作,他们也被称为历史学家。本书中所称"历史学家"是记载和研究历史的人,也是西文"historian"的对应词。至于要表现等级差别,不妨用形容词进行限定,如"合格的""优秀的""著名的"等等。

历史学家研究的对象是过去,其基本职责是提供关于过去的真相,为此,需要寻找史料,进行考证。因此,凡是知道如何寻找史料,收集史料,考

---

① 北京大学历史学系主页,http://www.hist.pku.edu.cn/Article_Show.asp? ArticleID=4,下载于2008年1月。

证史料,得出历史真相的历史学家都是合格的历史学家。而在此基础之上,能够透过纷乱的历史现象,对历史进程提出规律性解释的历史学家,则为优秀的历史学家。

第三节　历史学有什么用?

一、史学之功用

历史学的功用,需要不断地加以讨论。"用"不是针对个人而言的,而是针对这个社会而言的,社会变动不居,功用自然也因时而异。而且,由于现实的不完美性,"利"之所在,"害"亦随之,不可能存在仅仅只有利而无害的东西。而与特定功用伴生的"害",也因时而异,需要进行具体的探讨。

历史学有什么用,与历史有什么用是两个互相联系,而彼此不同的话题。历史的用途,大家都是知道而且自觉地加以利用。在古代,历史与历史写作不仅密不可分,而且经常互用。历史的功能与历史学的功能,基本上没有被区别开来。在希腊罗马,历史学具有两种功用,一个是愉悦读者,一个是提供借鉴。修昔底德夸耀自己的作品要"垂之久远",因为人的本性有规律可循,通过历史研究掌握了这种规律之后,遇到类似的情形,读史的人有经验可资借鉴,有教训可资吸取。

在古代中国,历史或历史学的功用,更是得到充分重视。所谓"殷鉴不远,在夏后之世","前事不忘,后世之师","以古为鉴,可以知兴替",等等。而体现历史功能最为明显的形式,就是历代正史中的"论赞",充满历史的"借鉴"。而最为经典的表述,就是司马光的《资治通鉴》。

到了 18 世纪,虽然所采取的方式不同,东西方历史学家们同时强调了历史研究的客观性。在西方是德国的历史科学化运动,在中国是乾嘉考据学的兴盛。经此变化,历史学家的主要关注点,从提供历史借鉴转移到如实直书,"实事求是"。毋庸讳言,清代历史学家都或多或少精通经学,对于"义理"非常重视,但是,具体到历史研究中,强调"夫良史之职,主于善恶必书,但使纪事悉从其实,则万世之下,是非自不能掩,奚用别为褒贬之词?"[①]

---

① 钱大昕著:《潜研堂文集》卷十八《续通志列传总叙》,载陈文和主编:《嘉定钱大昕全集》玖,第 285 页。

这一点与兰克在发表第一部著作《1494—1514年的拉丁和日耳曼民族史》时,在序言中所写的话相通。他说:"历史学被认为有判断过去,为未来指导现在的职能,对这样的重任,本书不敢企望。他只想说明:什么确确实实地发生了。"①历史如何,与通过历史写作从历史当中吸取何种经验教训相分离,历史学的功用与历史的功用也正式分别。

历史从来就没有受人忽视,是一直受到广泛关注的文化资源。例如,在影视艺术中,历史题材至少占有三分之一的份额,主要体现在古装戏和武打功夫片中;在电脑网络方面,游戏是一个很重要的市场,其中三分之一以上来自历史题材,尤其是有关三国、埃及和中世纪。在图书市场里,传记等历史题材的作品也非常畅销。

与此形成鲜明对照的是,历史学似乎用途不大,没有多大市场。这体现在大学历史系招生难,第一志愿、自愿选择历史学专业的学生较少,历史系的毕业生就业相对较为困难。在20世纪七八十年代,这种情形先后在北美和中国发生。也产生了各种效果不同的改革尝试,使得这种处境正在缓慢改善。

二、现代历史学的用途

现代历史学肇兴的时候,伴随的是"历史研究的热情"。在19世纪行将过去的时候,美国历史学家布尔尼在1895年的美国历史学家协会上发言,宣布19世纪为史学的世纪。"六十多年前,普遍期望历史研究成为19世纪的特征之一,诚如18世纪成为哲学思辨的世纪一样,实证历史知识的增长,合理历史方法的完善,历史证据的扩充,尤其是历史发展的眼光看待事情,自文艺复兴以来,19世纪最为突出。"②

梁启超在引进现代历史学的时候,也有类似的热情。他说:"史学者,学问之最博大而最切要者也。国民之明镜也。爱国心之源泉也。今日欧洲民族主义所以发达,列国所以日进文明,史学之功居其半焉。然则但患其国之无兹学耳,苟有其有之,则国民安有不团结、群治安有不进化者?""今日欲

---

① 柳卸林译:《1494—1514年的拉丁和日耳曼民族史·前言》,载何兆武主编《历史理论与史学理论——近现代西方史学著作选》,商务印书馆1999年版,第223页。

② von Laue, Theodore H., *Leopold Ranke: the Formative Years*, Princeton: Princeton University Press, 1950, p.2.

提倡民族主义,使我四万万同胞强立于此优胜劣败之世界乎?则本国史学一科,实为无老无幼、无男无女、无智无愚、无贤无不肖所皆当从事,视之如渴饮饥食,一刻不容缓者也。"①

20世纪20年代末,中国现代史学的专业化正式大规模地展开,梁启超所倡导的用,开始为科学研究之用所取代。北京大学历史学系学生毛子水曾经向胡适先生提问:"我们把国故整理起来,世界的学术界亦许得着一点益处,不过一定是没有多大的。……世界所有的学术,比国故更有用的有许多,比国故更要紧的亦有许多。"对此,胡适先生回答说:"我以为我们做学问不当先存这个狭义的功利观念。做学问的人当看自己性之所近,拣选所要做的学问,拣定之后,当存一个'为真理而求真理'的态度。研究学术史的人更当用'为真理而求真理'的标准去评价各家的学术。学问是平等的。发明一个字的古义,与发现一颗恒星,都是一大功绩。"②除此之外,做出一流的学问,到国际学术舞台上一争高下,也是历史研究之用。傅斯年就任中央研究院历史语言研究所所长发表就职演说,承认历史学研究不是什么"经国之大业",但是却可以"要科学的东方学之正统在中国"。③

与此相对照,马克思主义史学十分强调研究历史有助于人们认识社会和改造社会。恩格斯肯定历史学研究对于工人运动具有"直接的意义"。在中国,党的历史学家吴玉章说:"历史科学是为民族革命和社会革命而斗争的有力工具。""我们研究历史更重要的意义尤在于发现人类社会发展的规律,特别是发现我们中国社会发展的规律,以加强我们人民争取解放的革命必然获得胜利的信心,和吸取历史上的经验教训,使革命不犯错误,以加强革命的力量,循着人类社会发展的规律向前迈进。"④其重要性在理论上是毋庸置疑的。

除了这些宏大的作用之外,研究者们对历史学的用途进行了类型学上的总结。历史学的功能可以分为认识功能、借鉴功能、教育功能、文化作用

---

① 《新史学·中国之旧史》,载夏晓虹编校:《中国现代学术经典·梁启超卷》,河北教育出版社1996年版,第539—545页。
② 《论国故学·答毛子水》,载《胡适文存》,欧阳哲生编《胡适文集》第2卷,第327—328页。
③ 傅斯年:《历史语言研究所工作之旨趣》,载《史料论略及其他》,辽宁教育出版社1997年版,第40—49页。
④ 吴玉章:《研究中国历史的意义》,载葛懋春、项观奇编:《历史科学概论参考资料》上册,山东教育出版社1985年版,第15页。

等等。不同作者之间的具体表述内容有不同,但是其实质大体相似。据陈国灿教授的总结,史学的功能大致包括如下一些方面:认识功能,具体表现为三个方面:第一,可以帮助人们认识历史发展的规律;第二,有助于人们更好地认识现在,预见未来;第三,有助于人们更好地认识自己。社会功能包括两个方面:第一,借鉴作用;第二,教育作用。科学功能具体表现为五个方面:第一,人类社会的一切知识都可以通过历史学而得以综合性的传播,任何一门学科都是在其自身的历史经验的基础上获得进一步发展的;第二,不少学科是由于历史学的发展而产生、发展起来的;第三,历史学为各门学科提供了一种根据事物或对象的方向,作顺时态的纵向考察,以把握其演进全过程的研究范式;第四,历史学在整个社会科学领域中具有一种黏合作用,处于一种不可缺少的地位;第五,历史学推动了各种学科的相互影响和渗透,促进了有关的边缘学科的形成和发展,这在20世纪表现得十分明显。①

朱孝远教授的表述也较为全面。他认为史学具有非凡感染力,引起心灵的激动和碰撞,坚信历史之树常青。带着这种深情,作者以独特的方式揭示了历史学的意义。历史感可以帮助读者论断时代变迁,携带人类情感的历史学可以促进幸福,关注文明的历史学可以推动文明进步,社会史和文化史等新史学又引领读者走进人们的家园。他说:"历史就是宇宙的一个象征,它透过人的美丽和健康的生活,让人与活动背后的永恒的真理相结合……史学一种关于人类存在的思考,它听从真理的召唤,以过去的传统来为现在的人们提供生存经验。"②

除了上述功能之外,作为一门独特的专业化学术,历史学可以为思维训练提供独特的贡献。

三、历史学与思维训练

1. 求真精神的培养

在历史认识方面,存在着两种类型的真实,一种是大众相信的、习以为常的真实,这里姑且称之为"大众真实"。除了为大众所信任之外,这种真实还有一个特征,就是从史源上讲,它往往来自于民众喜闻乐见的表现形

---

① 蒋大椿、陈启能主编:《史学理论大辞典》,安徽教育出版社2000年版,第164—166页。
② 朱孝远著:《史学的意蕴》,中国人民大学出版社2002年版,第123页。

式,譬如历史小说、历史评书、历史电影、戏曲等等。可能正是由于来自这种源头,因此这种真实会是"流传已久、习以为常"了。另一种真实就是经过历史学家的研究之后所发现的真实,姑且称之为"发现的真实"。从可信度来看,显然"发现的真实"要大大优于"大众真实"。譬如关于三国时期的英雄关羽,《三国志》里所传达的就是"发现的真实",这些记述是经过作者、历史学家陈寿综合许多不同的史料,在比较考证之后记录下来的,一百多年后经过裴松之的仔细检验,陈寿的写作,非常真实。他在《上三国志注表》中说:"寿书铨叙客观,事多审正,诚游览之苑囿,近世之嘉史。"而罗贯中所著《三国演义》则是大众掌握的真实。

根据《三国演义》,关羽使用青龙偃月刀,这把有名的武器也是众所周知的,然而根据"发现的真实",他所使用的武器必定不是大刀。《三国志》虽然对关羽所使用武器,没有直接的记载,但是却记载了他使用武器的方式。《三国志·蜀书·关羽传》记载:"绍遣大将颜良攻东郡太守刘延于白马,曹公使张辽及羽为先锋击之。羽望见良麾盖,策马刺良于万众之中,斩其首还。"这里,关羽使用武器的方式是刺,这种使用方式显然不是大刀的使用方式。

这两种真实之间的差异固然与史源有关,但是归根结底是因为历史学家具备有高度的求真精神,禀此精神,收集史料,去努力发现历史真实,使得"发现的真实"不断地取代"大众真实"。

但是话说回来,历史学在培养求真精神的同时,也需要防止"发现的真实"的弊端。我们习惯于将真、善、美相提并论。然而,由于现实的不完美性,真中固然有善和美,但也有与善和美相矛盾的地方。在民间,崇拜关圣人是非常普遍的现象,清代中叶的历史学家赵翼曾经在《陔馀丛考》中慨叹过当时这种崇拜风气之盛,他说:"本朝顺治九年,加封'忠义神武关圣大帝',今且南极岭表,北极寒垣,凡儿童妇女无有不震其威灵者,香火之盛,将与天地同不朽。"他用儿童妇女来指代崇拜者,颇带有蔑视的味道。道教奉关羽为财神,时至今日,在许多商业场所可以频繁地见到关老爷,这种信仰便是基于"大众的真实",大家都相信关羽是个几近完美的"圣人"。但是根据历史学家的考证,关羽的这种圣人身份是有问题的,尤其是他并不像《三国演义》中表现的那样完美。方诗铭教授在"三国研究"中指出,关羽好色、语言粗疏、骄傲自大、破坏了诸葛亮的隆中大计划,刘备对他很不满意,入川之后派糜芳等人监视他。① 这种真实性研究固然有其价值,但是,如果真正使崇拜关圣人的老百姓明白了这一真实,那么他们借助"关圣人"向往"美好生活"的愿望自然受到打击。因此,历史学家的专职使命,固然是求真实,但是,在传播这种真实的时候,也要意识到:真实并非生活的全部,追求真实也并非作为人的历史学家的唯一追求,还有善和美也值得关注。

2. 历史研究与现时代的精神

与其他学科一样,历史学既关注普遍性,也关注特殊性,都是考虑如何"系统的实证研究",从收集材料,到分析比较材料,进而得出近似于规则、具有一定普世性的结论。但是历史学与研究社会的其他学科相比,更加关注特殊性和具体性。现代科学史学之父兰克高度肯定了个体的价值。从理论上讲,历史现象一旦发生,不再重复。而且,历史学家的解释也因人而异。史学理论家科斯·甄克斯甚至宣布:"我们已经无法辨别何为好的历史意识了。对于这种观点有许多种反应,但是最流行的恐怕不是去试图发现真实的历史意识,而是承认个人兴趣……后现代主义有力地提示了无原则的历史相对主义"。② 因此,历史学属于科学的提法经常遭到质疑。在《变革时代的社会科学》中,卡尔霍恩虽然承认历史学研究中开始有关于历史类型的概括,甚至还试图发现能解释历史趋势的"定律",但是总体上讲,历史学还是与社会科学差别较大。他说:"严格地说,历史学并不是科学,因为它不是关于不断重复的现象的概括,而只是描述非重复现象的潮流。"

这里并不讨论历史学是否为科学,而是试图说明历史研究的独特之处,在于优先考虑特殊性。这种关注使得它似乎不那么科学,但是,换一个角度来看,关注独特性的历史学研究具有独特性,这种独特性使得它完全可以提供其他学科所难以提供的独特思维训练。经济学等社会科学侧重于探索相应社会现象的规律,用来分析特定的社会现象;在人文学科中,哲学,关注思维的规则,文学,关注典型化,唯有历史学与艺术,侧重于从特殊性的角度来观察研究对象。

从理论上讲,研究社会的、行为的科学研究固然要关注"必然性"和法则,但是也要关注"特殊性"和"个性"。严格说来,任何事物的发生都是特

---

① 方诗铭著:《三国人物散论》,上海古籍出版社2000年版,第227—239页。
② Jenkins, Keith, Why Bother with the Past? Engaging with Some Issues Raised by the Possible "End of History as We Have Known It", in *Rethinking History* 1(1)(1997): pp.55-56.

定的,因此,关注法则的、必然性的社会研究必然是不够的。合理的观察方法,应该同时包括这两个方面。由于历史的原因,中国社会研究还过多地关注"法则","必然性",中国的学术研究也优先关注普遍性和规律。然而改革开放之后,中国社会开始走向多元,中国的学术研究开始重视对于独特性的研究。可以说:关注个性是目前中国时代的基本精神之一。中国社会的变迁是"从传统社会到现代社会的转变,主要特征是经济理性,重视个人价值,生活方式趋向世俗化,社会结构重新分层。"①我们惯常所说的"中国特色"、"多级世界"、"思想解放"、"与时俱进"、"我就喜欢",等等,都体现了对于个性的尊重。

这一时代精神的方法论上的支持,就是历史学;是优先关注"特定性""独特价值"的历史的方法在精神的深处支持"多元化""自由"和"个性",也是它在支持"中国特色"。诚如现代历史学的开创者之一历史学家尼布尔(Niebur)所言:"如果详尽地研究历史,就会有益于这样一个目的:人们就会认识到,他们自己所持的并逼迫别人也应该采取的看待事物的那些方式的偶然性。"②

3. 创造性的工作

长期以来,历史总是被视为对自由选择的约束。最有代表性的理论,是所谓"路径依赖理论"。这个理论将制度的选择,最终归结为一种文化、习俗和传统的制约。马克思也精辟地指出,一切已死的先辈们的传统,像梦魇一样纠缠着活人的头脑。但是,这些都只是历史的一面。历史同时具有另外的一面。

现实是历史的延续,历史曾经是昨天的现实,今天的现实在明天也将变为历史。从这个角度而言,现实就是在克服历史做功。对社会是如此,对个人也是如此。业已过去的,在逻辑上讲,都是可知的,而正在实现中的,却不能为人所知。从已知到未知,是为创造。现实中的创造,总是通过辩证地否定历史来实现的。历史通过提供创造者进行创造所凭借的一切现有条件来实现自我否定。创造者得利用历史提供的条件去创新。这就是任何创造行

---

① 《从"理想主义"到"实利化"——北大社会学系主任、社会学家王思斌访谈》,载周彦文主编《改革20年:焦点论争》,广州出版社1998年版,第295页。
② 转引自尼采著,陈涛、周辉荣译:《历史的用途与滥用》,上海世纪出版集团2005年版,第7页。

为的运作原理。认识到这个原理,现实的人们就可以合理地利用历史来进行创造活动。历史既鼓励人们展示自己的独特性,进行创新,又提供了各种已有的条件,呼吁创新者克服历史,创造未来。

人类无法摆脱历史。每个人、组织和社会都会有自己的历史,这些历史业已发生,无法更改,失败就是失败,胜利终究是胜利。光辉的历史,固然成为骄傲和资本,挫折的历史,往往变成包袱压迫人们。历史虽然无法改变,人们对待历史的态度,利用历史的方式完全可以发生变化。如何面对历史,利用历史,来面向未来,走出历史,创造新的生活,开创新的辉煌,从而开创新的历史,则是历史学家教育人类的重要内容。

阅读书目:

爱德华·卡尔著,吴柱存译:《历史是什么》,商务印书馆1981年版。

胡适:《论国故学:答毛子水》,载欧阳哲生编:《胡适文集》第2卷,北京大学出版社2000年版。

李大钊:《史学要论》,载《李大钊文集》(下),人民出版社1984年版。

第三章
历史研究的逻辑起点:史料收集

第一节 历史研究的起点

"许多人,甚至包括某些历史研究手册的作者,对历史研究的程序持有非常简单化的看法,他们认为先要有史料,因而史学家就收集史料,审读文献,考辨真伪,然后,也只有在这时才加以应用。这种看法是有问题的,史学家从来不是这样工作的,尽管有些人突发奇想,自以为是这样干的。"1942年身陷囹圄的马克·布洛赫否定了传统的史学研究程序。因为他认为,"着手研究历史时,任何人都是有目的的,开始时肯定有一种指导思想。纯粹消极的观察(假设有这种情况),决不会对科学有所贡献。"[1]马克·布洛赫所说乃是经验之谈,因为对于初学者来说,确实存在读书而无法发现问题的情况。针对初学者的这个困难,马克·布洛赫建议,要带着"问题"读书,问题又从何而来?他说,现实生活,因此,热爱生活乃是历史学家的最主要素质。

马克·布洛赫是针对当时史学训练的习惯程式而言的,而这种习惯程式本身又是对启蒙史学的反动。在18世纪启蒙时代,旧的历史记载因为充满战争杀戮、帝王将相,颇受到启蒙思想家们的指责。"对于近代国家的历史巨著,无论哪一本我都无法卒读,我在那里看到的几乎只是一片混乱,一大堆既无联系又无下文的琐事,千百次没有解决任何问题的战争,就连在

---

[1] 马克·布洛赫:《历史学家的技艺》,第51页。布洛赫批评说:"对一个新手的劝告最糟莫过于教他耐心等待,劝他从文献中寻找灵感。这种行为使本来设想不错的研究陷入僵局或绝境。"第51—52页。

这些战争中人们使用什么武器来互相残杀,我也不清楚。我只好放弃了这种既枯燥乏味又空泛无边、只能压抑思想而不能给人启迪的学习。"有鉴于此,伏尔泰"保留其中描写风俗习惯的材料,从而把杂乱无章的东西构成整幅连贯清晰的图画;力图从这些事件中整理出人类精神的历史"。① 尝试用观念演进的线索来组织历史叙述。在晚年遭追捕流亡的日子里,在没有参考书的情况下,孔多塞饱含激情地写下了《人类精神进步史表纲要》,作者先抽象出"普遍的语言(即范畴)",如"人类能力"等等,然后"依据推理并依据事实",证明"人类精神进步的无限性",人类的历史就是人类能力不断扩张的历史。诚如作者所坦言,他写历史使用的就是像"代数学"一样的方法。当时人们以为这样的历史学才是科学的。

到了19世纪,职业历史学家们普遍强调历史研究过程中"史料",尤其是新史料的优先性地位,主张"没有史料,就没有历史学"。兰克本人的成功,就是这种新的历史研究风尚的一个例证。他强调自己之所以写作,是因为发现了新史料,"如果不是发现了尚未被利用的材料,没有机会写作"。"探索未知史料和目录所带来的希望和快乐将感染读者,弥补了绝大多数现代史作品中的那种缺憾,展示了研究的整个未来。"②史料能够引领历史学家到哪里,历史学家就走到哪里,此后,才允许自由地推测。因此,在训练学生的时候,强调要先有史料,后有想法。

在清代考据学家的心目中,史料无疑也具有优先性。王鸣盛在《十七史商榷》中,表达了这种"史料决定论"。他说:"(在探索二十余年之后)始悟读史之法与读经小异而大同。何以言之?经以明道,而求道者不必空执义理以求之也,但当正文字、辨音读、释训诂、通转注,则义理自见,而道在其中矣!譬若人欲食甘,操钱入市,问物有名甘者乎,无有也,买饴食之,甘在焉!人欲食咸,问物有名咸者乎,无有也,买盐而食之,咸在焉!"

上述提法,都有其特定的针对性,因此,难免以偏概全。事实上,历史学研究,既重视史料,也看好历史学家的主观认识能力。既鼓励研究者提出自己的问题,也强调论从史出。因为回答问题的史料远非单一,所提出的问题及其解答需要不断地加以修正和补充,乃至自我否定。问题是否合理,要视

---

① 伏尔泰著,梁守锵译:《风俗论》(上册),商务印书馆1995年版,第1—2页。
② Ranke, Leopold, *History of The Popes: Their Church and State*, in The Sixteenth and Seventeenth Centuries, trans. by E. Fowler, New York: The Colonial Press, 1901. p. xviii.

史料而定，问题能否解答，要看史料是否充足，而如何解答，要依据史料做出。因此，越是强调"问题意识"优先，史学家们内心深处越是感受到了史料的限制作用。雅克·勒高夫喜欢转述马克·布洛赫的另外一句名言："一个自由人所拥有的，历史学家全都没有。"①而兰克也说过，从表面上看，史料限制了历史学家的创造性和自由，但是，必须牢记，自由之花唯有在真实的土壤之中生长，才会灿烂。带着问题去查找史料和选择史料，在此过程之中，尽可能广泛地收集史料，并根据史料不断修正问题以及对问题的回答，在发挥主观能动性的同时，尊重史料，双方互动，大概就是历史研究的合适方式。但是，从逻辑顺序来看，史料收集在前。

第二节 历史学只是史料学？

一、过往史

1927年11月，中央研究院历史语言研究所的主要筹备人傅斯年发表就职演说，提出了"历史学只是史料学"的著名论调。他说："近代的历史学只是史料学，利用自然科学供给我们的一切工具，整理一切可逢着的史料，所以近代史学所达到的范域，自地质学以至目下新闻纸，而史学外的达尔文论，正是历史方法之大成。"界定给出之后，衡量史学进步的标尺也随之而出："（一）凡能直接研究材料，便进步。""（二）凡一种学问能扩张他研究的材料便进步，不能的便退步。""（三）凡一种学问能扩充他作研究时应用的工具的，则进步，不能的，则退步。"揭示了正统中国现代史学的根本性特征："整理史料。"

建国之后，马克思主义史学迅速占领史学领域，史学界也开始清算各种旧的史学观念，而傅斯年的这一主张自然成为主要批判对象，激进的主张甚至以为，傅斯年当年不过是祭起史料学的番天印，来封杀正在日趋于流行的唯物史观。② 在他们看来，整理史料固然重要，但是在史料的基础之上，对

---

① 雅克·勒高夫著，许明龙译：《圣路易》，商务印书馆2002年版，第316页。
② 文瑾在《批判傅斯年的反动的史学研究方向》一文中说："乍一看来，好像傅斯年是以科学反对'玄学'，这又有什么可以厚非的呢？但剥开这张画皮就可看出，他所要反对的并不是什么'玄学'，而是马克思主义的历史科学，不过他是以'玄学'的帽子扣在马克思主义的历史科学之上罢了。"载《新建设》1958年第6期，第21页。

历史进行理论上的总结和分析,以便发现人类历史演进的规律,这才是历史学的最终目的。在这种思路的影响之下,当时流行历史研究之两个阶段说,即整理史料是历史研究的初级阶段,运用马克思主义理论对史料进行分析、提炼出法则才是研究的高级阶段。郭沫若说:"研究历史当然要有史料。马克思主张尽可能地占有大量资料,也说明资料对科学研究的重要。占有了史料,就必须辨别它的真假,查考它的年代,去其糟粕,取其精华,这一番检查的功夫,也就是所谓考据。这些工作是不可少的,是应该肯定的。但它毕竟是历史研究的初步阶段。没有史料固然不能研究历史,专搞史料也决不能代替历史学。过去,旧的史学工作者停滞在这初步阶段,就认为够了,说什么整理史料即历史学,这显然是错误的。"①

郭沫若本人就被当做这第二阶段的典型,代表高级阶段的历史研究,而研究领域相近,才质相似的王国维被当做第一阶段的主角,代表初级阶段,通过对比他们两人,来说明马克思主义理论指导的重要性。"关于马克思主义理论对史学研究的重要指导作用和意义,我们在史学史上可以说是屡见不鲜的。人们常常用王国维和郭沫若两人的治学方法和史学成就加以比较,来说明这个问题,是很恰当的。……王国维和郭沫若都精通甲骨金文和我国古代文献,都专一地治我国古史,同时亦都治学刻苦、认真严谨。但是,一个却仅仅限于考据清楚了某些史实,另一个却向人们揭示出我国殷周整整一个时代,穷通到了历史发展的规律。前者如同树木,后者则是森林。他们所以有着如此的不同,其成就大小又如此之悬殊,究其缘由,就是在于有没有运用马克思主义理论作为自己史学研究的指南。"②

改革开放之后,此前的偏颇做法得到纠正,史料也特别受重视,学术界强调考据的声音如此强大,以至于有人担心要"回到乾嘉时代"。到90年代,学术界甚至开始感到有必要与80年代区别开来。在一些学者眼中,重新提倡重视史料的80年代变得"虚"起来,被贴上"思想的时代"的标签,而90年代才被当做厚重的"学术的时代"。③

---

① 《关于目前历史研究中的几个问题——答〈新建设〉编辑部问》,载《郭沫若全集》(历史编)第三卷,人民出版社1984年版,第483页。
② 孙恭恂主编:《历史学概说》,北京师范大学出版社1995年版,第55—56页。
③ 叶秀山、陈平原等人的看法有代表性,他们的言论及有关讨论见《学术史研究笔谈》,载《学人》第1期,江苏文艺出版社1991年版;类似的说法也可参见《学术现象论析——八十年代到九十年代学术》,载赵汀阳、贺照田主编:《学术思想评论》第1期,辽宁大学出版社1997年版。

也正是在 90 年代,北京大学历史系教授邓广铭先生重提当年傅斯年的命题,为其正名。他为 1992 年出版的著作自选集作序时说:"'史学即是史料学'的提法,我觉得基本上是没有问题的。因为这一命题的本身,并不含有接受或排斥某种理论、某种观点立场的用意,而只是要求每个从事研究历史的人,首先必须能够很好地完成搜集史料、解析史料、鉴定其真伪、考明其作者及其写成的时间、比对其与其他记载的异同和精粗,以及诸如此类的一些基础工作。只有把这些基础工作做好,才不至被庞杂混乱的记载迷惑了视觉和认知能力而陷身于误区,才能使研究的成果符合或接近于史实的真相。"

围绕"历史学即史料学",20 世纪中国史学史家总结出"史料派"和"史观派",而且想象它们为对立的两种立场、取向和研究历史的方式。有的学者甚至称:"(20 世纪)百年中国史学史,可以说是史料考订派与史观派的对抗史。"[①]其实,学术研究本是一种开放的事业,她向一切真知灼见开放,在实际工作中,绝大多数历史学家会利用一切可以利用的新方法、新成果,而不会以某帮某派自限,画地为牢。用这两派对立作为 20 世纪史学发展线索的做法,多少有些简单化。自 19 世纪现代科学史学兴起,对史料、尤其是新史料的发掘、考据,就成为了这个学科的基础,舍此即无历史学。历史学不一定是史料学,若无史料则必非历史学。

当我们重新面对这个问题的时候,思想界又出现了一些新变化。其中最为显著者,就是"后现代主义"历史叙事学。它强调一切历史只能是被写下的历史,没有被写下来的,是发生过的历史,但是却不是能够为我们所知的历史。而历史写作不仅仅是对历史的反映,而且还有其他成分在内,尤其是反映特定利益集团的声音,对其他文本的模仿和排斥。既然学术界对史料如何反映历史的研究业已繁多,从历史写作形式的角度,对历史文本进行深入研究遂成为新的热门。各种历史写作非常不同,但归根结底受制于自然语言的规则。因此,这种趋向也通常被称为"语言学转向"。海登·怀特说:"作为所有这些学问的主题的'历史'只有通过语言才接触得到,我们的历史经验与我们的历史话语是分不开的,这种话语在作为'历史'被消化之前必须书写出来,因此,历史书写本身有多少种不同的话语,就有多少种历

---

① 王学典:《实证追求与阐释取向之间的百年史学——兼论历史学的性质问题》,载氏著:《20 世纪中国史学评论》,山东人民出版社 2002 年版,第 3 页。

史经验。"①

对历史写作的重视,导致新的叙事理论过分夸大了历史文献的意义,这一点与历史学即是史料学的主张相通。但是各有侧重。叙事理论偏重于发现历史文本作者的主观动机和写作技巧,他们为什么要书写历史,以及如何书写,关注的焦点落在历史作品的作者身上,而非历史本身。甚至似乎历史研究所能发现的,不过是历史作品的作者。而傅斯年等人并非限于史料来强调史料的意义,而是通过分析文献或史料来揭示历史真相,透过史料来认识历史现象。

历史学只是史料学吗? 如果从字面上理解,则显然不是。史料学的研究对象是史料,而历史学的研究对象是历史现象,要借助于史料学来开展研究,因此,史料学是历史学的辅助学科之一。从研究对象来说,历史学是通过史料来研究过去的社会。邓广铭先生重提历史学即是史料学,所强调的,正是历史学家要通过史料来研究历史,重视作为辅助学科的史料学对于历史研究的基础性意义。诚所谓:有一分证据说一分话,有七分证据不说八分话。

但是,文献(史料)并不是透明的,并不是对历史现象的直接反应,因此,如何利用史料来解释历史现象,历史学家的主观能动性起着非常重要的作用。古代史家强调史德,以保证其正确性,近代史家强调不带主观偏见,马克思主义史学家强调研究者要具备正确的世界观和方法论,才能够科学地利用史料,来探索历史的真相,甚至是历史演变的规律。

从逻辑上讲,上述两个方面的结合,可以构成理想的历史研究。前者强调"不讲无证之言,不下无据之论",后者旨在"求得系统"。从认识论上讲,虽然前者强调严格依据史料,排斥研究者个人的主观偏见,后者强调发挥研究者的认识能力,所侧重点不同,但都是历史学家认识历史的方式,而且都重视主客体的对立统一和古今的对立统一。正是基于这一点,我们可以通过发展史料概念求得二者的统一。

二、史　料

所谓史料,据《中国历史大辞典》,就是"研究和编纂历史所用的资料。

---

① 海登·怀特:《"形象描写逝去时代的性质":文学理论与历史书写》,载氏著,陈永国、张万娟译:《后现代历史叙事学》,第292页。

主要来源有实物的(如古迹、文物、地下发现的遗物等)、文字的(如各种著作、文献、铭刻等)和口传的(如传说、访问、民歌等)"。李特的《历史术语词典》说:"指任何处在历史学家处理范围之内的材料,据此对过去有所认识,如文献、观念、纪念物、工艺品、传统,等等。"随着现代社会生活的日益丰富多彩,历史遗留物的增加,史料的内涵和外延不断扩充。近一百年的新史料包括:照片(借助于摄影技术),影像资料(借助于摄像技术),各种现代物品收藏,如各种工业用品(尤其是现代技术产品,如汽车、现代武器等),大规模的口述史料(如20世纪50年代中国的少数民族社会调查),各种建筑设计构图,地质测量材料,等等。

在《"智者不为"的智者》这篇回忆老师陈垣先生的短文中,来新夏教授同时引用了多种史料。包括引用陈垣先生的出版作品,如《明季滇黔佛教考》,这是文字史料。自己的见闻,如自己在课堂上模仿老师们的方言口头语和某些习惯动作,遭到批评,属于口传史料。而作为毕业纪念请陈垣先生题写的扇面,至今珍藏,就是实物史料。①

实物、文字与口传是针对史料的载体而言的,不可决然分开。例如出土墓志铭,既是实物,也是文字史料。而文字中的口传史料,也不在少数。如随笔、回忆录中提及的传说和谈话。不仅如此,三者还可以相互转化,口传被记录下来,就变成了文字材料,而书面材料被记忆下来,加以改编,口头流传,则又演变为传说。同理,将实物描摹成图画,或者用文字加以转述,则实物信息又转化为文字信息。例如,法兰克墨洛温王朝创始人克洛维的父亲希尔德里克一世的墓葬,在17世纪被发掘。参与发掘的一位医生,将所出土实物精心描摹下来,编成两大巨册。到18世纪末,这些文物被盗,在躲避追捕的过程中,文物全部被劫贼们扔入塞纳河中。事后打捞,除了有限的几件之外,其余都不见踪迹。从那时起,这批图册就成为实物的替代品了。

一般说来,历史时期越早,则文字史料越少,历史研究就越依赖于实物史料,如罗马统治之下的不列颠,夏商周时期的中国等。而在文字书写作品罕见的地区,口传是更加重要的史料来源,例如殖民地时代之前的撒哈拉沙漠以南的非洲、美洲和澳洲等。印刷术发明之后,文字史料毫无疑义地成为史料的主体。随着档案馆、博物馆的广泛设立,实物史料的保存条件大大改善,其数量与日俱增。随着录音技术的发展,口传资料的保存也有大规模发

---

① 来新夏著:《邃古谈往》,百花文艺出版社1999年版,第41—46页。

展的势头。因此,随着时代的进步,史料的数量在加速增长。快速增长的史料总量,不仅让历史学家感受到"文献的压力",经受着"史料革命"的考验,而且也推动历史学家深化和更新对史料的认识。

无论史料的数量如何庞大,史料都具有代表性,是对历史存在的部分反映。史料是对历史的反映,但是能够得到反映的历史远非全面。例如,历史上生活过的人数大到难以计算,但是能够通过史料留下名字的,少之又少,能够"载入史册",流传下具体事迹的人物,更少之又少。载入史册的往往是那些富有特定意义的特殊历史现象和人物。作为史料之大宗,从逻辑上讲,历史记录的原型是日记。

据《中国写作学大辞典》可知:日记"切忌泛泛而录,写流水账,应根据需要作适当的选择、取舍"。① 一天之中,所发生之事,何可胜数,但是日记中所记录的往往只有几件,有时甚至"一日无事"。其实所谓"无事",并不是真正没有发生任何事,而是说没有发生任何值得记录下来的特殊事情。因此,大多数情况下,日记并不能直接反映出作者的常态。常态往往是不需要加以特别记录的。例如一日三餐,日记一般不会记,但是如果有两顿饭没有吃,日记一般会记。

在古代历史学家们通过叙事保留的历史记录之中,这种选择性非常明显。太史公曾经掌握着十分丰富的国家档案:"天下遗文古事,靡不集太史公。"但是,在实际写作的时候,司马迁进行了大量的取舍,其标准就是:"明主贤君忠臣死义之士","废明圣盛德不载,灭功臣世家贤大夫之业不书",②与古希腊希罗多德"记载人类的功业",正是同一个取舍原则。这些彪炳史册的功业,通过实物、习俗和口传而长期为后来者所记忆,成为史学家的主要记录对象。司马光则从读者的角度表达了这一需要。他说:"每患迁、固以来,文字繁多,自布衣之士,读之不遍,况于人主,日有万机,何暇周览!臣常不自揆,欲删削冗长,举撮机要,专取关国家盛衰,系生民休戚,善可为法,恶可为戒者,为编年一书,使先后有伦,精粗不杂。"③

西方中世纪的史家经常会在行文之中交待记述某件史事的特定理由。例如,在讲述国王的亲兵伊马所经历的传奇经历的时候,作者比德重申:

---

① 尹均生主编:《中国写作学大辞典》"日记"条,中国监察出版社1998年版,第1865页。
② 《史记》卷一百三十《太史公自序》。
③ 司马光:《进〈资治通鉴〉表》。

"我觉得不应该对此事缄口不言。相反,把它告诉世人将有助于拯救许多人。"①

不仅历史记录如此,其他史料的保存工作也不得不面临类似的选择。例如专门保存文书的档案部门,要对归档文书进行选择,在价值鉴定之后,决定其保存期限,并将那些被认为没有价值的文书加以销毁。国家档案局制定了《文书档案管理期限表》等专门文件,针对档案的保存和销毁,做出了具体的规定。各级档案保管机关和人员,不仅要收集重要的档案文书,也要定期将"没有保存价值的文书"送交有关保密部门,进行集中销毁。而且,随着档案应用日益面向公众,使得鉴定档案价值的标准发生了改变。由主要满足学术研究,档案学家与历史学家合作决定档案价值,转向满足公众需要。档案学家越来越独立地研究社会需要,决定"哪些是有历史价值而值得长期加以保留的档案"。②

因此,史料的产生过程使得史料被附加了"价值"。留下来的史料,多为具有价值的东西,富有特殊的意义。它们之所以被保存下来,往往是因为反映了某种非同寻常的历史发生,要对该历史发生进行特别的记忆。如果这个历史发生越是与众不同,就越重要,也就越具有被记忆的价值。从这种意义上讲,史料主要是对于历史变迁的记忆。然而,历史不仅是变迁着的,而且也是延续着的,既有新的不同寻常的改变,也有常态的保存和延续。既然史料主要是对特殊事件的反映,并不直接反映历史的常态,也不可能反映全部的历史现象。因此,要求历史学家的工作,既要通过收集,掌握尽可能多的史料,进行考证,从而掌握尽可能多的特殊现象,也还要求历史学家通过反映特殊事情的史料来把握普通的事情,通过特殊的细节来反映整体的历史,通过事件来反映结构,通过特殊来反映普遍。

史料不仅有产生过程,而且还有传递过程。大多数史料并不是以纯粹的状态、原始的状态保存着的,而是经历了历史风尘的累积,以留存到今天的面貌而出现。我们阅读文献,利用文献作为史料来进行历史研究,往往并不是根据该文献被写成时的那个本子,而是多少年后传世的本子,而绝大多数是今天的史学家加以整理的本子,即所谓精校精注本。例如二十四史,多

---

① 比德著,陈维振、周清民译:《英吉利教会史》,商务印书馆1991年版,第276页。
② Moss, Michael, "Archives, The Historian and The Future", in Michael Bentley ed., *Companion to Hisotriography*, London: Routledge, 1997, p.965.

半用的是中华书局的标点本,它所采用的底本,基本上都不是最初的本子。这些标点本,只是形成于四五十年前。离史料的生产日期,少则几百年,多则千余年。而如果使用电子版本,那么又是最近十多年的产物了。又如,我们观看历史遗留下来的建筑,位于北京海淀区西山余脉寿安山的卧佛寺,始建于唐代,原名"兜率寺",元代在旧址上扩建寿安山寺,建成后改名为"大昭孝寺""洪庆寺",并铸造了今天还可以见到的铜卧佛。明代曾经加以修缮,赐名"寿安禅林",明末更名为"永安寺",清代雍正年间重修后改名为"十方普觉寺"。就是我们今天所见的模样了。

史料学家、历史学家在利用史料的时候,如何处理这种流传情况给史料带来的变化,还是一个有待深入探究的话题。① 当年顾颉刚先生提出"层累造成的古史",可以推而广之为"层累造成的史料"。

因此,历史史料往往并非以纯粹的形式而存在,而是以历代叠加的形式出现的,也就是说,以遗留至今的面貌出现的。从这种意义上讲,史料的保存和利用过程,也是一个不断适应时代需要的过程,史料本身就是"历史与现实的统一"。

虽然现实与历史是对立的,却也蕴涵着历史,承载着历史。从现实存在中发现史料,从而发现历史,暗示着增加历史线索的另一种可能性。利用新的科学技术和仪器,可以发现壁画覆盖之下的一层层的修改,可以在羊皮纸现存文字之下,找回曾经被刮去的内容。通过航拍,可以透过现在的田制和风景,发现过去的田制和地貌。

第三节 史海导航:工具书

一、现代学术与工具书

对于研究历史而言,收集史料是着手研究的一个重要环节。而要想收集尽可能多的史料,乃至收全史料,更是历史学家的愿望。前辈学者还爱用"一网打尽""竭泽而渔"等话语来要求自己,当年傅斯年号召全体"国学"研究者要"上穷碧落下黄泉,动手动脚找东西"。而要做到一定程度的"竭泽而渔",对于电子时代之前的史料,主要依靠工具书。在电子世界,查阅

---

① 倪其心著:《校勘学大纲》,北京大学出版社2004年第2版,第79—101页。

信息,主要依赖于各种"搜索引擎"和"网络资源指南"。

中国古代的传记作家在形容学人的时候,往往爱用"淹贯""无书不窥"等字眼来形容传主知识渊博。江藩称清代学者汪中"博综典籍,谙究儒墨,经耳无遗,触目成诵,遂为通人"(《汉学师承记》)。现代科学体系建立之后,知识越积越多,学科愈分愈细,知识分子不得不拘守专门,成为专家。学者们开始慨叹在博学上今人不如先贤,朱光潜先生说:"在现代社会制度和学问状况之下,百科全书式的学者已经没有存在的可能,一个人总得在许多同样有趣的路径之中选择一条出来走。这已经成为学术界中不成文的宪法,所以读书人初见面,都有一番寒暄套语,'您学哪一科?''文科。''哪一门?''文学。'假如发问者也是学文学的,于是'哪一国文学?哪一方面?哪一时代?哪一个作者?'等问题就接着逼来了。"①德国哲学家伽达默尔曾经说过,马克斯·韦伯是20世纪的最后一位通人。与此前的知识体系相比,几乎没有哪门现代学科和知识处于"万流归宗"的地位,成为其他学科和知识的归宿和起点。掌握了这门知识,一以贯之,就等于精通其他各门知识。在前现代西方这门知识是圣经学,在古代中国是经学。现代各学科虽然内在精神相通,但是都基本上沿着自己的轨道向前发展着,实行专门化,通了一门学科就等于会通了所有学科的事情,几乎不可能了。

面对知识体系的专门化,20世纪初的学者们,意识到编撰工具书的重要性。蔡元培先生提倡编辞典,胡适先生呼吁做总账式的、索引式的整理,洪业先生创建引得编撰处,组织中外人力物力编引得。在讲述引得编撰缘起时,洪业先生百感交集地说:"引得(Index)是一种学术工具,学者用之,可于最短时间中,寻检书籍内部之某辞或某文。……我常想:编纂这些书的人,虽算不得什么阐扬圣道,方轨文章的大功;但只就其曾为学者省了一份心血,已可谓是一种功德。所可惜者,这类书实在太少。我们旧式的教育,又素来不注重教学生如何利用工具。"接着,洪煨莲先生以自己小时背诵《尔雅》的例子,引导出一个结论:"想到少时读书不知利用学术工具之苦,真是例不胜举。后来教书,决意不令青年蹈我少时的覆辙,所以处处留心于

---

① 朱光潜著:《我与文学及其他》,载《朱光潜全集》第三卷,安徽教育出版社1987年版,第337页。

学术工具的使用。现介绍引得于学者,也就发端于此。"①

所谓引得,洪业先生说:"'引得'一词,乃从英文 index 一字翻译出来的。……英文中 index 原意谓'指点'(故食指亦谓 index),假借为一种学术工具之名,日本文译之为'索引'。中国人沿用日译,或转变而为'索隐'。我们改译作引得,不过以其与西人原词之音与义皆较近而已。寻检书籍内容之工具,西人于引得以外,复有所谓'堪靠灯'者。原名于英文为 concordance,意谓'谐合',盖亦假借以为名。'堪靠灯'之格式,与引得无异。唯所录者,繁重而细密耳。……引得所注意者,原书中之意义名物而已。堪靠灯则兼顾及文辞训诂也。"引得所指要广泛得多,只要有关键词就可。而堪靠灯属于引得的一种,不仅词条多,而且要交待所选词条的上下文,及其不同义项。

工具书(reference books),字面意思为"带回,再带去",因此也可译为"参考书"。指的是"为了查阅某条具体信息而参考的书籍……通常内容广泛,信息集中,按照特定计划编排以便于准确而迅速地查找。"与供系统阅读的普通书籍相区别。有些书籍编撰之初是为了供人系统阅读,但是后来因为其内容广泛,知识准确而成为工具书,例如《剑桥现代史》等。② 举例来说,工具书是为了回答下述问题:"2006 年是谁获得了奥斯卡最佳男主角奖?""珠穆朗玛峰的高度是多少?""关于唐朝的史料有哪些?""关于'贞观之治'的研究成果有哪些?"工具书包括:概览(Almanacs)、地图(Atlases)、书目(Bibliographies)、传记资料(Biographical sources)、目录(Catalogs)、堪靠灯(Concordance)、辞典(Dictionaries)、指南(Directories)、磁带目录和胶卷目录(Discographies & Filmographies)、百科全书(Encyclopedias)、地名录(Gazetteers)、辞海(Glossaries)、通信(Newsletters)、手册(Handbooks and Manuals)、索引(Indexes)、研究指南(Research Guide)、联合目录(Union lists)、大事记(Chronologies)、年鉴(Yearbooks)。在英语世界,最有名的工具书指南分别是由美国图书馆协会出版的"*Guide to Reference Books*",(英国)图书馆协会出版的"*Walford's Guide to Reference Materials*"。

---

① 洪业:《引得说》,载王钟翰等编校:《中国现代学术经典·洪业、杨联升卷》,河北教育出版社 1996 年版,第 9—11 页。洪业(1893—1980),福建人,煨莲,乃英文名之音译,原燕京大学教授,后留居海外。洪业先生的这篇文字,融贯中西,不仅非常有趣,而且深入浅出,对初学者有帮助。

② Mudge, Isadore Gilbert, "Reference Books and Reference Work", in Eugene P. Sheehy ed., *Guide to Reference Books*, Chicago: American Library Association, ninth ed., 1976. p. xiv.

工具书的分类法不尽相同,基于其性质特点及功能,现代学者一般分为三大类:线索性工具书、词语性工具书和资料性工具书。但也有四分法:线索型,包括书目、索引、文摘;知识型,含字典、辞典、百科全书;资料型,有类书、政书、年鉴、手册、汇编;图表型,历表、年表、地图、图谱皆属此类。着眼于史学研究的实际需要,从如下三个方面介绍有关工具书:知识型工具书、目录学与史料学。

二、知识的查阅①

在阅读和研究过程之中,经常要查阅一些字、词、地名、人名、时间、器物、职官乃至引文,这里列举一些常用的工具书。查阅汉字汉语,用《汉语大字典》(汉语大字典编写组,湖北辞书出版社1986年版)、《汉语大辞典》(同上,1986年版),还可以利用《辞海》(上海辞书出版社1989年版)、《辞源》(商务印书馆1979年版);英文则使用《牛津英语词典》(Oxford Dictionary of English, Oxford: Clarendon Press, 1989)等。

查阅地名,《中外地名大辞典》(段木杆主编,人文出版社1981年版,凡八册)、《中国历史地名大辞典》(刘钧仁原著,凌云书房1980年版)、《中国历史地图集》(谭其骧主编,中国地图出版社1978—1982年版)、《外国地名译名手册》(中国地名委员会编,商务印书馆1983年版)、《世界地名录》(中国大百科全书出版社1984年版)、《〈不列颠百科全书〉地图》(Britannica Atlas, Encyclopaedia Britannica. Inc., 1996)、《谢斐德历史地图集》(William & Shepherd, Shepherd's Historical Atlas, Barnes & Noble Books, 1964)、《韦伯斯特新地理辞典》(Webster's New Geographical Dictionary, G & C. Merriam Company Publishers, 1980)、《历史地名百科全书》(Courtlandt Canby, The Encyclopedia of Historic Places, New York: Facts On File Publications, 1984)、《简明大不列颠和爱尔兰现代地名辞典》(Adrian Room, A Concise Dictionary of Modern Place-Names in Great Britain and Ireland, Oxford: Oxford University Press, 1983)等。

查阅人名,可用《中国历代人名大辞典》(张㧑之等主编,上海古籍出版社1999年版)、《中国近现代人物名号大辞典》及其《续编》(陈玉堂编著,浙江古籍出版社1993—2001年版)、《二十四史人名索引》(中华书局1998年

---

① 这一部分的写作深受北京大学图书馆何冠义老师的启发。何老师多年配合北京大学《史学概论》课程,为学生讲授"怎样利用文史工具书"。

版)、《世界姓名译名手册》(化学工业出版社 1987 年版)、《世界人名翻译大词典》(新华通讯社译名室编,中国对外翻译出版公司 1993 年版),邵延淼著《古今中外人物传记指南》正编、续编、补编(江苏教育出版社 1989—2002 年版);李宝印等主编《人物工具书辞典》(吉林科学出版社 1989 年版),《中国历代人物年谱总录》(杨殿珣主编,书目文献出版社 1996 年版),黄秀文主编《中国年谱辞典》(百家出版社 1997 年版),来新夏《近三百年人物年谱知见录》(上海人民出版社 1983 年版),王明根主编《辛亥以来人物传记资料索引》(上海辞书出版社 1990 年版),以及国家档案局二处等编《中国家谱综合目录》(中华书局 1997 年版),Gale 出版社出版的《世界传记百科全书》(*Encyclopedia of World Biography* Detroi: Gale Research 1998),范围广泛,而且有电子版(http://infotrac.galegroup.com/itweb/peking),自 1885 年开始编纂的《国家传记辞典》(*The Dictionary of National Biography*, Oxford: Oxford University)收录英国人物传记,凡三十余卷,自 1991 年之后,更名为 *New Dictionary of National Biography*,《中世纪人名录》(Mary Ellen Snodgrass, *Who's Who In The Middle Ages*, Jefferson: Mcfarland & Company, 2001),等等。

查阅时间,用《中国历史大事年表》之《古代编》(沈起炜主编,上海辞书出版社 2001 年版)、之《近代编》(沈渭宾主编,上海辞书出版社 1999 年版)、之《现代编》(唐培吉主编,上海辞书出版社 1997 年版),《二十史朔闰表》(陈垣,中华书局 1962 年新一版),《新编中国三千年历日检索表》(徐锡祺编,人民教育出版社 1992 年版),《公农回傣彝藏佛历和儒略日对照表:622—2050》(王焕春等编,科学出版社 1991 年版),翦伯赞主编《中外历史年表公元前 4500—公元 1918 年》(中华书局 1961 年新 1 版),以及《近世中西史日对照表》(郑鹤声编,中华书局 1981 年版),《日期辞典》(Leslie Dunkling, *A Dictionary of Days*, London: Routledge, 1988),《英国史研究者日期手册》(C. R. Cheney ed., revised by Michael Jones, *A Handbook of Dates: For Students of British History*, Cambridge: University Press, 2000),等等。

查器物,可以翻阅《中国文物精华》(王保平等撰稿,文物出版社,1992 年版)、《中国美术全集》之《绘画编》(张安治等主编,上海人民美术出版社 1985—1989 年版)、之《书法篆刻编》(启功主编,人民美术出版社,1986—1989 年版)、之《雕塑编》(金维诺等主编,文物出版社 1985—1989 年版)、之《工艺美术编》(杨可扬等主编,上海人民美术出版社 1988 年版)、之《建筑艺术编》(于倬云主编,中国建筑工业出版社 1987—1988 年版),还有类似的《中国现代美术全集》系列(中国现代美术全集编委会编,人民美术出版社1997—1998年版)、《墨洛温王朝文物集》(Patrick Peérin ed., *Collections Meérovingiennes*, Paris: Musée Carnavalet, 1985)、《卢浮宫艺术品集》(*The Louvre Collections*, Paris: Reunion des Musees Nationaux, 1991)、《国家艺术馆》(*National Gallery of Art*, London: Thames & Hudson, 2005),等等。

查阅职官,可参考《中国古代职官大辞典》(张政烺主编,河南人民出版社1990年版)、《民国职官辞典》(倪正太、陈晓明编,黄山书社1998年版)、《国家和政府首脑名录》(John V., Da Graca, *Heads of State and Government*, New York: St. Martin's Press, 2000)、《政府历史辞典》(Peter Truhart, *Historical Dictionary of States*, Munchen: K. G. Saur, 1996)等。

查引文,可资利用的工具书有:《十通索引》(浙江古籍出版社2000年版)、《十三经新索引》(李波等主编,中国广播电视出版社2003年版),燕大引得所编订的《引得》64种。至于用电子版的工具书查找引文,更加方便。例如南开大学组合数学研究中心与天津永川软件技术有限公司联合研发的"二十五史全文检索系统",上海人民出版社与迪志文化出版有限公司合作出版的"文渊阁四库全书原文及全文检索版"。塔夫斯大学(University of Tufts)主持的"帕修斯数字图书馆"(Perseus Digital Library)数据库(http://www.perseus.tufts.edu/),面向普通读者,旨在提供尽可能广泛的资料,而且还在不断扩充之中。而美国加州大学厄湾分校于1972年开始创建的"希腊语词库(Thesaurus Linguae Graecae)"(TLG, http://www.tlg.uci.edu/),规模庞大,收录了至1453年拜占庭陷落之前绝大多数希腊语文献,检索起来非常方便。类似的例子还有很多,而且,随着电子信息技术、网络使用的普及,越来越多的全文检索数据库将会产生,引文检索也会越来越方便。

三、书　目

随着计算机网络的普及和推广,查阅图书越来越方便,但是这种手段并不能取代书目(无论是书面的还是电子版本的)。这是因为书目"是专家所编订的,可以区分其相关性和重要性。经常包括数据库所不包含的隐晦资源,富含编者们的艰辛搜索成果。"[1]除了提供有用的信息之外,以研究书目

---

[1] Mann, Thomas, *The Oxford Guide to Library Research*, New York: Oxford University Press, 1998, p.117.

为主的目录学还是引导读者顺利入门的主要工具之一。清代大学问家王鸣盛曾感叹道:"目录之学,学中第一紧要。必从此途,方能得其门而入。然此事非苦学精究,质之良师,未易明也。"①在今天,目录之学业已成为专门之学,学习目录学远较清代容易。

  目录,英文"catalog"或者"catalogue",指按照某种固定格式排列书籍、图谱或者其他对象。从辞源上讲,来自拉丁文,不过也是转写希腊文而成的,"cata"是"在……之下"的意思,而"logos"就是"道""言说"等意思,合起来是"在下面说了",正好是"目录"的意思。"catalogue"在古典时代和中世纪广泛使用。与中国相类似,较早的目录大多属于学者传记的内容之一,如希腊哲学家拉尔修的《名哲言行录》,罗马政治家、史学家苏维托尼乌的《修辞家列传》(残篇)等,都会在传记中罗列传主的作品目录。那些著名的作家则有单独的著述目录,如普鲁塔克的著述目录,收录了作者二百多篇文章的篇目。中世纪最早的书目是 821 年康斯坦斯湖边的海歇劳(Reichenau)修院的图书馆目录,分门别类登记了 415 部作品。但是中世纪较早的书目基本上属于财产目录的一部分,那些装饰昂贵的经书被作为财产列入遗嘱。12 世纪文艺复兴之后,藏书目录开始普遍起来,也有了按照字母顺序编排的例子。13 世纪之后,藏书目录的形式基本上固定下来。"Item Tullius de amicicia, ex legato magistri Egidii de Tullia, Incipit in 2° flo. Vite, Precium XII den"。说明这册西塞罗的《论友谊》乃是教师吉耶(Gilles du Theil)所捐赠,价值 12 便士,第二页的第一个字是"Vite"。②

  目录学,英文名为"bibliography"或"bibliology",词根为"书",源自希腊文,后缀分别是"写"和"说"的意思,从 17 世纪下半叶开始使用。目录学是"对图书的科学描述,从古到今地讨论其结构,包括纸张等材料、字体、插图和装订"③。西方的目录学,主要着眼于书籍的"物质形式",通过辨认不同的版本,最终以利于收藏。罗伊·斯托克斯在《目录学的功能》中引用了沃尔特·格雷格爵士的看法:"为了避免歧义,我宁愿将'目录学'定义为对作

---

 ① 王鸣盛著,黄曙辉点校:《十七史商榷·史记一》之《<史记集解>分八十卷》条,上海书店出版社 2005 年版,第 1 页。

 ② Hamel, Christopher De, "Medieval Library Catalogue", in Robin Myers & Michael Harris ed., *Pioneers in Bibliography*, Winchester: St. Paul's Bibliographies, 1996. p. 19.

 ③ Prytherch, Ray, *Harrod's Librarians' Glossary and Reference Book*, Burlington: Ashgate, 2005, tenth ed., p. 66.

为物质载体的书的研究。……书目与书的学科内容是毫不相关的。"作者接着说:"对于目录学功能的讨论,没有比格雷格的出发点更好了。他把重点放在作为物质载体的书的研究方面。"在他看来,目录学研究主要"有助于弄清印刷业和出版业,甚至在一定程度上,弄清16世纪、17世纪有关剧本的审查和许可等更为广泛的问题。"①当然,也有越来越多的目录学作品与学科内容发生密切关系,或者说是为了方便科学研究而加以编撰的,这些书目往往包含有解题性的论述,揭示书籍的学科内容。

现代学术强调学术交流,在着手研究之前,都要做一个"书目",了解当下的研究动态。缘此需要,产生了大量的书目。大体而言,目录类型包括:列举式目录(Enumerative bibliography),旨在记录书籍的基本信息,是最早的书目,也是其他目录的基础。列举式目录一般求全,但是也有选择性目录,这种目录往往是由专家编订的,基于价值评判有选择地收录。分析性目录(Analytical bibliography or Critical bibliography),则更进一步调查书籍的物质属性:签名、标识、注销、水印、印刷、装订、纸张、插图和发行,等等;这些研究基本上针对过去的书籍,有强烈的历史研究色彩,也可以被称为历史性目录(Historical bibliography)。这种调查的结果,往往就是完成描述性目录(Descriptive bibliography),它是对书籍物质状况进行准确而相近的描述,包括作者、书名、出版者、印刷者的准确名称、出版日期和地点、版式、标记页码、排印特征、插图和价格,至于古旧书籍,还涉及纸型、装订,等等。而版本目录学(Textual bibliography)则是将目录学应用于版本分析。

中国的目录,不一定比西方更早,四库馆臣认为,目录这个词汇源自于郑玄的《三礼目录》。可能在战国时代,目录便随着百家争鸣,文籍繁多应运而生。至迟于汉初,便有了大规模的目录创作活动,其最著名者要数《太史公自序》。在这篇序言里,司马迁将自己创作的130篇作品一一条列,说明自己的创作意图,整齐排列为一卷,从"维昔黄帝,法天则地,四圣遵序,各成法度;唐尧逊位,虞舜不台;厥美帝功,万世载之。作《五帝本纪》第一"。到"序略,以拾遗补逸,成一家之言,厥协六经异传,整齐百家杂语,藏之名山,副在京师,俟后世圣人君子。第七十"到西汉后期,官府整理藏书,编订目录的活动开始结出成果,足以反映全国图书种类的目录由刘向刘歆

---

① 罗伊·斯托克斯著,刘圣梅等译:《目录学的功能》,南京大学出版社1993年版,第5—6、89—90页。

父子编撰完成,是为《七略》和《别录》;此后,类似活动和书目,代有赓续。

中国古代目录学虽然关心书籍的物质形式,包括纸张、文字、装订等等,也留意于书籍的传播、存佚,但目录学伴随整理图书而兴起,决定了它别具特色。《汉书·艺文志》记载:汉武帝看到藏书情况不容乐观的时候,"于是建藏书之策,置写书之官,下及诸子传说,皆充秘府。至成帝时,以书颇散亡,使谒者陈农求遗书于天下。诏光禄大夫刘向校经传诸子诗赋,步兵校尉任宏校兵书,太史令尹咸校数术,侍医李柱国校方技。每一书已,向辄条其篇目,撮其指意,录而奏之。会向卒,哀帝复使向子侍中奉车都尉歆卒父业。歆于是总群书而奏其《七略》,故有《辑略》,有《六艺略》,有《诸子略》,有《诗赋略》,有《兵书略》,有《术数略》,有《方技略》。"缘此,中国的目录学还以"辨章学术、考镜源流"为宗旨,重在分析图书的内容,以"提要"为主要的目录表现形式,"条其篇目,撮其指意",与图书出版、发行固然有关系,但与学术史密切相联。① 因此,在中国古代图书分类体系之中,目录隶属于史部。而清代《四库全书》按照体裁,将书目分为两大类:书目和解题书目。

对于中国古代典籍进行全面考订和评论的书目中,最为重要的是清代四库馆臣所修之《四库全书总目》,亦称《四库全书总目提要》。田余庆先生曾回忆说:"我年青时,邓(广铭)先生关注我的学术成长,但并没有给我口头指点,只是送我一部《四库全书总目提要》,是线装殿本,'文革'以前我一直放在手头使用。现在回想,邓先生是为了怕我走浮华不实的道路,才寓指点于赠书,送给我他所看重的'四把钥匙'中的一把,启迪我举一反三。"②

中国目录作品中,最能体现"辨章学术、考镜源流"功能的,还是针对初学者而设计的指导性书目。指导性书目亦称"劝学"书目,目的在于通过开列书单,结合解题和评论,指点初学者读书的先后次第,以便于顺利地踏入学问之门。清末张之洞所编之《书目答问》较为著名。这部书的编撰宗旨是指点诸童生"应读何书,书以何本为善。"编撰原则为:"分别条流,慎择约举,""又于其中详分子目,以便类求。一类之中,复以义例相近者使相比

---

① 目录学家余嘉锡先生说,中国古代目录学作品繁夥,流派众多,而"要以能叙学术源流者为正宗,昔人论之甚详。此即从来目录学之意义也"。《目录学发微》,载氏著:《余嘉锡说文献学》,上海古籍出版社2001年版,第5页。余嘉锡先生的这部小书,是现代目录学中的经典,不可不看。

② 田余庆、李克珍:《邓师周年祭》,载《仰止集:纪念邓广铭先生》,河北教育出版社1999年版,第110页。所谓"四把钥匙",就是地理、职官、年代、目录。

附。再叙时代,令其门径秩然,缓急可见。凡所著录,并是要典雅记,各适其用,总期令初学者易买易读,不致迷惘眩惑而已。"《书目答问》印行之后,广受欢迎,日本人长泽规矩也评价说:"本书于初学固不论,即上起学者,下至书贾,无不仰其为搜书读经之指南,刊刻之初即被各地翻刻,流遍于四方。"①现代西方的类似目录也非常多,例如:《前现代中国:书目导论》(Chang chun-shu ed., *Premodern China: A Bibliographical Introduction*, Ann Arbor: Center for Chinese Studies, 1971),《中古拉丁文书学:书目导论》(Leonard E. Boyle, *Medieval Latin Palaeography: A Bibliographical Introduction*, Toronto: University of Toronto Press, 1984),等等。

现代目录之中,对于史学家特别有用的常见目录,包括如下一些:

1. 查阅工具书类

詹德优等编《中文工具书使用法》(商务印书馆1996年版);《中国工具书大辞典·社会科学卷》(杨牧之主编,黑龙江人民出版社1993年版);刘荣主编《中国社会科学工具书检索大典》(北京图书馆出版社1999年版);邵燕图主编《国外社会科学工具书要览》(北京大学出版社1992年版);徐祖友、沈益编《中国工具书大辞典》(福建人民出版社1990年版);同氏编《中国工具书大辞典·续编》(福建人民出版社1996年版);林铁森主编《中国历史工具书指南》(北京出版社1992年版);吴嘉敏主编《中国期刊文献检索工具大全》(复旦大学出版社1991年版);全国期刊联合目录编辑组编《全国中文期刊联合目录1833—1949年增订本》(书目文献出版社1981年版);伍杰主编《中文期刊大辞典》(北京大学出版社2000年版)。至于西文类的工具书指南,除了前面所说英、美图书馆协会出版物之外,还有《易斯得礼目录学手册》(Roy Stokes ed., *Esdaile's Manual of Bibliography*, Lanham: Scarecrow Press, 2001, 6th ed.),《英国文献目录之目录》(Trevor H. Howard-Hill, *Bibliography of British Literary Bibliographies*, Oxford: Clarendon Press, 1987),《历史学家手册:工具书指南》(Helen J. Poulton, *The Historian's Handbook: A Descriptive Guide to Reference Works*, Norman: University of Oklahoma Press, 1972)。

---

① 长泽规矩也编著,梅宪华、郭宝林译:《中国版本目录学书籍解题》,书目文献出版社1990年版,第155页。这部书分类细致全面,选书精要,对入选书籍,介绍详尽,评说得当,而且备有检索,颇便于用。

2. 档案类

《档案学论著目录:1911—1983》(中国人民大学档案学院资料室编,档案出版社1986年版);《中国档案馆名录》(国家档案局编,档案出版社1990年版);《英国档案:联合王国档案资源指南》(Janet Foster, *British Archives: A Guide to Archive Resources in The United Kingdom*, New York: Stockton Press, 1989),《美国档案和手稿指南:书目提要》(Donald L. Dewitt ed., *Guide to Archives and Manuscripts in The United States: An Annotated Bibliography*, Westport: Greenword Press, 1994)。最为常见的档案指南是《档案研究:利用未出版原始史料》(Philip C. Brooks ed., *Research in Archives: The Use of Unpublished Primary Sources*, Chicago: University of Chicago Press, 1969);美国最大规模的手稿目录乃是国会图书馆编订的《国家手稿收藏联合目录》(*National Union Catalog of Manuscript Collections* (NUCMC),自1962年开始出版,1966年由国会图书馆接手。现在各大档案馆都有自己的网页,越来越多的档案可以从网上进行检索,非常方便。例如,英国的公共档案局于2003年正式更名为国家档案馆,收藏所及,除了原来的公共管理档案之外,更包括其他公私档案,可以满足普通民众的需要。其网址为:http://www.nationalarchives.gov.uk/。

3. 书籍类

《四库全书总目》修于清乾隆年间,仅收录此前完成的图书;乾隆以后有清一代的书籍可以查阅孙殿起所编之《贩书偶记》及其《续编》(上海古籍出版社1982年版);或查阅四库全书丛书编纂委员会编《四库全书存目丛书》及其《补编》(齐鲁书社1995—1999年版);《续修四库全书》(顾廷龙主编,《续修四库全书》编纂委员会编,上海古籍出版社1995—2003年版)。民国时期的图书,可以查阅《民国时期总书目》(北京图书馆编,书目文献出版社1986年版),该书按学科分成16类,分卷出版发行。新中国成立以后的图书,可以查阅《全国总书目》(中华书局1955起印行),基本上每年出版一次;类似性质的书目还有《中国国家书目》(北京图书馆《中国国家书目》编委会主编,书目文献出版社,华艺出版社1987—1996年版)。其他国家都有类似的书目,例如美国的国会图书馆所编《国会图书馆目录》(*Library of Congress Catalog: Books: Subjects*, Wanshington, D. C.: J. W. Edwards, 1953—1974),《出版书目》(Bancroft Library, *Catalog of Printed Books*, Boston: G. K. Hall, 1964),《出版胶片目录》(*Catalog of Microfilm Publications*,

Washington，D.C.，1966）。由于电子信息技术的发展，现在各大图书馆所藏书目基本上都已上网，检索起来非常方便。例如：美国国会图书馆的目录检索地址为：http://catalog.loc.gov/；大英图书馆的目录检索地址为：http://blpc.bl.uk/。

4.论文类

从中国有杂志起至1918年间的论文可以查阅《中国近代期刊篇目汇录》（上海图书馆编，上海人民出版社1965年版），凡三卷。《中国史学论文索引》（中国社会科学院历史研究所编，中华书局1957年起），后来陆续出版下编、三编，自1900年起，收录至1977年。此后的论文，可以通过《中国历史学年鉴》（自1978年以后，基本上每年一期，每期皆附有前一年的史学论文索引）检得，或者查阅《人民大学报刊复印资料》的历史学分册、世界历史分册、中国古代史分册、中国近现代史分册等等，每册目录之后，都附有该册所收范围内的相应论文目录。论文集所收论文，也有专门的书目加以检索，可参阅张海惠、王玉芝编《建国以来中国史学论文集篇目索引初编》（中华书局1992年版），收录至1984年。至于90年代以后的论文索引，可以通过网络检索，非常简便地收集。

5.网络论文资料检索

网络论文索引的建设，正在迅猛地发展。比较重要的是人民大学报刊资料索引的网络版，而收罗更为全面的网络检索系统，"中国期刊全文数据库（CJFD）http://edu.cnki.net/"，目前积累全文文献1550万篇，每年新增160万篇。收录1994年至今，国内公开出版7200种全文期刊的数据，并有2000多种期刊回溯至20世纪初创刊号。分九大专辑（理工A（数理化天地生）、理工B（化学化工能源与材料）、理工C（工业技术）、农业、医药卫生、文史哲、经济政治与法律、教育与社会科学、电子技术与信息科学），126个专题文献数据库。支持知识导航和整刊导航两种导航体系。根据期刊的内容与特点设置了篇名、关键词、摘要、全文、作者、第一作者、作者机构、引文、基金、分类号、刊名、年、期等检索字段，方便用户使用。还有许多专门的专业网站，如"中国世界古代史研究网"（http://www.cawhi.com/）等等。

至于外文历史研究论文数据库，著名的有JSTOR，这是由Andrew W. Mellon基金会于1995年创建的一个非营利性组织，旨在出版电子版的过刊，设在美国的密歇根大学，在普林斯顿大学也有镜像，其网址为：http://www.jstor.org/。UMI是另一个大型数据库出版公司ProQuest的分支机构，它创建于20世纪30年代,旨在用胶片的形式,保存16世纪之前的书籍,也出版学位论文(University Microfilm)。1998年成为国会图书馆电子版本学位论文的官方存储地点。数据库访问地址为:http://www.proquest.com/。

四、史料学

史料学,"是研究史料的源流、价值和利用方法的学科。"这里主要介绍的是作为工具书的史料学书籍,以介绍史料保存状况为主。这样的工具书包括:谢国桢的《史料学概论》(福建人民出版社1985年版),陈高华、陈智超等著《中国古代史史料学》(天津古籍出版社2006年修订本),安作璋主编之《中国古代史史料学》(福建人民出版社1998年第二版),《中国近代史资料概述》(陈恭禄编,中华书局1982年版),或姚佐绶等编《中国近代史文献必备书目·1840—1919》(中华书局1996年版),《中国现代史料学概论》(陈明显主编,北京大学出版社1993年版),等等。

若调查清史史料,首先是史料学方面的作品,如冯尔康所著《清史史料学》(沈阳出版社2004年版),其中所附:"清史专题史料基本书目"和"清代档案史料书刊目录"(常建华编),是较为便利的目录。

其次是各种档案类史料目录,如单士魁:《清代档案丛谈》(紫禁城出版社1987年版),中国第一历史档案馆编著《中国第一历史档案馆档案概述》(档案出版社1985年版),施宣岑、赵铭忠主编《中国第二历史档案馆简明指南》(档案出版社1987年版)。至于具体的目录,还有中国第一历史档案馆编《中国第一历史档案馆馆藏清代朱批奏折财政类目录》(中国经济出版社1992年版),故宫博物院文献馆编订的《清军机处档案目录》(出版地年月不详,由"目录说明"来看,大概于1927年左右),等等。而地方档案馆也有相应的目录,如李仕根主编《四川清代档案研究》(西南交通大学出版社2004年版),台湾故宫博物院的目录,在《国立故宫博物院清代文献档案总目》中,"国立"故宫博物院将所有运往台湾的清代档案目录加以编订,于1972年出版,其中清史馆所藏的传记方面资料,有《国立故宫博物院藏清代文献传包、传稿人名索引》。

再次是各种作品类史料目录。以《清史稿艺文志》为主,包括武作成的《清史稿艺文志补编》,彭国栋《重修清史艺文志》,而以王绍曾主编的《清史稿艺文志拾遗》为齐备,它收录"(前两书)所未收者,竟达五万四千余种",

"不特公私名簿采录迨遍,著录之有歧异者,亦多辩证"。① 王重民意识到清人文集为"古今学术之总汇",因此遵照袁同礼的嘱托,收集文集四百二十八种家,编订《清代文集篇目分类索引》,于 1935 年出版。2000 年由李灵年、杨忠主编的《清人别集总目》由安徽教育出版社出版,查阅清代文学作品,非常方便。柯愈春编《清人诗文集总目提要》,北京古籍出版社 2002 年出版,可以查找篇目。还有吴宏一主编的《清代诗话知见录》(中研院中国文哲研究所 2002 年版)。而燕京大学引得编纂处编有《三十三种清代传记综合引得》。来新夏著《近三百年人物年谱知见录》(上海人民出版社 1983 年版),国家档案局二处等编《中国家谱综合目录》(中华书局 1997 年版),盛清沂主编:《国学文献馆现藏中国族谱资料目录:初辑》(联合报文化基金会国学文献馆 1982 年版)。而各种地方文献,也有相应的目录,如:朱士嘉编《中国地方志综录》(商务印书馆 1958 年增订本),湖北通志局编订的《湖北艺文志》以及石洪运所作的《湖北艺文志补遗》(湖北教育出版社 2002 年版)。

最后,海外史料书目。不仅可以弥补中文书目的缺憾,而且还可以了解海外研究动态。例如:魏根生的《中国历史手册》(Endymion Wilkinson, *Chinese History: A Manual*, Cambridge, Ma, Harvard University Press, 1998),其中有关于清朝档案以及史料的详细介绍;类似的书目还有《中国:史料和课程介绍》(Arlene Posner and Arne J. de Keijzer ed., *China: A Resource and Curriculum Guide*, Chicago: The University of Chicago Press, 1976),而伯希和编,高田时雄校订,补编,郭可译《梵蒂冈图书馆所藏汉籍目录》(中华书局 2006 年版),可以与荣振华著,耿昇译《在华耶稣会士列传及书目补编》(中华书局 1995 年版)相补充。

介绍史料是为了利用史料,进行学术研究。从学术研究的角度而言,史料介绍与对于史料的研究密不可分,文献与研究往往相辅相成。因此,许多介绍史料的著述,将现代学术研究动态与原始史料合在一起,一并加以介绍,尤其是那些主题相对专门的指南。例如,张国刚主编的《隋唐五代史研究概要》(天津教育出版社 1996 年版),先介绍相关史料,然后针对学术问题,介绍研究动态。克罗斯比等人编撰的《中世纪研究:书目指南》(Everett U. Crosby ed., *Medieval Studies: A Bibliographical Guide*, New York: Garland

---

① 顾廷龙序,载王绍曾主编:《清史稿艺文志拾遗》,中华书局 2000 年版,第 1 页。

Publishing, Inc., 1983),旨在"对于了解中世纪西欧、拜占庭和中世纪伊斯兰文明的历史和文化至关重要的史料和二手文献,提供参考……指明可以翻阅的史料,揭示大部分过去的研究进展"。还有针对具体的研究领域,分别提供参考书、史料汇编和研究作品的目录。如《美国内战:文献与研究手册》(Steven E. Woodworth, ed., *The American Civil War: A Handbook of Literature and Research*, Westport: Greenwood Press, 1996),用叙述的方式,分门别类地将美国内战的史料和研究成果加以介绍。

第四节 史料分类法

一、史料分类法概说

当历史学家利用史料之前,还得对它们进行相应的分类,以方便运用。如研究胡适整理国故方面的思想,那么有关史料包括:回忆录(又可分为自己所作如《四十自述》等,和其他人所作如《胡适印象》等),年谱(同样分为自己所订如《自订年谱》等,以及其他人所编如《胡适年谱》等),日记(《胡适的日记》等),相关的著述(包括理论性的如《再论整理国故》,和具体研究性的如《〈红楼梦〉考证》等),上课的讲义,写给他人的信件,别人的相关著述(包括在胡适影响下进行的,如顾颉刚先生的《古史辨》等,包括反对胡适主张的学者的论述,如《学衡》杂志所刊之相关文章),等等。上述列举就包括了一种分类法,即文章体裁分类法。① 如果按照史料所使用的文字来分类,则又可以分为英文和中文两类,如"中国的文艺复兴"等,属于英文作品。如果按照载体来分,又可以分为口传、文献、实物这么三类。有一种长期留传的说法,胡适曾说历史是个千依百顺的女孩子,是可以随便装扮涂抹的,便是口传史料;实物则包括当年的手稿、故居等等;而文献自然是史料之大宗,数量最大。如果按照原始程度来分,大体上讲,作者的相关著述、日记是最原始的证据。它们大约与被研究对象同时产生,在反映胡适先生的思想方面最有价值。自撰年谱次之,而同时代别人的相关著述又次之,至于回

---

① 按体裁分类,最为粗略的分法是"菜单式史料和叙述性史料"的二分法,前者多指统计性、列举性史料,以档案史料为大宗;如同菜单,是故得名。而后者则是与前者相对而言的,这种分类法,多见于西方。

忆录虽然也比较原始,但是往往不太可靠。当然,还有其他的分类标准和方法。史料经过分类、定性之后,可以大大方便使用者有区别地使用。

需要指出的是,历史学家对于史料的分类,并不采纳统一的标准,而是根据史料的实际留存情况,和特定研究的特殊需要来加以确定。安作璋先生将中国古代史料分为十五类,它们是:考古史料,群经史料,诸子史料,纪传体史料,编年体史料,政书体史料,纪事本末体史料,传记史料,科技、宗教、学术史料,地理、方志、谱牒史料,文集史料,笔记和杂史史料,类书、丛书和辑佚书史料,档案史料,国外史料。而万·卡那杰所撰《中世纪史史料介绍》一书的史料分类为:1. 严格意义上的叙述性史料,含摘要、编年史、教会史、国别史、年鉴、生平、谱牒、传记、自传、游记、日记、回忆录、圣徒传。2. 书信、条令、法律文书和辩论性作品。3. 令状和行政档案。4. 统计和社会经济档案。① 每一类下,又按时代区分,再分国别进行列举。这两位学者都是在专门讨论史料学,因此,分类比较理论化和系统化。

在实际研究中,历史学家的分类就远为灵活多变。例如研究德国农民战争,需要对各种文书进行分类,它们包括:农民自己撰写的文书;农民建议,由学者润色而后草拟的文书;由学者根据农民的需要而草拟的文书,学者自己草拟的文书;城市草拟的文书;此类文书又可以分为:城市行会草拟的针对农民的文书,城市当局草拟的针对农民的文书;此外还有:骑士草拟的针对农民的文书;诸侯草拟的针对农民的文书;帝国城市同盟草拟的针对农民的文书;帝国会议草拟的针对农民的文书;等等。这些文书因为特定的编写者而对农民的态度不一样,使用它们也就要区别对待。

二、二分法源流

虽然史料的分类法根据实际情况而变化,但是在实践中,现代历史学家一般会运用原始史料(primary source)与二手史料(secondary source)的二分法。所谓原始史料,"严格说来,原始史料(evidence or source)仅指目击证明,此外则是二手史料,但是在实践中,历史学家将任何与所研究问题同

---

① Caenegem, R. C. van, *Introduction aux Sources de l' histoire Medievale*, Turnholti: Brepolis, Nouv. ed., par L. Jocque, 1997. 这部书是在荷兰根特大学教授甘少夫作品的基础之上完成的,1978 年出版了英文本,然后译为法文;1997 年,由左克修订出版了法文本,体例未变,但是增加了大量最新动态。

时的材料都看做原始性的。17世纪晚期的博古学家肯定了这一原则,自19世纪早期开始形成了传统性要求:一旦可能,历史学家应将结论主要建立在原始史料的基础之上"。① 这个标准其实就是时间标准,凡同时代的材料,就具有原始史料的资格,否则,则为二手。标准虽然明晰,但是在实践中,如何判断史料的原始性,也并非简单套用就可以。例如,有些政府文书,几十年后,甚至几百年后,被人收集整理成书,而原始文件散佚了,那么,这部书稿是否属于原始文献?假如这部书稿中的文书,后来又被人编辑,甚至被改编成书,而原始书稿散佚,那么,这部书是原始史料还是二手史料?二分法只是一个分类原则,具体到某则史料应该是二手还是一手,需要具体分析。

二分法源自西方,源自于西方传统史书撰写的习惯。西方历史撰述以私修为主,记录作者的所见所闻。不唯可靠,而且生动。但是,也有超出自己见闻之外的事情,特别当修撰通史的时候,例如李维的《罗马建城以来史》,七百多年间史事,如何可能都出自见闻呢?这里就得依靠以前历史学家的记载、甚至传说。在众多的历史著述之中,如何进行取舍呢?要依靠谁的记叙来叙述呢?大体说来,是否属于目击者的记录,同时代人的记载,就是一个主要的考量标准。

十六七世纪,考辨史料的辅助性学科,古文书学、纹章学等建立并发展起来,原始史料与二手史料的区别也逐渐明晰化,随着19世纪史学职业化而成为史学传统。系统地将史料二分法原则与历史研究紧密结合的典型就是被称为"现代科学史学之父"的兰克。1824年兰克发表《1494—1514年的拉丁和日耳曼民族史》。在附录"现代历史学家批判"中,他批评了16世纪佛罗伦萨历史学家基察第尼。兰克用来批判的武器便是史料的二分法标准。他说:"人们使用他的著作以前,必须先问问,他的材料是不是原始的;如果是抄来的,那就要问是用什么方式抄的,收集这些材料时用的是什么样的调查研究方法。"据此将基察第尼的名作《意大利史》分成两个部分,一部分包括他曾经参加过的那些事,另一部分则是他没参加过的那些。"在基察第尼下笔开始写的1492年,他才十岁。不难设想,可能在二十多年之久的时间里,他从观察得出的那些看法必然是不适当的,特别是因为他的精力都投入法律研究和律师业务里边去了。甚至在他被派到西班牙以后,他对意大利情况的了解也只能是不充分的。"加上那些原本应该原始,却抄自他

---

① Ritter, H., *Dictionary of Concepts in History*, pp. 143-145.

人,因此也不够原始的部分。因此,兰克宣布:"基察第尼的历史著作很难保持它过去的声誉。"①

二分法是西方史学家们针对西方史料现状提出的非常有效的史料分类法。其成立的根本原理在于:西方史书的记录内容以所见所闻为主,时效性非常强,也随之伴生了明显的缺陷,特别是在史源上,受到极大的限制,历史学家往往局限于亲身所见、所闻、所传闻,史料数量较少,可资比较参证的材料更少。在这种条件之下,史料信息在传播过程中往往出现"减法效应",即每转手一次,错误信息随之增加。一方面有大量原始性史料遗存,一方面史料转手降低了史料的可信性,两方面的因素合力作用,使得史料二分法成为有效的史料批评手段。早在20世纪20年代,最早将二分法引入中国史学实践的人物之一梁启超就明白二分法的有效性,他说:"同一史迹,而史料矛盾,当何所适从邪?论原则,自当以最先最近者为最可信。先者以时代言,谓距史迹发生时愈近者,其所制成传留之史料愈可信也。近者以地方言,亦以人的关系言,谓距史迹发生地愈近,且其记述之人与本史迹关系愈深者,则其所言愈可信也。"②

正是源于这一信念,中国历史学家运用二分法,可以更好地估定史料的价值,分别使用。但是这一原则也要根据中国史料制造和流传的实际情况,加以适当补充。

三、中国古代史料分类

在中国古代史研究领域,可以称得上"原始史料"的,相对较少,二十四史就不配享有这一名称,在这里运用二分法必定会推导出如下结论:中国古代史研究是建立在"非原始性史料"基础之上的,其主要史源为"二手史料",因此,中国的古代史研究先天不足,其可靠性也大打折扣,甚至可以说,中国古代史研究的科学性难以从史料上得到根本保证。

其实,具有实际指导意义的史料分类法,应该遵循三个原则:第一,尊重史料现状。第二,有利于分别史料的价值,以方便史家利用。第三,要考虑

---

① J. W. 汤普逊著,孙秉莹、谢德风译:《历史著作史》下编第三分册,商务印书馆1992年版,第235页。

② 梁启超:《中国历史研究法》,上海古籍出版社1998年版,第82页。任公此书,不完全追求科学化、体系化,而是将自己作学问的体会讲出来,多属经验之谈,对于初学者有帮助。

到历史上分类法的延续性。① 这就是说,在中国古代史领域,我们必须根据史料的遗存情况,借鉴古人传统上使用的分类法,来创造切合现存史料实际情况的史料分类法。

中国古代史学发达,有着二千年大规模的史学实践,在实践过程中,形成了独具特色的"官修""正史"与"稗官野记"的二分法。这种二分法是通过图书分类来加以体现的,最为经典的表述来自《四库全书》,其《史部·总序》云:"正史体尊,义与经配,非悬诸令典,莫敢私增,所由与稗官野记异也。"正史之所以享有名声,关键还在于其自身的价值。清代考据家赵翼在《廿二史劄记小引》中说得明白:"惟是家少藏书,不能繁征博采以资参订,间有稗乘脞说,与正史歧互者,又不敢遽诧为得间之奇。盖一代修史时,此等记载,无不收入史局,其所弃而不取者,必有难以征信之处,今或反据以驳正史之讹,不免遗讥有识。"赵翼认为正史更可信。

史官修史,与私人修史自不相同,一般来说,有三个程序方面的特征值得重视。② 第一,在开始修史之前,要广泛地征集史料;第二,设立专门的史馆,集中大批学有专长而又爱好修史的人才于馆中,各就所长、分工修撰;第三,一般说来,正史修撰有时间、物力方面的保障。具备了这样三个制度方面的保障,使得史官在修史的过程中,往往能够从容地面对几乎所有的大宗史料,进行对比考证之后做出取舍,修入正史。史官们去伪存真的工作,使得所录入的史料信息的可靠性不是递减,而更有可能在递增,也就是说,正史修撰之中发生的信息传递过程,往往是一个"可靠性增加"的操作流程,我这里将这个原理称为史料信息传播的"加法效应"。

修撰正史不仅具有充分的史料准备和良好的物力人力条件,在修撰实践中还逐步完善了修撰原则,充分保留叙事的原始性。首先,一般备有较为可靠的底本,加以抄录,在此基础之上,广泛比较,考核斟酌,修成正史。据《旧唐书·房玄龄传》:"与中书侍褚遂良受诏重撰《晋书》。于是奏取太子左庶子许敬宗、中书舍人来济、著作郎陆元仕、刘子翼、前雍州刺史令狐德

---

① 白寿彝先生也提出过两个原则,可资参考。它们是:"一方面要能反映各种史料的性质,又一方面要充分照顾收藏上及使用上的便利。"《中国史学史》第一册,上海人民出版社1986年版,第22页。

② 王锦贵先生对此有过系统性研究,他说关于官修,优点有三。第一,文献资料充分;第二,人才济济;第三,可以保存文献。另外,他还强调了"称心如意的编撰环境"。参见氏著:《中国纪传体文献研究》,北京大学出版社1996年版,第342、81—91页。

荣、太子舍人李义府、薛元超、起居郎上官仪等八人,分功撰录,以臧荣绪《晋书》为主,参考诸家,甚为详洽。"因此,今天引为史学大忌的"抄袭",在古代修史过程之中,却是一个核心环节,也是保证正史原始性的重要源泉。

其次,在良好的分工协作的基础上,将历史评价与历史叙事分开。具体说来,就是将体例论赞等涉及是非的问题,留给监修官处理。设史局修正史的第一代监修官魏徵所做工作为:"征受诏总加撰定,多所损益,务存简正。《隋史》序论,皆徵所作。《梁》《陈》《齐》各为总论,时称良史。"(《旧唐书·魏徵传》)

最后,在如此充裕的史料储备的基础上,考证取舍。王鸣盛说:"既校始读,亦随读随校,购借善本,再三雠勘(以上指正史——引者按),又搜罗偏霸杂史,稗官野乘,山经地志,谱牒簿录,以及诸子百家,小说笔记,诗文别集,释老异教,旁及于钟鼎尊彝之款识,山林冢墓祀庙伽蓝碑碣断阙之文,尽取以供佐证,参伍错综,比物连类,以互相检照。"

在中国古代,史学不仅受到高度重视,而且史学家要处理远为庞大的史料资源,要花费更多的时间去从事研究,有时甚至耗尽毕生心血。正是这些辛勤的劳作,中国古代史学撰述已离开纯粹的记载很远,特别是历代正史的修撰,从体例到文字,都是颇费斟酌的,业已对原始史料进行过大规模的整理、研究了。这些整理成果因为其各种优点,在时间的考验之下,战胜了它们所依靠的原始史料而保存下来,这种现象虽然不能说是幸运,却是非常自然的事情。现在,如果用原始史料与二手史料的二分法来衡量,古人所取得的这些成绩会变成包袱,仅仅是因为它们属于二手史料,可靠程度就低。只要放弃唯我独尊的狂妄心理,就可以毫不迟疑地接过前辈遗留的宝贵精神财富,站在他们的肩上,继续前进。因此,在处理中国古代史料的时候,不妨沿用"正史"与"稗官野记"的二分法,而根据实际情况和变化的观念,略作改进。

第五节　史料收集程序举例

从程序上讲,利用工具书收集史料,第一步是查阅工具书的工具书,其目的在于找到切实可用的工具书。例如研究司马迁及其《史记》,可以先查找林铁森主编的《中国历史工具书指南》(北京出版社1992年版):→四:中国古代史→(一)古代史→2,书目论文索引。在这一部分,可以找到如下相关工具书:《史记版本和参考书》(王重民编,载《图书馆学季刊》1926年第1卷第4期),《史记纪年考》(刘坦著,上海商务印书馆1937年版),《史记及注释综合引得》(引得编纂处编,哈佛燕京学社1947年版),《司马迁著作及其研究资料书目》(上海历史文献图书馆1955年版),《史记研究的资料和论文索引》(中国科学院历史研究所第一、二所编辑,科学出版社1957年版),《史记书录》(贺次君编,上海商务印书馆1957年版),《史记索引》(黄福鉴编,香港崇基书院远东学术研究所1963年版),《史记三家注引书索引》(段书安编,中华书局1982年版)。

这部工具书指南仅收录至80年代初期,距今二十多年,因此,还要继续寻找最新的研究书目。可以采取两个方法,一个是寻找更新的工具书的工具书,最好的方法是通过图书馆的电子书目检索获得。在北京大学图书馆主页的书刊目录检索中输入"史记研究",可以得到如下新工具书:《史记研究资料索引和论文专著提要》(杨燕起、俞樟华编,兰州大学出版社1988年版),庞德谦主编的《司马迁与〈史记〉研究年鉴》(陕西人民出版社2005年版),张大可等主编的《史记研究集成》(华文出版社2005年版)。

另一个方法是依靠目验,即在开架的图书馆工具书室动手搜索,更具时效性,也非常有效。通过目验,可以有新发现:《史记索引》(李晓光、李波主编,中国广播电视出版社1989年版)。

除了书籍性书目之外,还可以依靠电子书目来查找文献。可用"中国期刊网"(CNKI知识网络服务平台 KNS4.0 Copyright @ 1996—2003,中国学术期刊(光盘版)电子杂志社,光盘国家工程研究中心,清华同方光盘股份有限公司)中的"中国期刊全文数据库(1979—)""中国优秀硕士学位论文全文数据库""中国重要报纸全文数据库""中国博士学位论文全文数据库""中国重要会议论文全文数据库",进行跨库检索,利用"题名"检索"司马迁",得到论文1650篇,而直接讨论司马迁或者其作品的,占55%左右。单独用"中国期刊全文数据库"可以检索到1955年以来的论文1530篇。

世界史方面。如果想调查有关英国普通法的缔造者亨利二世的史料,可以先查阅《工具书指南》(*Guide to Reference Books*, ed. by Robert Balay, 12th edition) →D: History & Area Studies →DC: Europe →By Country: Great Britain →Early to 1485 →Bibliography. 可以发现如下书名:格雷乌斯主编的《英国史(至1485年)书目》(*A Bibliography of English History to*

1485: based on the sources & literature of English history from the earlist times to about 1485. ed. By Charles Gross. ed. by. Edgar B. Graves. Oxford,1975），《英格兰中世纪盛期》(Wilkinson, Bertie：*The High Middle Ages in England, 1154—1377*. Cambridge, 1978），接下来自然是查阅格雷乌斯教授的《书目》，这是一部按照年代分类排列的书，亨利二世并未被单独列出，而是散见于各类之中。可以采用两种方式查阅，第一是在论述其统治时期的章节中查找，另一种方法就是直接查阅书后的索引，那里有此条目，并罗列相关书籍四十余部。

此外，检索其他的相关书目，可以互相补充。例如可以利用《中世纪研究：书目指南》(*Medieval Studies: A Bibliographical Guide*），检索其中的"26. England"，"39. Governmental Administration and Institutions：England"，等等。至于较新的研究成果，可以检索 1967 年由英国利兹大学（University of Leeds）的国际中世纪研究所（International Medieval Institute）创设，由美国中世纪学会资助的国际中世纪书目（The International Medieval Bibliography [IMB]），该数据库目前收外文中世纪研究论文篇目凡 30 万条。访问地址为：http://www.brepols.net/publishers/imb.htm。而未刊学位论文，可以查阅"ProQest 硕博士论文数据库"。

收集史料的方式有很多种，依靠工具书只是其中最为基本，最为可靠的一种。在实际搜索过程中，不妨使用其他的方法作为补充。最为常见的方法，就是查阅相关的研究著作，尤其是最新研究作品所附的"参考书目"。在这方面，由剑桥大学出版社出版的"剑桥史"系列，可供参阅。《中国史研究动态》杂志，专门刊登相关研究动态，参考起来极为方便。还可以向有关专家咨询。收集史料，有如"滚雪球"，越滚越大。

史料收集的过程，也是利用图书馆的过程。因此，需要熟悉图书馆的收藏分布情况。借助电脑检索，自然是最方便的，如果自己对于相关领域不太熟悉，进行电脑检索容易泛滥无归，检索结果太多，不便于找到自己真正想要的资料。要全面掌握有关书籍信息，有时还得靠手工检索：查阅图书馆的目录卡片。卡片有许多分类法，常见的有书名、作者名、学科分类等等。一般来讲，学科分类随意性较大，书籍归属不明晰，随着跨学科研究的发展，这种分类法越来越显示出其弊端，如经济史，既可以属于经济类，也可以被置入历史之列，还可以被归入个人文集的综合类；又如人物传记，既可以归属于这个人物赖以成名的那个专业门类，又可以归入历史类。虽然如此，该分类法与书籍上架的顺序相一致,可以与目验互相补充。书名、作者名系统则靠天然的顺序,或按汉语拼音、字母顺序,或按笔画排列,一旦知道相应的检索名称,检索起来比较全面、迅速。

未刊资料的检索,也非常重要,特别是各种学位论文,可到专门的阅览室查阅。中国国家图书馆和北京大学图书馆建有专门的硕博士学位论文数据库,可以查阅。

搜全史料,固然重要,但是,在史料收集的过程中,确定核心史料或基本史料,也很重要。所谓基本史料,具有以下几个特征,第一,数量上,要成一定规模,满足解决特定历史问题的史料充分性;第二,要与待解决问题成对应关系。研究人物生平,年谱或年谱长编,是基本史料,研究元史,则《元史》乃是基本史料,研究马克思的经济思想,那么《资本论》就属于基本史料。确立了基本史料,就确立了史料中的主次关系,可以将基本史料作为重点阅读对象,以利于更为合理地安排时间。

梁启超总结搜集史料的方法时,提出了两点要求;第一,须将脑筋操练纯熟,使脑子常有敏锐的感觉,每一事项至吾前,常能以奇异之眼迎之,以引起特别观察之兴味;第二,须耐烦。每遇一事,吾以为在史上成一问题有应研究之价值者,即从事于彻底精密的研究,搜集同类或相似之事综析比较,非求得其真相不止。① 脑筋纯熟,是就经验而言,须耐烦,乃是针对搜全史料而说,提倡搜集史料,需要耐心,不怕麻烦,要"咬定青山不放松"。

阅读书目:

安作璋主编:《中国古代史史料学》,福建人民出版社 1998 年版。
陈恭禄:《中国近代史史料概述》,中华书局 1982 年版。
顾颉刚口述,何启君整理:《中国史学入门:顾颉刚讲史录》,中国青年出版社 1993 年版。
何东:《中国现代史史料学》,求实出版社 1987 年版。
洪业:《引得说》,载《民国学术经典洪业、杨联升卷》,河北教育出版社 1996 年版。
雷颐编校:《中国现代学术经典·傅斯年卷》,河北教育出版社 1996 年版。

---

① 梁启超著:《中国历史研究法》,第 71 页。

马克·布洛赫著,张和声、程郁译:《历史学家的技艺》,上海社会科学院出版社1992年版。

王重民:《中国目录学史论丛》,中华书局1984年版。

余嘉锡:《余嘉锡说文献学》,上海古籍出版社2001年版。

詹德优等:《中文工具书使用法》,商务印书馆1996年增订本。

第四章
历史研究的实际起点：选题

第一节 问题的提出

一、何谓选题？

选题是现代学术研究中的一个关键性环节。从申报课题，到硕士、博士生的"开题报告"，都属于选题的范畴。选题成了研究的实际开始。对于做出突破性贡献的大师而言，选题的意义更加不言而喻。爱因斯坦说过："提出一个问题往往比解决一个问题更重要，因为解决问题也许仅是一个数学上的或实验上的技能而已，而提出新的问题，新的可能性，从新的角度去看旧的问题，却需要有创造性的想象力，而且标志着科学的真正进步。"①这是爱因斯坦在表彰伽利略时所发表的看法，但是伽利略本人似乎不一定会接受他的褒奖，伽利略说："我可以断言，解决别人提醒的和已经明确化的任务，比解决别人不曾想到的和不曾提到的任务更加困难，因为在那里，机遇能够起到巨大的作用，而在这里，一切都是研讨的结果。"爱因斯坦与伽利略之间的分歧，多少暗示了选题与解决问题之间的复杂关系。有了好的问题，并不必然意味着就有了妥善的解决。为此，要进行选题设计，在此过程中，收集资料与选题设计必须同时进行，二者互相促进，阅读、选题、再阅读、修正选题，如此循环往复不已。

有了问题并试图对这一问题进行比较深入系统的调查研究，那么，这个问题就变成了所要着手的"研究课题"；也就需要通过运筹，使得这一问题

---

① 爱因斯坦：《物理学的进化》，上海科学技术出版社1962年版，第66页。

转化为可以操作的一系列步骤,甚至最终拟订出一个类似于"日程表"的计划书。在这个过程中,问题或者说想法甚至是"感觉",最终转化为可以操作的、甚至是可以按部就班地加以解决的一个"研究课题",这个过程,就是所谓选题。一个标准的选题设计,包括:"第一,清晰的可研究性问题或假设,说明要研究什么,为什么要研究,以及如何研究;第二,与问题配套的资料和方法,其可行性如何,可靠性怎样,伦理考量和可操作性;第三,选择材料的标准和研究时间表。"①选题是个动态的过程,题目尤其是假定的答案,要随着材料的收集与分析而不断变化。

二、新手的有利条件与不足

对于新手来说,提出问题或找到题目并不困难,触目都是问题。顾颉刚曾说:"我自己知道,我是一个初进学问界的人。初进学问界的人固然免不了浅陋,但也自有他的骄傲。第一,他能在别人不注意的地方注意,在别人不审量的地方审量。好像一个旅行的人,刚到一处地方,满目是新境界,就容易随处激起兴味,生出问题来。……第二,他敢于用直觉作判断而不受传统学说的命令。……初生之犊为什么不畏虎?正因它初生,还没有养成畏虎的观念之故。这固然是不量力,但这一点童稚的勇气终究是可爱的。我真快乐:我成了一个旅行的人,一头初生之犊,有我的新鲜的见解和天真的胆量。我希望自己时时磨炼,使得这一点锐猛的精神可以永远保留下去。如果将来我有了丰富的学问之后,还有许多新问题在我的胸中鼓荡,还有独立的勇气做我的判断力的后盾,那么我才是一个真正成功的人。"②

据杨志玖教授的总结,有三种途径发现题目:"(1)从读书、听课中发现问题。(2)从旁人论文中受到启发,发现问题。(3)从社会需要和现实生活中找问题"。③

---

① Jupp, Victor, ed., *The Sage Dictionary of Social Research Methods*, London: Sage Publications, 2006, p.266.
② 顾颉刚编:《古史辨》第一册之《自序》。这篇长序文笔生动、真挚感人,对于研究历史、从事学术事业的初学者具有启发性!参见氏著《古史辨自序》,河北教育出版社2000年版,第18—118页。
③ 杨志玖:《和历史系同学谈怎样写论文》,载文史知识编辑部编《学史入门》,中华书局1988年版,第165—166页。由于历史原因,这部书有点过时,但是作者多是经验有素的历史学家和相关专家,对初学者还是有参考价值。

但是新手完成选题设计非常困难。最早的职业历史学家之一爱德华·吉本,就为选题苦恼过。他在《自传》中做了生动描述:"1761年4月10日,想到撰写历史的几个题目,我选取了法王查理八世的远征意大利。"到了8月4日,"长时间反复考虑了拟写历史文章的题目,我将最初想写查理八世远征的念头打消了,因为那历史跟我们距离太远,同时远征仅是若干重大事件的一个引子,其本身并不是大事要事。我先后选取了又放弃了查理一世的十字军、反对约翰和亨利三世的贵族战争、黑王子爱德华的历史、亨利五世与罗马皇帝泰塔斯、菲利普·西德尼爵士的生平、蒙罗塞侯爵的生平等题目。最后我决定拿沃尔特·罗利爵士作为我的主人公。他那事迹繁富的历史,由于他既是军人又是海员,既是朝廷大官又是历史学家等多种身份,所以显得变化多端;同时他的历史还可以依我的需要为我提供未曾按正规方法加工过的大批资料。"

但是一年之后,作者发现无论是材料收集还是考据解释,都已有很好的研究,于是决定另外找题目。此后作者还试图写作"瑞士人民自由史"和"美第奇家庭统治下的佛罗伦萨共和国的历史",但是效果也不理想。

三年之后,"1764年10月15日,在罗马,当我坐在朱庇特神殿遗址上沉思默想的时候,天神庙里赤脚的修道士们正在歌唱晚祷曲,我心里开始萌发撰写这个城市衰落和败亡的念头。"①名著《罗马帝国衰亡史》萌生于此。

当进入到一片未知领域,各种"新奇"现象,似乎随处可见,都有进一步探讨的必要,因此,新手容易发现新问题。这是其有利之处。但是这些"新奇"现象是否真的那么新奇,是否尚未被同行合理解释过,具有成为学术研究课题的潜在可能性呢?即使确实是有待解决的问题,实际上是否具备解决的条件,成为能被解决的学术研究课题呢?由于新来乍到,新手的学术积累较为薄弱,对学术动态的了解不够深入,如何将发现的新问题转化为可以研究的课题,是制约新手选题的关键性因素。北京大学的陶新华博士在毕业论文的后记里感叹:"自1997年进入北大读博士学位之后,曾经为选择学位论文题目而苦恼过,众所周知,魏晋南北朝一段史料本来就比较欠缺,又经过了这么多前辈学者的长期研究,留给我们这些后来者的比较有新意的

---

① 参见戴子钦译:《吉本自传》,生活·读书·新知三联书店2002年版,第103—122页。作者讲述了自己从人所不齿到写成历史巨著的具体经历。

选题已经极其微少了。"①

三、经验之谈

如何将问题转化为课题，各种"论文写作"手册的作者，都试图将经验之谈总结出来，作为初学者选择题目的帮助。高瑞卿教授总结道："（一）前人没有研究过的问题；（二）前人已做过的题目，有的结论不对或者还有探讨的余地；（三）某一题目已经有很多人探讨过，但说法不一，甚至还有争论。"②而更多的学者往往会将"兴趣"放在第一位。赫尔斯藤说："如果选题完全靠自己，那么问自己一个问题：'我对什么感兴趣？'或者'我想从这门课程里学到什么？'此后，再阅读一些基本文献，这时，我们保证你会对选题和关注点有了进一步的限制，也有了更明确的方向感。不过要记住，在操作的每一步，不要忘记历史学选题的'人文情怀'。"③

如果是要完成课程作业，那么关于选题的建议就是"选择你确实好奇的题目"，"理想的题目是不仅引起你好奇，还得是你已有所知"，"从题目到确定主题，重要的是针对你可资利用的史料，以及可以支配的时间"。④ 至于研究社会科学的学者往往强调社会需要对于选题的限制。而一些研究文章学的学者则建议根据"市场"来生产，先调查最近的报纸杂志里面的热点话题，推究拟投稿的刊物对稿件的需求特色，从而确定相应选题。

四、三种系数

从理论上讲，以下几个参考系数可以纳入考虑以帮助确定题目。第一，个人兴趣。俗话说："兴趣是最好的老师"，感兴趣是一种偏好，它既约束了选题的范围，也为完成该选题准备了主观方面的条件，从而使得选题具有较高的效率。

第二，学科发展的内在需要，选择学科最前沿或者是最具有生长能力的学科关节。形象而言就是所谓"瓶颈"，瓶颈之所以形成，是因为具有最大

---

① 陶新华：《后记》，载《魏晋南朝中央对地方军政官的管理制度研究》，巴蜀书社2003年版，第327页。
② 高瑞卿：《学术论文写作》，吉林文史出版社1991年版，第30—31页。
③ Hellstern, Mark, etc. ed., *The History Student Writer's Manual*, New Jersey: Prentice Hall, 1998, p.170.
④ Benjamin, *A Student's Guide to History*, pp.61-62.

的"联系效应"。"联系效应"本是一个发展经济学术语,是指"在经济发展过程中,投资决策所特有的、或多或少带有强制性的关联"。① 包括前向联系和后向联系,前者指产品的购买者,后者指投入的提供者。特定投资通过这种联系效应,直接或者间接地带动相关产业的发展,因此,从动态过程来看,该投资具有巨大的潜力。借用这个概念,来说明选题的带动效应,一旦该问题得到合理解决,对于前后与之相关的其他研究课题都会产生较大的带动作用。邵蓉芳先生说:"做研究工作首先碰到的就是选题问题。我认为在一般情况下,应该选择所攻学科的根题,也就是关键性的有生长能力的课题。从汉语音韵学来说,《切韵》音系应该就是这样的根题。《切韵》音系是现存的一千多年前一个完整的汉语音系材料,一般都根据它上推上古音,下连近现代音。故此对《切韵》音系认识得正确与否,就成了能否正确认识上古音和近现代音的关键。可以说对《切韵》音系的认识提高一步,上推下连的质量也就随之提高一步。由此可见,对《切韵》音系的研究,具有带动全局的作用,拿它作为首选之题,当是最佳选择。"②

许多学者还有意识地将选题与自己在认识论和方法论上的新探索相结合,从而通过一个课题的解决,示范一种研究本领域的新思路和研究模式。20世纪60年代晚期,英国历史学家昆廷·斯金纳发表了自己关于如何研究政治思想史的新思路,重点谈到传统思想史研究模式中存在的问题,这种模式试图将政治思想史简化为一些有限要点的链接。一方面,这是以点代面,思想史仅仅成为大思想家活动的舞台,而实际上伟大的思想家之所以伟大,并不是因为他们代表了这个时代,而相反,往往是因为他们提出了与这个时代一般人所不同的新创见,迥异于流辈。因此,并不能代表这个时代的普遍的思想状况。另一方面,这种研究方式,不适合于初学者。初学者仅仅依靠阅读某部著名文献,难以发现新的重要问题,因为该文本不仅仅被孤立出来,而且还被前贤反复地加以探究和发掘过了。有鉴于此,他建议,与传统瞄准文献不同,术语的解读应该成为新的研究重点。特定的时代,有特定的关键术语,这些术语不仅仅只是书本上的词汇,而且往往与实际政治活动

---

① 艾伯特·赫希曼著,李敏译:《联系》,载约翰·伊特韦尔等编:《新帕尔格雷夫经济学大辞典》3,经济科学出版社1992年版,第224—228页。

② 邵荣芬:《我和音韵学研究》,载张世林编:《学林春秋》二编上册,朝华出版社1999年版,第75页。

密切关联,通过术语还可以将普通作家与大作家进行比较。对于术语的研究,大致可以分为两个相互联系的步骤。首先,通过阅读众多不那么著名的作品,确定关键性术语以及当时流行的对于这些术语的认识;其次,通过阅读大思想家的作品,来确定他对于这个术语的独特性理解和运用,从而弄清楚他继承了一些怎样的思想,又发展出了一些怎样的新思想。正是按照这一设想,试图"示范一种对待历史文本的研究和解释的特殊方式"①,他完成了博士论文《欧洲近代政治思想的基础》。

第三,是针对学术研究与社会的关系而言的,也就是经常被提到的"社会需要"。1998年9月在北京大学召开的"汉学研究国际会议"上,北京大学中国传统文化研究中心吴同瑞教授介绍了中心工作的几个有益的经验,其中第一个便是:"龙虫并雕,雅俗共赏","中心既着眼于学术的提高工作(雕龙),更着力于文化普及工作(雕虫)。中心要求学者们'眼界向上,眼光向下',用大手笔写通俗性文章,将学术性、知识性、趣味性熔于一炉,从思想内容到语言表达力求深入浅出,从而赢得广大观众和读者"。②

从逻辑上讲,历史研究与现实的关系,非常复杂,但是,从写作上讲,就是作者与读者之间的关系。作者要考虑现实需要,其实就是要满足读者的需要。它要求作者在选题、写作的过程中,心中要有读者,要考虑自己的创作到底是为怎样的读者群而进行的。

第二节 可行性调查

一、可行性调查的范畴

初步选定题目之后,就要开展可行性调查,使之转化为研究课题。所谓可行性调查,就是在实施选题之前,研究该选题是否合理、可行的科学论证。可行性调查,在自然科学领域的运用非常广泛,在人文研究中,也日趋流行。它旨在回答下述问题:选题是否有意义、研究条件是否具备、课题预定的实

---

① 昆廷·斯金纳著,奚瑞森、亚方译:《近代政治思想的基础》,商务印书馆2002年版,第3—8页。
② 吴同瑞:《以弘扬中华优秀文化为己任》,载北京大学中国传统文化研究中心编《文化的馈赠——汉学研究国际会议论文集·史学卷》,北京大学出版社2000年版,第15页。

施步骤如何,以及最终成果的实现方式,等等。

一般说来,可行性调查包括两个方面,第一,就条件而言,是否可行;第二,就研究现状而言,是否合理。

第一,就条件而言的可行性。一个题目的进行,必须先调查是否具备必要的条件,在历史学研究领域,这种条件主要是指完成课题所需要的史料的存佚情况,以及研究手段,它们最终制约该课题是否有可能在预定时间之内完成。史料作为历史遗留物必然是不完备的,它不可能完整地反映过去的一切,而且由于各时代的关注点不一样,有些时代留下的关于战争的记载特别多一些,而有些时代关于风俗的材料要丰富一些,时代潮流不同,以往的历史记载难免会有时不合今人的胃口。20世纪初新史学兴起的时候,中国古代正统的史书大受抨击,被贬斥为帝王将相的家谱、"地球上空前绝后之一大相斫书",对于了解真正的历史——民史、社会史——毫无补益,新史学的开山大将梁启超曾经不无痛心地慨叹:"然遍览乙库中数十万卷之著录,其资格可以养吾欲、给吾所求者,殆无一焉!"①因此,史料的总量可能不少,但是相对于特定的选题而言,真正合用的材料却并不多。今天,经济史研究流行个案分析,对某个经营者进行"产商分析",而若要对宋代以前的古代进行类似研究,则基本上不可能,因为没有相应的史料。20世纪初期的古史大辩论最终达成共识:要得到确实可信的古史,必须等待掘地的成绩,等待"地下的二十四史"。近一个世纪的考古努力终于使得学术界可以提出"走出疑古时代",甚至对夏商周进行全面的年代学定位。这些都是史料之有无制约选题的例子。

另外一个明显的例子是档案解密对史学研究的影响,例如对朝鲜战争的研究,在21世纪初期,苏联公布了大批档案,包括中、朝、苏三方的通信和外交备忘录,中国为何参加朝鲜战争,历史学家终于可以依据原始证据做出解答。因此,历史学家总是在呼吁按时解密档案,"对我国的历史学研究者来说,特别是对研究中国现代史、当代史的人来说,获取他所需要的文书档案,却存在许多的困难,这是一个亟待解决的问题。历史研究者缺乏新的资料,只能重复一些人云亦云,怎么能得出科学的创见呢?"②

此外,历史学家对史料的独特利用方式也能让旧史料释放新信息,从而

---

① 参见梁启超所著:《新史学》,载夏晓虹编:《民国学术经典·梁启超卷》,第541页。
② 马克垚:《为史学研究的深入提供良好的环境》,载《求是》1994年第15期,第27页。

摇身一变而为"新"史料。陈寅恪先生不仅在实践中,以诗证史,而且还总结过其有意识地化旧为新,化废为宝的经验。他说:"以中国今日之考据学,已足辨别古书之真伪。然真伪者,不过相对问题,而最要在能审定伪材料之时代及作者,而利用之。盖伪材料亦有时与真材料同一可贵。如某种伪材料,若径认为其所依托之时代及作者之真产物,固不可也。但能考出其作伪时代及作者,即据以说明此时代及作者之思想,则变为一真材料矣。"他接着举例说:"若推此意而及于中国之史学,则史论者,治史者皆认为无关史学,而且有害者也。然史论之作者,或有意,或无意,其发为言论之时,即已印入作者及其时代之环境背景,实无异于今日新闻纸之社论时评,若善用之,皆有助于考史。……今日取诸人论史之文,与旧史互证,当日政治社会情势,益可借此增加了解,此所谓废物利用,盖不仅能供习文者之摹拟练习而已也。"①

因此,史料之充分与否得从两个方面来衡量,一方面要搜索直接的相关史料,一方面是通过作者的使用技巧而将起初并不相关的史料转化为相关史料。例如研究中世纪西欧早期的王权,直接材料寡少,而若能将数量相对较多的宗教材料加以转化,利用圣徒的封立、修道院和教堂的建设,纪念仪式的形成,特定术语的使用,教区的扩张,来说明王权,就可以将常见的宗教史料转化为研究王权的新史料。从这种史料转化的现象来观察,史学的每次大革新,大部分涉及的是史料利用方式与观照角度的大变化,最终导致出现大批"新"史料,历史的面貌也随之增加了新模样。

对旧史料的新利用,往往与一定的技术条件和设备条件相关联。例如对各种教区登记册、税收登记册的大规模利用,建设成数据库,就与计算机的应用密不可分,而这一应用所带来的计量化革命,虽然还谈不上一场真正的革命,但是将许多传统的史学观点加以修正乃至推翻。欧洲的贵族谱系之完整是世界上非常独特的一个现象,当历史学家追溯这一谱系的时候,由于史料寡少,往往只能及于12世纪,因此否认之前欧洲存在贵族阶级。德国历史学家施密特借助于一本9—10世纪的修道院祈祷书,统计分析其中上万个要求僧侣祈祷的人的姓氏,发现贵族的谱系正在逐渐清晰化,从而证

---

① 陈寅恪著:《冯友兰中国哲学史上册审查报告》,载《陈寅恪史学论文选集》,上海古籍出版社1992年版,第508页。陈寅恪将史论与考史严格区分,各以不同载体发表。史论多为作序、审查报告等。陈寅恪善于发现问题,揭示解决之途径,他的作品有助于初学者提高史学境界。

明贵族阶级早已存在,只是结构和方式与后来不同。"与其说1100年以前不存在贵族阶级,不如说是1100年以前的贵族结构和认可方式与以后是不同的。"①

再如,前文曾经谈到索引的重要性,如果要对一部20万字以上的作品制作索引,依靠手工操作,其质量是无法保证的。"以往编纂索引、引得之类的书籍,完全用人工。经验告诉我们,字数在20万以上的著作,用人工编纂详尽准确的索引几乎是不可能的。"②现在各种古籍的电子数据库越来越普及,对于如何利用史料,将带来新的巨大变化。

这是针对外部条件而言的,从研究者本身来说,选题在很大程度上也是研究者个人条件的综合反映,因此,个人的主观条件,应当被纳入考察范围。人各有所特长,或者文字功夫好;或者想象力旺盛;或者逻辑思维能力出色,分析推理头头是道;或者信息收集有耐心,具有"坐十年冷板凳"的精神;或者兼而有之。历史学家可以根据自己的天赋和偏好,选择相关题目和研究角度。"身为历史学者应该良才适性,但不要比什么高下优劣。"③

将以上三个方面:史料留存状况、技术手段和个人主观素质结合考察,条件调查大体完成。三种条件,其实彼此联系。例如研究外国历史,语言既可以是技术手段,也可以是个人的主观素质,还是调查史料留存状况的前提条件。

第二,是否合理。条件调查主要是针对历史学家完成课题的可能性而言的,而是否合理则是针对研究结果的预期价值而言的,在别人——包括同行、学术界、乃至社会——看来是否有价值。换言之,在现有研究状态之下,该选题是否具有独创性。在古代,学术研究很大程度上是个人的事,甚至属于业余爱好,官员们退出政治舞台之后,息隐归田之时,才大规模为之。在这种相对封闭的情形之下,学问主要是一种自娱自乐的方式,调查学术研究动态,并不是学者们的分内之事。19世纪以降,史学专业化的进程加速启动,经过专业训练的职业历史学家逐渐取代业余历史学家成为历史研究舞台的主角。他们经受过大致相同的技巧训练,阅读过基本相同的教科书,毕

---

① 朱孝远:《中世纪欧洲贵族的结构变化》,载北京大学历史学系编:《北大史学》第2期,北京大学出版社1994年版,第168—169页。
② 李晓光、李波主编:《史记索引》之《修订版自序》,中国广播电视出版社2001年版。
③ 黄宽重、刁培俊:《学科整合、国际化趋势与数位化时代的史学研究与教学(续)——著名学者黄宽重先生访谈录》,载《历史教学》2006年第5期,第12页。

业后在特定的学术机构里面工作,参加专业化学术团体,出席专门的学术讨论会,向特定的专门刊物投寄稿件,向特定的研究基金提出申请,进行公开竞争,在这些活动之中,他们成为"同志",结成一个科学家共同体,他们的工作便转化为一种"公共的事业",对于这种公共事业的贡献,在很大程度上,便是研究的意义之所在。用陈寅恪的话来讲,就是"预流"。他说:"一时代之学术,必有其新材料与新问题。取用此材料,以研求问题,则为此时代学术之新潮流。治学之士,得预于此潮流者,谓之预流(借用佛教初果之名)。其未得预者,谓之未入流。此古今学术史之通义,非彼闭门造车之徒,所能同喻者也。"①

调查研究动态,是一个收集诸家学说的过程,也是逐渐缩小阅读范围,明确具体研究方向的过程。例如想研究中世纪早期的王权(尤其是盎格鲁-撒克逊时期的英格兰),所涉及的研究领域就比较多,包括宪政史、传记、普通法史、管理史、军事史、考古发掘、历史地理、民俗学、文学史,等等。从内容上讲,历史学家要调查统治者本人,王国治理以及王权思想三个大的方面,发现研究前沿或空白地带。最好的着手方式,就是找到一个较新的权威性总论作品,进行阅读。有多种方式找到类似的书籍,最为方便的途径,就是咨询老师、图书馆管理员。

调查相关工具书也是常用的方式。最方便的工具书自然是格雷乌斯主编的《英国史(至1485年)书目》(*A Bibliography of English History: to 1485*, ed., by Edgar B. Graves, Oxford: At The Clarendon Press, 1975),其中有专章《现代研究》(Modern Commentaries on The Anglo-Saxon Period),收录截止到1969年12月的研究成果230条,附有解题。总体论述的作品,编者推荐了两部书,布莱尔著《盎格鲁-撒克逊英格兰导论》(Peter H. Blair, *An Introduction to Anglo-Saxon England*, Cambridge, 1956),斯腾顿著《盎格鲁-撒克逊英格兰》(Frank M. Stenton, *Anglo-Saxon England*, Oxford, 1943);在行政管理和法律类研究作品中,作者推荐了《剑桥中世纪史》中的相关章节,以及Round, Maitland, Vinogradoff, Chadwick 和 Stenton 诸位大家的作品,此外如拉尔逊著《诺曼征服前英王内府》(Laurence M. Larson, *The King's Household in England before the Norman Conquest*, Madison [Wisc.], 1904)。散见于其他专题中的好作品,还有不少,如华莱士—哈

---

① 氏著:《陈垣敦煌劫馀录序》,载《陈寅恪史学论文选集》,第503页。

锥尔著《英格兰及大陆的早期日耳曼王权》(John M. Wallace-Hadrill, *Early Germanic Kingship in England and on The Continent: to Alfred*, London, 1971),等等。

此外,查找是否有专门的研究综述,也不失为便捷的途径。凯恩斯:"读史:盎格鲁-撒克逊王权"(Simon Keynes, "Reading History: Anglo-Saxon Kingship", in *Hisotry Today*, Vol. 35, No. 1[1985], pp. 38-43);罗森塔尔:"学术综述:二战后盎格鲁-撒克逊国王及王权研究"(Joel T. Rosenthal, "A Historiographical Survey: Anglo-Saxon Kings and Kingship since World War II", in *Journal of British Studies*, Vol. 24, No. 1[1985], pp. 72-93)。

这些专门的书籍和文章,都多少有些年代久远。调查最新研究成果,最好是利用电子数据库,例如检索"International Medieval Bibliography"(IMB)的"Kingship",可以得到180条论著目录,其中有谈论文献中的王权(包括对国王的认识与评价,文献的类型也多种多样,《贝奥武夫》最为多见)、艺术作品中的王权,考古发掘所见王权,王权与仪式,王权与基督教(尤其是神圣王权和国王),新的研究则探讨王权与家庭,与妇女,与教会,与地产,与认同性,等等。似乎可以说,传统的研究,基本上立足于文献(史料)中的王权,而新的趋势侧重于社会中的王权。而利用早期盎格鲁-撒克逊零散的社会宗教材料,说明王权的兴起,还是富有挑战性的具有研究潜力的选题。

随着阅读的深入,历史学家逐渐对研究动态有了具体的把握,哪些是有待解决的问题,也慢慢明晰了,在此基础之上,结合可能性分析,确定具体的选题。

二、研究计划

经过可行性研究,证明选题不仅可行而且合理,此后的工作便是制订着手的计划,确定研究步骤。这里试举两个例子来加以说明。

第一个例子是说明如何确定研究方向,制订研究计划。1933年,清华大学插班生吴晗写信给恩师胡适。他本人爱好秦汉史,而且熟读前四史,而系主任蒋廷黻教授建议他治明史,这样一来,吴晗担心明史史料太多、无法下手,又舍不得心爱的秦汉史,因此向胡适请教怎么办。胡适回函称:"蒋先生期望你治明史,这是一个最好的劝告。秦、汉时代材料太少,不是初学者所能整理,可让成熟的学者去工作。材料少则有许多地方须用大胆的假设,而证实甚难。非有丰富的经验,最精密的方法,不能为功。晚代历史,材料较多,初看去似甚难。其实较易整理,因为处处脚踏实地,但肯勤劳,自然有功。凡立一说,进一解,皆容易证实,最可以训练方法。"接着胡适先生还开列了一个具体的研究计划,供吴晗参考。他说:"(1)应先细细点读《明史》;同时先读《明史纪事本末》一遍或两遍。《实录》可在读《明史》后用来对勘。此是初步工作。于史传中之重要人的姓名、字、号、籍贯、谥法,随笔记出,列一表备查,将来读文集杂记等书便不感觉困难。读文集中之碑传,亦须用此法。(2)满洲未入关以前的历史,有人专门研究;可先看孟森(心史)《清开国史》(商务)一类的书。你此时暂不必关心。此是另一专门之学。谢国桢君有此时期史料考,已由北平图书馆出版(孟心史现在北大)。(3)已读得一代全史之后,可以试作'专题研究'之小论文(monographs);题目越小越好,要在'小题大做',可以得训练。千万不可作大题目。(4)札记最有用。逐条必须注明卷册页数,引用时可以复检。许多好'专题研究'皆是札记的结果。(5)明代个人记载尚少,但如'倭寇'问题,西洋通商问题,南洋问题,耶稣会教士东来问题,皆有日本及西洋著述可资参考。"①

　　胡适先生的计划中,第一步操作步骤中作姓名表,在今天,其必要性大减,因为已有新的工具书可资利用,如李裕民编《明史人名索引》(中华书局1985年版)。但是他所制订的这个治明史的研究计划的一般程序,还是可资参考的。

　　第二个例子针对较为具体的研究题目。1936年胡适的学生罗尔纲准备研究清代军制,调查湘军的兴起对于清代的影响,并且拟订了一个比较全面具体的计划请老师雅正。当时胡适正在协和医院住院,收到罗尔纲的选题计划初稿之后,不惮繁难,起草长篇书信加以指点。他说:"研究制度的目的是要知道那个制度,究竟是个甚么样子;平时如何组成,用时如何行使,其上承袭什么,其中含有何种新的成分,其后发生什么。如此才是制度史。你的新湘军志计划,乃是湘军小史,而不是湘军军制度研究。依此计划做去,只是一篇通俗的杂志文章而已。……我劝你把这个计划暂时搁起,先搜集材料,严格的注重湘军的本身,尤其是关于:一、湘军制度来历(例如戚继光的《纪校新书》)。二、乡勇团练时期的制度。三、逐渐演变与分化。四、

---

① 苏双碧主编:《吴晗自传书信文集》,中国人事出版社1993年版,第75—76页。初学者多翻阅胡适的文章,特别是书信,当别有收获。

水师。五、饷源与筹饷方法。六、将领的来源与选拔升迁方法。'幕府'可归入此章或另立一章。七、纪律（纸上的与实际的）。八、军队的联络、交通、斥候等等（曾国藩日记中记他每日在军中上午下午都卜一二卦,以推测前方消息）。九、战时的组织与运用。十、遣散的方法。"①

从1938年书稿出版时作者的《自序》来看,罗尔纲接受了胡适的建议。他的选题动机是:"（已有的关于湘军的书籍基本上是叙战绩纪功烈的）至湘军所以有这样重大的关系,则由于他的制度使然。……这一点,前人著作是不曾注意到的。本书之作,便是从这点着眼,专从湘军军队制度上加以探讨,用以补前人所未及……在本书中,我们对湘军制度注意的是他的利病问题……对后者的探讨尤为致力。（湘军病理源自制度）这只是一个大胆的假设而已。因此,我第一步就首先稽考咸丰前清代军队与国家及将帅的情形,结果证明了清代兵权的下移,以自咸丰年间对太平天国用兵始。不过造成这个局面究竟是否由于湘军制度,还必须要有充分的证据,湘军的制度不明,便终归看不出来。于是我第二步就进而研究湘军军队本身制度,在曾国藩胡林翼诸人遗集里面勾稽索隐,先把湘军的制度重建起来。"

将胡适的建议提纲与最终出版的书籍目录进行比照,大致相近。凡十三章,包括:湘军兴起前的绿营,成立的经过,领袖与将士及他们的故乡,制度的渊源,营制,饷章与饷源,招募与遣撤,纪律,训练,选拔,战术,解散,制度的影响。

此类针对课题的研究计划在今天流行的科学基金申请中,最为常见,它一般包括以下几个方面:选题动机与题目的价值、课题目的、目前的研究状况、研究方法、手段、设备、研究资料介绍、研究的内容构思,以及研究成果的体现方式。若是一篇论文或专著的研究计划,最好还包括一份写作大纲。

第三节　历史学家的选题技巧

一、小题大做

1991年,历史学家吴于廑先生给武汉大学历史系的研究生作报告,讲

---

① 罗尔纲著:《生涯再忆——罗尔纲自叙》,山西人民出版社1997年版,第43—44页。罗尔纲以考证精到、推理缜密著称,这部自叙坦陈自己如何逐步养成这一风格。

述自己的治学经验,他说,历史学研究要"眼高手低",所谓"眼高",即眼在高处,视野开阔,进行宏观观照,"置身须向极高处,放眼通观大世间";所谓"手低",就是手在低处,脚踏实地,具体问题具体分析,一个问题一个问题地加以解决。吴于廑先生所言之眼高手低,也是诸多学者在谈论治学经验时,都加以倡导的"小切口、大文章"。年鉴运动的大师们经常将历史比作漆黑的雨夜,而突发事件就像那天空划过的闪电,一下子将那沉沉黑夜照亮,使得黑暗中的景观暴露无遗,在他们看来,历史选题可以通过突发事件来揭示事件背后的深层次结构。这些历史学家们的具体表述可以不同,但是他们都强调选题的一个原则:小题大做。

从字面上讲,小题大做来自于科举考试中所出试题的类型。据《汉大成语大辞典》可知,"明清科举考试,以'四书'文句命题叫'小题',以'五经'文句命题叫大题。'小题大做'本谓以五经文之法作四书文,后引申为拿小题目作大文章。"①在日常生活中,小题大做往往是个贬义词,与心胸狭隘、小气等相关联。这一现象提醒我们,小题大做其实是很微妙的一种选题方式,把握得当,从微观上升到宏观,论从史出;把握不当,则很有可能小题与大做脱节,会变成贬义的"小题大做"。

小题大做并非无法操作,关键在于弄清楚它的原理。所谓小题,简单来说,就是具体的历史现象,内涵要明确,外延要小。越具体,这个题就越小。从历史学的角度来讲,具体意味着特殊、个别。尤其是那些事件或大事,在特定的时间,特定的人物参与之下,在特定的地点,以特定的方式发生。所谓大做,就是通过分析这种特殊性和具体的事件,来上升到普遍性。小题大做之所以可能,是因为:"人们对客观事物的认识,总是从个别开始,逐步扩大到一般,从大量个别事物的特殊本质中总结概括出事物的一般本质,即从个别上升为一般。然后又以一般为指导,继续认识尚未研究过的个别,即从一般又到个别。如此循环往复,使认识不断深化。"②

小题大做,也是由史料的特性所决定的。任何历史记载,都是对特殊现象的记录,尤其是非同寻常的"大事""要事",往往被优先记录下来。从理论上讲,所有被记录下来的特殊现象,都是小题,都有被大做的可能性,但是,实际上却不一定。任何特殊现象都有反映普遍现象的潜力,但是,这一

---

① 《汉大成语大词典》编委会:《汉大成语大词典》,汉语大词典出版社2000年版,第906页。
② 彭漪涟、马钦荣主编:《逻辑学大辞典》,上海辞书出版社2004年版,第668—669页。

特殊现象能否被研究者相中,用来反映普遍性,却需要有史料基础。必须要有足够的史料才行,其数量达到一定程度,足以依据史料合理地推导出一般来。

当一件历史现象发生之后,有可能被记录下来,这个现象越特殊,越非同寻常,就越引起大家的关注,大家就会发表对这个现象的看法,这些看法也就越有可能被记录保存下来。这个关系,姑且称之为历史现象的"反映潜力系数"。原则上讲,历史现象越非同寻常,它被关注的程度也就越高,被记录下来和被讨论的概率越高,其"反映潜力系数"就越大,反之亦然。当这个"反映潜力系数"高的特殊现象发生之后,它的作用就是导致了大量史料的出现和留存,代表各种社会力量的人物会表态,对它发表评说,从而留下了史料。因此,通过这一特殊现象,通过反映这一现象的史料,那些原本寂寞无闻的历史人物、历史力量得以显现出来,这就为我们透过这一特殊现象来把握其背后的社会结构提供了难得的机遇。这个特殊的事件,就相当于那沉沉雨夜中的闪电,其"反映潜力系数"就是照亮黑夜的能力。历史学家的选题,也就是"再造闪电",通过这个"闪电"来照亮黑沉沉的历史世界。

这一原理,使得历史学选题往往要围绕某些特殊事件而展开,这就是小题,围绕这个特殊事件,整个社会可能都被惊动了,社会的各种成分都参与进来,或者说发言了,留下了历史痕迹——史料,使得发现"常态"成为可能。可以说,正是这种史料留存特性决定了小题大做的选题方式的合理性。小题大做实质上就是通过研究非正常的特殊现象来发现历史的常态。

二、举 偶

将小题目做大,有多种途径。可以上升到某种类型的一般性,也可以通过比较上升为涵盖一切类似现象的一般性,也可以是通过个案研究来揭示一种研究方法。在阅读文献的过程之中,透过一个事件的记叙,上升到一种文化现象和文化认知,是最为常见的小题大做。裴基教授在《盎格鲁-撒克逊编年史》"893年"条下读到一段话:"维京人遇到饥荒,吃了相当大部分的战马,其他人则死于饥饿。他们出城作战,基督徒胜利了。"围绕"吃马肉"这个现象,他展开了调查,他认为编年史作者在写下这段话的时候,试图通过比较表达一种文化看法。无论根据基督教原则,还是基于北欧人的习俗,吃马肉都是野蛮的行为,盎格鲁-撒克逊人认为吃马肉与基督教不相容。编年史家旨在揭示维京人堕落到异教习俗(尽管有些人已经皈依基督教),并为此而感到羞愧。因此,编年史家并非仅仅在记录事实,他在限定读者的反应,表明自己的态度,揭示盎格鲁-撒克逊人与维京人之间的宗教和伦理鸿沟。①

通过研究一个历史事件,推导出相关历史进程的宏大法则。例如萨林斯对于1779年英国人库克船长与夏威夷人遭遇的研究。在研究当年的《航海日志》以及其他相关材料后,萨林斯重现了这一事件:当库克船长的船队来临的时候,夏威夷人涌到海滩上,对船队欢呼,祭司跑出来,迎接库克船长,把他迎到神庙,披上红色塔帕布,用盛大的仪式欢迎。当地的头人会用自己的小舟,撞击围绕大船的平民小舟,来与库克会面。他们之间起初似乎是天然的敌手。2月4日早晨,库克起航离开了。但是又被迫于2月11日返回该湾修理被损坏的船只。这次,只有数百人而非数千人欢迎他们。国王和头人们不停地询问是什么原因把他们带回来的,偷盗和暴力事件随即发生。1779年2月14日,库克船长领人将夏威夷国王卡拉尼奥普抓住作为人质,要求归还被偷的一艘小艇。当他们来到海边的时候,遭到围攻,库克船长中剑倒入水中。

如何解释库克船长之死?关键在于基本范畴:"罗诺之死"和"宇宙的生命"。这是因为"偶然事件成为深具历史性的东西只是因为它富有意义"。当个人行为表征文化价值系统时,文化范畴以个人为中介显示其存在。

在夏威夷,起源神话表明"把神性生命侵略性地转化为人类的财产,展现出一种生产与消费的模式"。通过仪式,把原先由神灵所拥有的、不断显形现身的生命转移到他们自己头上。这是一种祈求与抢夺的复杂关系,人是以一种周期性的弑神者身份生活着。在这个仪式里面,先请罗诺神,然后弑杀他,如此一来,使得国王取代神成为大地的统治者。

1779年1月17日库克船长来到的时候,被当做罗诺神像。像神像一样被披上红色塔帕布,国王的造访以敌视和恭敬这两种复杂的态度实现"王权和角色的替代互换"。祭司们始终如一地向库克他们奉献食品,为整个社会的福祉而为库克他们提供给养。而国王的武士们则"准备充当骗子

---

① Page, R. N. , *Anglo-Saxon Aptitudes: An Inaugural Lecture Delievered before The University of Cambridge on 6 March 1985*, Cambridge: Cambridge University Press, pp. 18-19.

这一强夺者的神秘而古老的原型角色",对"罗诺恩赐进行巧取豪夺"。2月1日早晨,传统马卡希基仪式活动结束。当2月11日库克的船队返回海湾的时候,"由于罗诺出人意料地重返引发了神话政治危机"。被视为罗诺神化身的库克,必须死亡。

重构故事之后,萨林斯进一步从理论上做了阐释。他说,这一冲突还浓缩了一种可能的历史理论,关于历史与事件关系的理论,文化如何通过再生产实现转型。文化既是任意性的又是历史性的,人们在实践之中运用约定俗成的概念,为适应现实,既有延续,又有改变。他将这种现象称之为"行为中的范畴冒险"。虽然文化范畴来自于普遍接受的文化图式,但也受到客观现实的挑战,通过特定事件的发生,不同文化系统之间发生并接。因此,历史与结构之间的真正关系乃是"理性的主体与不妥协的世界之间的对话,而对话的真相包含着对过去与现在、系统与事件、结构与历史之间的永恒整合"。①

通过个案研究,上升到方法论层次,是许多有理论偏好的历史学家的试验。1997年,美国佐治亚大学的历史学家西门(Bryant Simon)在电子刊物《反思历史》(Rethinking History)上发表《讲述一个南方的悲剧:历史事实与历史小说》,研究1912年3月底4月初发生在南卡罗来那州切诺吉县布莱克堡村里两名黑人在夜间被非法吊死的事件。文章分成三个部分。首先是"历史事实",排列了三份文件:《嘉福尼流水账》上发表的相关告示,《斯巴达堡论坛报》的具体报道,以及法官哈丁(H. W. Hardin)写给州长布利兹(Coleman Livingston Blease)的汇报信函。由此可知这个历史事件的梗概:一位白人于星期四夜间来到郊区向两位黑人买酒,黑人用武器威胁白人强行饮下一夸脱的酒,白人逃脱后向警察报案,两位黑人遭逮捕,受审。法官以鸡奸罪判罚每人20元,关在看守所里面。第二天凌晨,两名黑人被吊死在附近铁匠铺的柱子上。随后,作者对相关人物进行了核实和查对,发现难以确认这三位当事人的身份。

第二部分是"历史小说",是作者根据这个故事虚构的细节丰富的叙事。首先是关于那个白人的生活状况的详尽描述,然后作者以观察者的身份,讲述该当事人在这个事件中的具体经历和感受,接下来是一个黑人当事

---

① 马歇尔·萨林斯著,蓝达居等译:《历史之岛》,上海人民出版社2003年版,第142—201页。

人以第一人称的方式讲述事件的经过。在这一部分,不断的视角转换,不同的叙事声音,不同的故事重叠和冲突着,讲述着当年的种族、阶级和性。

最后一部分是"后话"。讲述作者来南卡罗来那州档案馆查阅档案的前因后果,以及自己撰述这篇文章的所思所虑。他本是抱着研究工人观念的动机来到这个档案馆,查阅布利兹州长的档案。就在行将结束查阅时,他发现了这封信,于是想知道其背后的故事。随后的几天里,他查阅相关的报纸,调查时人对这件事情的看法。鸡奸、态度分歧等话题随之浮现。虽经多方查找,除了一位黑人当事人的统计材料,没有什么直接的收获。

但是,他不甘心到此为止,于是决定写小说。他要讲述一个"真实的"故事,"用小说来探索过去,而不是歪曲过去。"文章最终收笔于一个严肃的历史写作难题:"我想说出我认为确实在发生的事情,难道这不是所有历史学家们思考和谈论时的常态吗?我们超越史料,进入到无法看清的黑暗之中。我想将这些想象书之于纸。我想向黑暗投射亮光,看看发生了什么。"[①]

第四节 作业选题

作业是论文的准备,与论文最终相通,但是作业的选题与论文选题差别较大。一般说来,论文选题旨在完成一个较长期工作的目标,少则一年,多则三年五载,甚至一辈子;而且,历史学家在完成这个选题的预定时间内,虽然也有其他事项的干扰,但是,总的说来,时间比较充裕,有时甚至可以一天到晚都投入进去;第三,历史学家选择某个题目之后,是准备经过研究之后,写出报告,加以发表,与同行们交流。这三点足以使得历史学家的论文选题与学生的作业选题区别开来。

对于学生而言,作业繁多,不同课程自有不同的作业;这些作业最多只能在一个学期之内,利用课余时间进行,平均下来,每个作业所花费工作日可能会低到三天左右。而且,学生的作业基本上不能发表,而是借此巩固所学习的课堂内容,拓展知识面,训练分析问题的能力。因此,重在自我训练。

---

① Simon, Bryant, "Narrating A Southern Tragedy: Historical Facts and Historical Fictions", in Alun Munslow and Robert A. Rosenstone ed., *Experiments in Rethinking History*, New York: Routledge, 2004. pp.156-182.

在这些条件所构成的环境之中,作业题目应该与历史论文的选题有所不同。

由于时间限制,作业选题宜以有限的史料阅读量为选择标准。题目越具体,史料阅读量越有限,反之亦然。如一篇文献,一个人物,一次战斗,一种观点,一种方法,等等。我这里推荐,写读书心得式札记。它旨在解决读不懂,读不通的问题,也就是自己无法理解、觉得不可思议的东西,小到一个字、词、句,大到一个结论,一个思维逻辑,某些共同的历史现象。对于阅读者而言,如果出现这样的情况,意味着你发现了你不能理解的新东西,即"新问题"和所不知的"新材料",如果抓住不放,就是进行创新。如果解决了,那就意味着创新成功。当然,这还仅仅是针对读者本人而言的,要想将某种创新变成一种科学家共同体认可的创新,那么就要调查个人的创新是否业已被其他学者类似地创造过了。如果没有类似创新,那么说明你这个创新不仅仅对于自己,而且对于整个学术界来说也是创新。

阅读书目:

顾颉刚:《我与古史辨》,上海文艺出版社2001年版。

罗尔纲:《生涯再忆——罗尔纲自述》,山西人民出版社1997年版。

《文史知识》编辑部编:《学史入门》,中华书局1992年版。

第五章
理解史料：传统辅助学科

第一节　传统辅助学科

历史学研究的核心环节之一，是要获取信息。查找史料之后，对相关文献史料进行阅读，对实物史料进行观察，对口传史料进行领会，把握其含义，发掘其中所包含的信息。为了达到这一目的，在长期的摸索过程中，历史学家总结出许多专门的技艺，用以帮助理解史料，这些技艺被统称为历史学的"辅助学科"。

总的说来，历史研究以史料为直接研究对象，而以过去发生的历史现象（社会）为实际研究对象，针对这两种不同的对象，在不同的历史时期发展出了不同类型的辅助方法。在史学研究的演变过程中，帮助理解史料的辅助学科发展较早，如文字音韵学、史料学、古文书学等等，而帮助理解历史现象的辅助学科相对较晚，它们基本上都是现代学术发展的结果，如政治学、经济学、社会学等等。出于这种考虑，姑且称前者为"传统辅助学科"，于本章论述；称后者为"现代辅助学科"，在下章讨论。几十年前，北京大学历史学系教授邓广铭先生曾提出"年代、职官、地理和目录"四把钥匙的说法。有人又加上更大的一把钥匙——"马克思主义"。反映了将"马克思主义"当做现代辅助科学代表的愿望。

传统辅助学科旨在为记述历史和理解史料提供某种帮助，按照其功能大致可以分为两大类型。一类是帮助理解文意、弄清楚行文的意思。要达到这一目的，必须先解决文本方面的问题，提供可靠的底本，为此需要进行目录、版本、校勘方面的工作，以确定最接近原貌的本子；为了准确地理解文意，就需要从语言和名物制度两个方面进行解释。从语言角度来理解文意，一般以"语言文字之学"（俗称"小学"）为基础和门径，所谓读书必先识字。通过解读字、词、句、段落乃至整个行文，理解文意。而行文中所涉及的名物制度如花鸟虫鱼、服履饮食、职官、称谓、地理等等，也需要进行适当的解释，以便于理解。清代学者认为字可识，名物制度可解，也就能读懂古书了。"《周礼》一书，得郑注而训诂明，得贾疏而名物制度考究大备，后有作者，弗能越也。"（《四库全书总目卷十九·经部十九·礼类一》"周礼注疏删翼三十卷"条）

另外一类辅助学科则是在理解了文意的基础之上，判断其是非，确定该论述是对还是不对。此类工作，主要是收集不同的说法，进行排比、考证，以确定取舍。为此要利用年代学、纹章学、古文书学、钱币学、考古学、史料学等辅助学科。乾嘉时期的学者钱大昕在《廿二史考异·北史·外戚传》中申明："予尝论史家先通官制，次精舆地，次辨氏族。否则，涉笔便误。"

上述两类辅助学科，紧密联系，你中有我，我中有你，难以截然分开，只是为了论述的方便，才从逻辑上做了区分。经过长期发展，这些辅助性技艺大部分都已成长为单独的学科门类，有专门论著加以探讨，还有的被纳入课程体系进行专门讲授。这里择要略作介绍。

第二节　年代学（Chronology）

历史事件在特定的时间发生，历史事件有先后的秩序，历史研究自然也要考虑研究对象的时间定位。"仅仅知道有这么一件事，价值不大；除非也知道它在历史中确切的位置。"[①]为了方便记忆，人类发明了各种各样的纪年方法，用历表来表述时间的次序。较为宏大的纪时单位，首先是天文、地质时间，其次为宗教时间，动则以万年计，讲述世界肇始，时间循环递进。西方中世纪对于千年非常敏感，千禧年的观念至今还有。而中国古代似乎对五百年情有独钟，所谓"五百年必有王者兴，其间必有命世者"。数目较小的计量单位，使用起来更为频繁，如世纪、甲子（60年）、一代（约30年）、生肖的一轮（12年）、十年，或者某些定期举办的重大事件和纪念仪式，如罗马帝国晚期的"小纪"，每15年一循环；又如每四年一次的奥林匹亚运动会

[①] Bond, John J., *Handy-book of Rules and Tables for Verifying Dates with the Christian Era*, London: George Bell & Sons, 1875, Preface, p. ix.

等。用最高统治者的统治时期纪年,最为常见。

为了日常生活之需,人类还需要使用更小的单位来纪时:年、季节、月、日和时辰,于是有历法的制定。"历象日月星辰,敬授民时。"不同地区在不同的历史时期,运用不同的计算方法,施行了不同的历法。由于实际天象观测与传统观测原则之间的对立统一,历法也经历了不断的修订,中国古代先后颁行过数十种历法。不同的历法带来不同的日期计算结果,同一历史事件在不同历法之中就有不同的表示和位置。在中世纪英格兰,曾以3月25日作为岁首。1688年光荣革命,发生于该年的1月份,用现在的历法,当为1689年了。

有了历法和纪年法,人类的经历遂可以按照特定的时间坐标加以标明,走出原始状态的重复感。作为文化现象,历法和纪年方法多种多样,年代学的研究随之而来。据《中国历史大辞典》,所谓年代学,就是"研究测定历史年代的原理和方法,考察历史事件和历史文献等的年代的学科,历史学的辅助学科之一"。具体说来,年代学在历史学中的应用,主要包括两个方面的工作,第一是为了确定某件历史事件的时间坐标,历史学家需要进行相应的调查研究;第二,不同纪年体系之间,如何进行正确的换算,更是一件计算烦琐的工作。"在中世纪欧洲,纪年体系混乱得出奇,以致对于中世纪纪年方法和术语的深入研究,是理解历史文献的先决条件。"①

一、中国年代学

汉代以前的中国古代历史学家,本身便负有观测天象、制定历法的职责,"文史星历,近乎卜祝之间"。自司马迁的父亲太史公司马谈起,太史公专门的职责缩小为观测天象,历史学家与制定历法开始分离,即史书上说的"太史公既掌天官,不治民"。到东汉,撰写历史归属于东观、兰台,与太史公的业务正式脱钩。虽然如此,历代正史之中都有"历法"方面的专门记载,如"天文、律历志",而本纪和年表部分,也承担纪年的功能。

随着正史体系的确立,各种史料越来越丰富,史官编写的史书越来越厚,导致篇幅与记录内容之间关系紧张,如何做到"文省事增",用更简洁的文字表达更多的史事,成为史学撰述的一大理论问题。在正史之中,史表所

---

① Ware, R. Dean, "Medieval Chronology: Theory and Practice", in James M. Powell ed., *Medieval Studies: An Introduction*, Syracuse: Syracuse University Press, 1992, pp. 252-254.

占的篇幅空间最大,也就成了节省篇幅的第一个牺牲品。刘知幾总结修史经验时,因为追求简要,主张裁减史表。他说:"夫以表为文,用述时事,施彼谱牒,容或可取,载诸史传,未见其宜。"(《史通·内篇·表历第七》)他认为,用表作为叙述史事的方式,在正史中不合适。但是,对于撰写编年史来说,年代学还是至关重要的修史工具。司马光修《通鉴考异》就包含大量的年代考订。到了清代,考据学兴盛,年表的重要性得到了适当的强调,阮元在为历史学家万斯同的《历代史表》作《后序》时说:"窃谓史表之作有两端,本纪列传所不能详,列之为表,一也;读史者析其繁杂,以表齐之,二也。其一补传记之阙,其一合纪传之分。"意思是说,年表一方面可以补充史料;一方面可以起到提纲挈领、简明扼要的作用。

无论年代学在历史撰述中如何体现,年代学的研究,都是中国古代历史学的有机组成部分,备受关注。司马迁发现黄帝以来,皆有年数,但各不相同;秦烧灭诸侯史记,唯独留下秦纪,但不载日月;于是收集遗文古事,考订年代,编成多种年表。此后每代史家修订史书,无不考订年代。司马光修《通鉴考异》就包含大量的年代考订,尤其是他的助手刘恕,精通年代考订之学。司马光"史事之纷错难治,则以诿之"。清代考据名家辈出,年代考订成果丰硕。

清朝中叶以后,海道大通,西方传教士来华,在传播教义的同时,也介绍基督教历史,附带西方历史,也为年代学带来了新的任务:中西年代换算。19世纪初期,在南洋出版的不少刊物,都发表了合和本中西历史。如《东西洋考每月统记传》,"四海之内皆兄弟也。请善读者仰体焉,不轻忽远人之文矣。视万国当一家也。世间之史,万国之记,茫也。读者如涉大洋渺泊,故简删之,与读史者观纲目,较量东西史记之合和"。

20世纪之后,中西大通,公元纪年法流行,中国历史学家为此要换算所有的历史日期,制定各种换算年表,其中陈垣所编订的《中西回史日历》较为有名。在讲到编订缘起的时候,他说:"吾读《元史译文补正》,见其多记西历或回历之月日,苦不知其中历几何时,乃求之西籍,得西历回历纪年通表,而中历回历纪年通表仍不可得。壬戌春,遇江宁常君福元,曾请为回历岁首表,以回历岁首求中西历之年月日,以西历岁首求中回历之年月日。然因中历闰月及月大小尽无定,不著中历朔闰,以中西回历互求,恒不能得其岁首以外之月日,于研究元史及中西交通史仍不便。乃发愤将二千年朔闰先行考定,以为根据,就《通鉴目录》中宋刘羲叟《长历》及《辽史》耶律俨

《辽宋闰朔考》，并近代钱侗《四史朔闰考》，汪日桢《历代长术辑要》，各以本历，参校各史纪志，正其讹谬，自汉迄清，成《二十史朔闰表》。"作者最后感慨地说："兹事甚细，智者不为，然不为终不能得其用。余之不惮烦，亦期为考史之助云耳。"①

之所以如此烦难，从中国古代历法的角度来讲，在于实行阴阳合历，以及干支纪日法。中国古代科学家很早的时候就较为精密地测量到了月相和太阳回归年的周期。根据月相制定的历法，要符合太阳回归年的周期，需要插入闰月，调整月的大小。而且，对天文测量和制定历法，历代王朝都高度重视，不断地修改历法，以便能够根据历法不仅预测天象，而且逆推符合经史记载。先后颁行了49部历法。增加了古代历法和纪时的复杂性。

干支纪日，采用天干甲、乙、丙、丁、戊、己、庚、辛、壬、癸，地支子、丑、寅、卯、辰、巳、午、未、申、酉、戌、亥，依次相配为60，循环往复。根据历史文献，干支纪日可以不间断地回溯到公元前700多年，甚至甲骨文中就有较为系统的干支纪日。"夏商周断代工程"的工作就是建立在这一基础之上，甚至假定可以回溯到夏商时代。李学勤说："年代学研究有时有某种假设，该假设是根本的、必要的，却没有充分论据去证实。……中国年代学的天文历法推算，也有一个假设，便是纪日干支的连续性：纪日干支依照六十日一周循环，自上古到今天，没有调整也没有间断。如果离开这个假设，也无法谈中国的天文历法推算了。"②

干支纪日，不仅与我们所熟悉的公历大不相同，而且因为采用阴历月，每月大小不确定，因此，在确定每月朔日干支之后，才能确定该月其他日期的干支。阅读文献的过程中，遇到干支，可以查阅上述陈垣先生的《二十史朔闰表》及其他学者的补正，以及其他相关的历法工具书。还可以利用"张氏公元万年甲子纪日速算法"，进行推算。③

在历史撰述中，中国古代年代学还带有政治文化的意义，主要体现为有

---

① 陈垣：《中西回史日历·自序》，中华书局1962年影印版。陈垣(1880—1971)，字援庵，广东新会人。被陈寅恪誉为自钱大昕之后第一人。张政烺说："1925年陈垣作成《二十史朔闰表》《中西回史日历》，学史者的年历问题基本解决了。"见氏主编：《中国古代职官大辞典》之《前言》，河南人民出版社1990年版，第1页。
② 李学勤：《中外古代文明年代学研究的比较》，载东北师范大学世界古典文明史研究所编著《世界诸古代文明年代学研究的历史与现状》，世界图书出版公司1999年版，第175页。
③ 张致中、张幼明合著：《张氏公元万年甲子纪日速算法》，重庆出版社1982年版。

关正统的讨论,即应该用哪一朝、哪一位统治者的年号来纪年的问题,这种争论有时围绕短命王朝而展开,如二世而亡的秦王朝;但更经常发生在有多个朝代多个统治者的时期,如三国时期。司马光曾经总结道:"秦焚书坑儒,汉兴,学者始推五德生胜,以秦为闰位,在木火之间,霸而不王。于是正闰之论兴矣"。在他看来,这种关于正闰的讨论,无法令人信服。"是以正闰之论,自古及今,未有能通其义,确然使人不可移夺者也"。① 因为这种讨论往往涉及政治认同性,是现实政治宣传工具之一。②

二、公元纪年

古代希腊小邦林立,各有纪年方法,公元前4世纪左右,历史学家开始用统一的奥林匹亚运动会来纪年,"第几届奥运会第几年"。希腊化时期,希腊文化与中亚、北非诸多文化体系发生交流,在地中海东岸地区,关于哪种文化最早发生,成为争论热点。公元前后,罗马帝国统一地中海地区,将当时所知的世界统一起来,需要统一的历史纪年方法。于是兴起了"(罗马)建城以来(Ab Condita Urbe)"的纪年体系。大体来说,罗马城建立于公元前750年左右,此后的年代,标注为建城以来多少年,此前的年代,则被称为建城之前多少年。这一纪年方法为后来的公元纪年法提供了基础。基督教兴起之后,早期教父们试图证明基督教的古老性,需要比较综合各地的年表。公元4世纪初期,基督教史学之父尤西比乌(Eusebius of Caesarea)编制庞大的年表,将所有年代都统一到"世界纪年法"(Anno Mundi),成为晚期罗马帝国历史写作中最为流行的纪年方法之一。

公元纪年法的诞生,源于推算复活节(Easter)日期的需要。复活节是为庆贺耶稣受难之后第三天复活升天这一宗教事件而设置的,是基督教的重大节日,又由于其他宗教节日多根据这一日期推算,因此,复活节日期是中世纪年历的核心,复活节日期确定了,其他节日的日期随之而定,宗教年历也就大致确定。

耶稣在逾越节期间受难并复活,教会起初采取犹太历法中逾越节的日期作为复活节的庆祝日期。但是,由于福音书记载耶稣复活为逾越节之后

---

① 《资治通鉴》卷六十九《魏纪一》"臣光曰"条。
② 饶宗颐先生有不同意见,他赞赏正统之"正",以为正是通过"褒贬"史家可以发挥其教化作用。参见氏著《中国史学上之正统论》,上海远东出版社2000年版,第74—80页。

的那个星期日,教会强调复活节应该总是星期日,这样一来,日期每年都会有变动。逾越节是春分之后第一个月圆之夜,因此,复活节也就是这个月圆之夜后的第一个星期日。罗马教会相信,这个星期日不早于3月25日,不晚于4月21日。推算这个星期日,需要确定两个因素:第一,一个用以换算的年代周期。月圆是阴历,春分是公历,而星期日则是一个人为设置。在正常情形之下,月圆之夜并不总是春分之后某个固定的日子。固定日期的出现总是有一定周期。罗马教会决定采纳希腊天文学家密托所计算的周期,十九年七置闰,这样处理之后,每十九年朔望月长度与太阳回归年之间的长度保持一致。第二,耶稣受难那一年距离进行推算的那一年之间有多少年。到公元6世纪,罗马修道士小个子狄奥尼修斯(Dionysius Exiguus)在遵循上述两个原则的基础之上,推定耶稣受难的年份,然后根据上述原则将复活节日期逐年推算直到当时(公元532年),并将耶稣出生年份定位于罗马建城以来754年。

所谓公元(Anno Domini),其本义就是耶稣诞生的意思,公元532年,就是耶稣诞生以来第532年。最初并没有被当作历史纪年方法,运用到历史撰述中。但是复活节表有许多空余部分,可以用来记录大事要事,逐渐向年鉴(Annal)和编年史(Chronicle)过渡。到公元8世纪,英格兰学者比德为了教授修院的修道士关于计时方法,编写《论计时》,其中一章为世界编年史,所使用的还是世界纪年法,即世界被创造以来多少年。但是,在他晚年撰写的《英吉利教会史》中,由于是教会历史,又只有一处涉及耶稣诞生之前的年代,因此,采用公元纪年法。此后,随着英格兰传教士协助加洛林帝国政府传教,比德的作品得到广泛流传,其纪年法也逐渐流传开来,在9世纪成为普遍遵循的纪年法。

公元纪年法只能涵盖耶稣诞生以来的时间,至于此前的年代计算,还没有采用现在流行的"公元前"的逆推换算方式。这是因为公元纪年法本身属于一个首尾完具的纪年体系中的一环而已。这套纪年体系采用的是顺推法,"××以来多少年","公元"也就是"耶稣诞生以来多少年",类似的方式还有"创世以来多少年","大洪水以来多少年","亚伯拉罕以来多少年"。

文艺复兴之后,伴随着古典文化的复兴,"世界纪年法"开始在西欧复兴,与公元纪年法配套,成为标准的纪年方法。16世纪末,开始有偶然使用"公元前"的现象,但是多半不是出现在专门的历史作品中。到了17世纪末,公元前的使用开始流行起来,与世界纪年法互相混用,如"世界以来第128年,即公元前3872年"。到18世纪初,有了专门的用公元前纪年的历史作品,其中最为著名的是牛顿的《古王国编年》(The Chronology of Ancient Kingdoms Amended)。由于学者们对世界纪年法的起点存在重大分歧,世界纪年法不如公元纪年法那么便利,逐渐退出使用。到19世纪,公元前与公元相配套的纪年方法,成为通行的纪年法。

从语言上讲,"公元"用的是拉丁语,而"公元前"的缩略语用"B. C"或"B. C. E"(Before Christ 或 Before Christ Era),为现代英语。现在,因为要排除术语隐含的文化偏见,公元开始恢复其另外一个名称:通行年代(Common Era),简称为 C. E,而公元前就成为了"通行年代之前",简称为 B. C. E。公元前的缩写符号虽然一仍其旧,但其内涵有了变化。

三、年代学与历史学

除了确定历史事件的日期,探讨纪时方法,年代学还可以帮助考订史事真伪,是历史考订的工具之一。由于条件的限制,古代人无法提供一个令人信服的、比较统一的历史年表,导致学者们在利用这个辅助方法的时候没有太多的信心。公元2世纪的普鲁塔克善于利用年代学来考证史事,他在《伯里克利传》中关于跛子工程师的考证非常精彩。他说:"据埃福罗斯说,伯里克利觉得攻城器械很新颖,曾经加以采用。他身边总带着器械师阿尔特蒙,阿尔特蒙是个瘸子,得用轿子抬着,送他到各处去工作,所以他有个绰号,叫做'到处被抬着走的人'。可是赫拉克勒德斯·蓬提科斯根据阿那克瑞昂的诗,否定了这件事。因为那些诗里提到过被抬着走的阿尔特蒙,已是萨摩斯战争等事件以前几代的事情了。"普鲁塔克赞成蓬提科斯给出的证据,依据诗人阿那克瑞昂的诗句,否定了埃福罗斯的说法,认为伯里克利并没有带着器械师阿尔蒙特。

但是,当他讨论传说中古希腊七贤之一的梭伦与吕底亚国王克洛伊索斯的会面和对话是否可信时,又否定了这一辅助工具的可靠性。他说:"有人企图根据年代纪来证明它是虚构的。但是既然一个故事这样著名,这样确凿有据,尤其是这样和梭伦的品格相符,这样和他的雅量和智慧相称,我就不能因遵守任何年代纪的条规,主张把它否认。所谓年代纪的条规,到现在已经有成千的人加以修订,都没有能够消除其中的矛盾,获得任何公认的定论。"①

　　古典时代,对于时间的准确性并不是很重视,罗马帝国晚期的史学家费思提(Festius)说,我不知道夏天的苏格拉底与冬天的苏格拉底,哪个更聪明。到基督教时代,以信仰和宗教来划分时代,对于经书的迷信,导致许多荒唐的断代结论。例如,中世纪学者普遍认为第一位历史学家不是希罗多德,而是摩西。文艺复兴时期,虽然崇拜古典文法成为风尚,但是历史语法学逐渐发展起来,一个时代的语言有其独特性,开始成为普遍共识,年代考订工作随之展开。在文献辨伪的过程中,如果有确凿的证据,那么年代考订并非难事,但是如果缺乏这样的客观证据,往往只能依据作品的思想来判断其先后。例如现代早期学者对柏拉图作品的年代考订,基本上以作者的观点,和作品的内容为线索,考察这些观点,建立作者思想的先后顺序和变动的轨迹。然后根据这种思想线索,判断作品的先后顺序。这种解决方式具有相当强的主观性,难以服众。因此,1865年,格罗特宣布柏拉图作品先后的问题不可解决。在20世纪初期考订先秦诸子先后的时候,对此方法有过深入的批评。"思想线索是最不容易捉摸的……最奇怪的是一个人自身的思想也往往不一致,不能依一定的线索去寻求……对于这种思想线索的论证稍稍存一点谨慎的态度。"②

　　但是,历史学家有办法超越这种局限性。就在格罗特宣布之后两年,阚普贝尔从文风的角度进行的研究,打破了这一僵局。他运用专门词汇统计法,统计这些词汇在各篇中出现的频率(出现次数除以页码数),得出一个中间值,然后排成一个系列,与公认的晚出作品《蒂迈欧》《克里提亚斯》和《法律篇》进行比较。他发现《政治学》《斐多》《智者》与晚期作品最为接近。其他的证据,例如韵律、词序等等,也支持了这一结论。与此同时,其他的学者以类似的方式,调查作品中运用的冠词,虚词,元音连诵,对话提示词,等等,最终得出了一个较为公认的断代结论。③

---

　　①　氏著,谢义伟译:《梭伦》之27节,载普鲁塔克著、黄宏煦主编:《希腊罗马名人传》,商务印书馆1992年版,第196页。普鲁塔克博闻强记,他的这部传记包罗广泛,文笔生动流畅,不仅是古代史料最为丰富的作品之一,也是历史上最受读者欢迎的作品之一。

　　②　胡适:《评论近人考据老子年代的方法》,载《胡适文存四集》,黄山书社1996年版,第76—78页。

　　③　Kraut, Richard, *The Cambridge Companion to Plato*, Cambridge: Cambridge University Press, 1992, pp. 90-120.

老子的年代是20世纪中国学术史上一件学术大官司,经过争论,传统观点——老子要早于孔子没有被推翻。2000年,华裔美籍学者何炳棣将这个研究转化为一个史源考证,最终转化为一个年代学考证。关于老子年代最基本的史料来自《史记·老子列传》。通过阅读,他发现这一记载包含有自相矛盾的两种说法,而司马迁本人竟说不知究竟。司马迁说:"孔子适周,将问礼于老子。"承认孔子较老子晚,但与此同时,他又说:"自孔子死之后百二十九年,而史记周太史儋见秦献公曰:'始秦与周合,合五百岁而离,离七十岁而霸王者出焉。'或曰儋即老子,或曰非也,世莫知其然否。老子,隐君子也。"更为令人奇怪的是,在交代这两种可能性的说法之后,他接着提供了一份老子家谱:"老子之子名宗,宗为魏将,封于段干。宗子注,注子宫,宫玄孙假,假仕于汉孝文帝。而假之子解为胶西王卬太傅,因家于齐焉。"根据这个家谱,进行年代推算,老子肯定要晚于孔子。那么为什么司马迁在肯定地知道了老子家族谱系之后,还要录下各种传说,而强调"莫知其然否"呢?这就是作者提出的问题。

作者推测,这一矛盾的出现,主要在于史源上的差异,老子的谱系来自司马迁的父亲司马谈,而各种传说来自司马迁,二者之所以并存,是因为司马谈直至临死,都没有机会将所获家谱的真相告诉自己的儿子。何炳棣先生说,司马谈当年很可能就是在齐地学习黄老之学,并且很有可能接触过李解,至少从当地直接获知了老子家族的谱系。但是后来胶西王卬参与七国之乱,太傅李解也遭族灭,牵连甚广,司马谈可能因为这一特殊的政治形势,一直不便于将自己与这个学派的联系告诉自己的儿子,而是要等待时机成熟。

由于他自己的安排,儿子在成年之前,要接受系统而长期的教育,读千卷书,行万里路。而当儿子刚刚完成教育,就受命执行公务,远行。也正是在这个时候,司马谈由于没有能够随汉武帝参加泰山封禅,而气愤至死,刚好司马迁完成使命返回,由于这一偶然的机缘,才得以在父亲临终前见父亲一面。司马迁自己说:"(父)故发愤且卒。而子迁适使反,见父于河洛之间。"由于死得过于仓促,他最终没有能够来得及告诉儿子有关老子家谱的底细。[①]

作者的这个大胆推论,来自于年代学的一种看法,即司马迁的生年为公

---

① 何炳棣:《司马谈、迁与老子年代》,载《燕京学报》2000年11月新9期,第1—20页。

元前135年而非145年,这样当父亲临终之时,司马迁才20岁,在此之前要忙于学业,无暇与父亲就历史修撰的具体事宜交换意见,从而推论父亲司马谈还来不及向儿子交代老子家谱的原委。

综合起来,何炳棣先生的考证思路如下:先考证司马谈学习黄老之术的经历,推断这份家谱可信,然后,根据《史记》所提供的这个家谱,推论老子晚于孔子。而这一切都建立在一个年代学的假定之上:司马迁生于公元前135年,因此,刚完成学习过程,接受第一份政府差事,父亲就去世了,没有机会从父亲那里得到家谱的真相。

第三节 书学、文书学与档案学

一、书学(Paleography)

书学是对书写这一专门技艺的探讨,在图书分类体系中属于艺术门类。南北朝之后,书学昌盛。《隋书·经籍志》将书法列入目录之部,而目录又隶属于史部。到清代人总结中国图书门类的时候,又将书学置于诸子之部。《四库全书·子部·艺术类序》讲明了这么分类的理由:"古言六书,后明八法,于是文字、书品为二事;左图右史,画亦古义,丹青金碧,渐别为鉴赏一途,……然均与文史相出入,要为艺事之首也。……摹印本六体之一,自汉白元朱,鸷矜镌刻,与小学远矣,……均退列艺术,于义差允。"这段话是说书写与文字学相分离、图画逐渐丧失文字说明的功能,它们虽然与文史关系密切,但是,却属于艺术了。

文字书写,本是适应日常需要、公共管理等实用性目的而兴起。中国文字由象形而表意,加以使用特定的书写工具,造成用线方面的丰富多彩,使得书写这一实用性极强的技艺在具有实用功能的同时,还具备了强烈的美学成分,衍生为艺术之大宗,成为"艺事之首",极富文化特色。"六体者,古文、奇字、篆书、隶书、缪篆、虫书,皆所以通知古今文字,摹印章,书幡信也。古制,书必同文,不知则阙,问诸故老,至于衰世,是非无正,人用其私。故孔子曰:'吾犹及史之阙文也,今亡矣夫!'盖伤其浸不正。"班固哀叹当时人书写随意,却不知道这种变迁正是书学研究的基础。没有字体的变化,何来书学研究呢?

西方书学兴起于十七八世纪,Paleography来自希腊文,字面意思为古老之字体或书写，作为一门学科，它是应考究文本真伪的需要而发展起来的，"基本上是作为历史学的辅助学科而发展起来的"，"（关注）实用性目的，尤其是字体的特征，在不同时空之中的运用"。① 据约瑟夫·斯特雷耶（Joseph H. Strayer）主编的《中世纪辞典》，书学"一般指对书写的研究，尤其是关于书写历史的研究，书学探讨特定字体的分类、起源、演变、延续、传播、变易、衰落和消亡"。与碑刻学，属于大体相同的学科，但是因为书写工具的差异，而略有分别。书学主要与文献相联系。17世纪比利时耶稣会教士在编订《圣徒列传》的时候，怀疑本尼迪克特修会圣德尼修院某些古老的权利特许状不可靠。为了反击，圣毛尔派修士开始证明由墨洛温王朝（481—751）诸王所颁发的特许状真实可靠，在这个过程中，实践经验的积累使得考订文本真伪的某些原则凸现出来，1681年，修士马比荣（Jean Mabillon）对此加以总结，发表六卷本《论文书》（De Re Diplomatica）。这部书的后四章专门论述书写方式的种类，及其在考辨文书真伪中的应用，证明墨洛温王朝达戈贝尔王所颁赐赠地文书为真，标志着书学的创建。1708年，伯尔纳德·门特佛孔（Bernard de Montfaucon）发表《希腊古书学》（Palaeographia Graeca），标志该术语正式出现。

书学研究从三个方面有利于考订古代文书真伪：释读文字与判定写作年代；探索书写史，包括字体和风格，标点符号和缩写；分析书写工具，包括载体的形式，书籍形式等；这最后一项又有些类似于版本学了。主旨在于通过转写释读文字、进行标点、辨别书写风格和程式，从而确定文本大致的写作时间、地点和作者。其中书写类别和风格类型的确立，是运用书学考订文献真伪的前提条件。辽宁省博物馆藏有清代王士禛（1634—1711）晚年著作《渔洋诗话》稿本8页。赵晓华在鉴定其真伪的时候说："王士禛不以书名，但其书法气格高古，用笔萧散，书韵清远，亦如其诗所谓'神韵天然'。辽宁省博物馆所藏稿本字迹苍老，落笔无束，野逸古拙，为王士禛晚年手书无疑。"这是根据书写风格判断的例子。

故宫博物院藏有两份宋拓欧阳询所书《九成宫醴泉铭》拓片，分别是张彦生所捐（称张本）和内阁大库的藏本（称库本）。1960年的鉴定结果是："（张本）北宋早期拓本，霞蔽亏三字未损，珍品甲。""（库本）北宋拓，碑文

---

① John, James J., "Latin Paleography", in James M. Powell, Medieval Studies: An Introduction, pp. 3-4.

未曾剜凿,珍品乙。"说明这两个拓本都是北宋时期字碑尚未剜改之前的本子,然而库本的这三个字(霞蔽亏)略有剥蚀,年代晚于张本。但是朱家潽先生从库本"南逾丹徼"的"丹"字发现了鉴别线索。他说:"横画右出驻笔处有泐(通"勒",铭刻之意——引者按)痕横拖而下,可以明显看出横画驻笔的一顿,笔外则是泐痕。凡比较晚的宋拓本及各时代的拓本,都是经过剜凿,其泐痕与横画并为一笔,于是这一横很长。张本的'丹'字就是很长的,看不出原来驻笔的一顿,并且在泐痕的最末剜出一个长横收笔的一顿。"作者还列举了其他有类似问题的三个字,证明张本为原碑被剜凿之后所拓,而库本不是。在此证据的基础之上,辅之以书写风格的证据。朱家潽先生说:"关于《九成宫醴泉铭》碑文已凿和未凿是极其重要的时代划分问题。昔人论九成宫,有'肥本方是宋拓'之语,是与细瘦枯脊的明拓本相比而言。若以两本宋拓相比,一本不肥不瘦,一本略肥,则不肥不瘦的拓本正符合欧书本来面目。欧公于贞观六年七月十二日书付善奴,授诀中有'……又不可瘦,瘦当形枯。复不可肥,肥则质浊。……'九成宫碑书于贞观六年四月,正在书授诀之前三月,诀中所云无不与碑字吻合。……纵观全碑书势,库本字体结构峻整,神气浑融,不肥不瘦,无丝毫婉媚之态。张本则已略具肥意。"于是,朱先生断言,库本要早于张本,其价值更高。

二、文书学(Diplomatics)

文书学与书学紧密相联,但观照范围更为广泛,与历史学的关系更为密切。文书学也是马比荣在考订权利特许状真伪的过程中创立的,他本人对于文书学并没有做严格的界定。在随后的发展过程中,一些德国学者一度倾向于将文书学限定于司法文书的范围之内,非司法性的文书皆不在其中。但是,一般学者还是主张采取更为宽泛的外延,包括所有的书写文书。文书是"国家机关、社会组织、企事业单位或个人在社会活动中为处理事务、交流信息而使用的各种载体的文字、图表、声像等记录材料。"文书学探究如下一些问题:由谁书写(Quis),书写内容(Quid),如何书写(Quomodo),由谁签发誊录(Quibus auxiliis),为何写作(Cur),作于何时(Quando)、何地(Ubi)等等。

与编订的文献作品不同,各种文书是出于日常管理的目的而保留下来的,在保管过程中,又会经过不同的分类处理,随着时间的流逝,许多文书散落,脱离原初的"上下文",丧失原有位置。因此,"利用文书,首先得复原文书原初的分类,为此,需要理解它们,熟悉当时的管理机制"。① 而一些出土文书,破碎不全,要拼合复原之后,才能利用。上个世纪末在敦煌莫高窟北区第 47 窟后台上所出的一批文书中,有五件以上的告身文书残片。陈国灿先生对此进行了研究。所谓告身,就是朝廷授予官职之符,正式的告身文书应有吏部(文官)、兵部(武官)的官印,"悉由于尚书"。墓葬告身,可以是抄录本,向"地下丞"疏告死者的身份,使亡灵超升天国,获得冥福。根据敦煌出土开元年间的公式令,可知当时敦煌地区流行的告身文书格式。大体分为四个部分,开头是尚书省吏部(兵部)所拟授官的申奏;其次是门下省官员的逐级审读,御画"闻"后,由"都事"受文付吏部的部分;第三是吏部官员的署名,告知被授者官"计奏被旨如右,符到奉行";第四由吏部办事人员署名,签发年月日。据此,根据残篇内容进行拼合整理。发现 B47:8—1(b)、B47:42(b)、B47:17(b)、B47:8—2(b),这四片按先后顺序组成一张完整的告身文书,余下的一片 B47:8—3(b),书法字体稍硬,不如 B47:8—2(b)片书体圆润,同时另面为白纸,没有文字,不像已拼合残片的背后是"货钱折粮帐"和"残名籍",因此,作者推断,这是另一件告身的残片。作者随后对第一份告身文书,进行了全面的复原,认为"如果这一拼接及复原能够成立,它将是迄今所见唐代由兵部奏授六品以下武官同甲告身的一例,不仅为认识唐代的铨选制度,提供了一个新的实物标本,而且对研究景龙二年三月朝廷官任迁转,提供了新线索。"②

马修·帕里斯的《大编年纪》(*Major Chronicle of Matthew Paris*),按照中世纪编年史的写作惯例,在自己所见所闻时代之前,借用别的编年史。1872—1882 年间,劳德教授将这部编年史作为"卷档系列"之一,整理编辑出版,认为编年纪中 1195—1214 年的那部分,是圣阿尔班修院(St. Alban)院长塞拉的约翰所作(John de Cella),而不是传统上所以为的那样抄自文豆维。其证据在于手稿(Douce MS 207)边缝上的一句话:"到此为止在约翰院长的编年史书中(huc usque in lib. Cronic. Johannis abbatis)。"除此之外,该院 14 世纪晚期的一位作者也支持他的观点。这位《论圣阿尔班修院

---

① Galbraith, V. H., *An Introduction to the Use of the Public Records*, Oxford University Press, 1934, p.10.
② 陈国灿:《莫高窟北区 47 窟新出唐告身文书的复原与研究》,载氏著:《敦煌学史事新证》,甘肃教育出版社 2002 年版,第 215—229 页。

的职责和功绩》的作者指出,文豆维与马修的作品以 1189 年为界,他说:"文豆维简洁而流畅地从世界肇立写到亨利二世的时代(1155—1189)"。

波威克教授持不同意见,他说:"我对劳德教授的论证的检验,对编年纪以及其他马修作品文本的核查,以及对手稿的核对,都引起我对劳德教授结论的怀疑。"经过他的考订,这份手稿抄录于 1300 年左右而非 1250 年,而此时根本就没有这个约翰院长,相关的约翰院长都不是编年史家,因此,还应坚持习惯说法,直到 1214 年的部分,都抄自文豆维(Wendover)。至于那位 14 世纪的作家,他犯了一个错误。但是他的这个错误又非常自然,是受到马修·帕里斯的文本分卷的误导。马修的手稿被分为两个部分,第一部分 A 结束于 1188 年。卷末的一个说明可能直接导致误认为马修的写作从 1189 年开始:"马修·帕里斯的《历史》的公元 1189 年的部分确实是由同一作者在另一卷中续写。"意思很明显,续写在另一卷由同一作者写作。事实上 B 卷直到 1213 年一直与 A 卷为同一笔迹。14 世纪的那位作者大概被"续写"所误导——假定 1188 年末的人为分卷、提及马修·帕里斯意味着作者的变化。如果对于卷末说明的这种解释成立的话,那么认为抄录旧编年史于 1188 年处中断的理解,乃是误解。至于分为 AB 两卷,完全是为了方便,分量太大,无法订为一卷,如果看过手稿,就一目了然了。①

三、档案学(Archives)

随着研究对象越来越接近于现在,档案在历史研究中的意义越大。历史学家来到档案馆,坐在桌子前,接过管理员送到面前的卷宗,屏住呼吸,翻开那格式化的封皮,将会面对怎样奇异的发现呢? 法国历史学家费尔南·布罗代尔(1902—1985)的扛鼎之作《菲利普二世时代的地中海和地中海世界》,就是利用档案的一个典范。当年他在阿尔及利亚教中学的时候,就与妻子一道到当地的档案馆查阅资料,拍下照片,回到家里,一个读,一个笔录。他说:

> 对大量原始档案资料没有确切的了解,也无法写出一部地中海的历史来。这项任务看来不是单独一个历史学家所能胜任的。在 16 世纪,地中海国家无不拥有收藏丰富的文献资料馆。这些文献资料逃脱

---

① Powicke, F. M., "Notes on the Compilation of the *Chronica Majora* of Matthew Paris", in *Modern Philology*, Vol. 38, No. 3 (Feb., 1941), pp. 305-317.

了火灾、围城以及地中海世界遭受的各种灾难。然而,要清查和发掘这些毋庸置疑的资源,这些最丰富的历史金矿,需要的不是一个人的一生,而是一个人的二十次生命,或者二十名研究人员同时为此贡献他们的一生。也许这样的一天将会来到:在历史学的工地上,人们不再用这种小手工业作坊方式工作……到那时,或许可以不再根据仅仅包含部分第一手材料的书籍,而是根据原始的文献资料,来编写通史。不言而喻,尽管我做出了多么巨大的努力,我仍然没有整理完我从档案中所能找到的全部文献资料,我的书是建立在必然不完备的调查基础上的。我预先知道,本书的结论将被检验、被推敲,并被其他结论所代替。这正是我希望的事。历史学就这样前进,而且应当这样前进。①

1998年西班牙西曼卡总档案馆为了纪念菲利普二世逝世400周年举办了一场盛大的展览,展出了费尔南·布罗代尔利用该档案馆的一些细节。档案馆的记录显示,这位法国历史学家亲自查阅过200卷资料,要走了6000份副本!

布罗代尔总是感叹历史学家调查史料的速度远远赶不上新史料发布的速度,历史学家总是竭尽全力而又无奈地跟在史料的后面追赶。但是,半个世纪之后,信息化、数字化所释放的巨大潜力,似乎给历史学家们提供了一个至少能够与史料并驾齐驱的机会。军事史家杰弗里·帕克讲述了自己的一次经历。他在西班牙塞维利亚西印度群岛档案馆调查档案时发现,该馆9000万页文件中的近一半已被扫描和数字化了。只要用电脑就可以调出这些文件,对每一页进行编辑,然后打印出来。帕克最兴奋的大概是:"即使是布罗代尔(布劳德尔——原文)也做不到的!"②

近年来,中国档案事业发展迅猛,档案利用条件不断得到改善。1996年,第十三届国际档案大会在北京主办,对中国档案开放的进程具有里程碑式的意义。据官方统计,截止于2005年,全国共有档案馆4012个,已开放各类档案6016万卷(件)。以北京市为例,市档案馆1996年首批向社会开放35万卷宗的档案,实现了零的突破,第二年接着开放36万卷。与此同

---

① 费尔南·布罗代尔著,唐家龙等译:《菲利普二世时代的地中海和地中海世界·第一版序言》,商务印书馆1996年版,第5—6页。

② 《西班牙历史学家杰弗里·帕克的主题演讲》,载国家档案局编:《第十四届国际档案大会文集》,中国档案出版社2002年版,第30—31页。

时,电子信息技术为中国档案事业的发展提供了新的机遇。2002 年,通过《全国档案信息化建设实施纲要》,加快数字档案馆建设的步伐。北京市档案馆也建立了网站主页:www.bjma.org.cn。据统计,截止到 2005 年年底,已经有 82 万余条记录以及 28 万页档案原文。可以在网上检索、阅览,已数字化纸制档案 44.6 万卷,共计 1700 余万页,约占馆藏纸制档案的 29.1%,完成了 80 余万画幅缩微档案数字化,约占馆藏缩微品的 10%,完成了全部声像档案的数字化。目前国内外读者均可从网上查阅到北京市档案馆馆藏档案介绍、档案全宗目录、期刊《北京档案史料》的目录和《北京档案》的全文等。其他各地档案馆也在采取类似的开放措施,实现 1980 年在伦敦举办的第九届国际档案大会上提出的"档案的普遍利用"的目标。

下面摘录北京市档案馆在网上提供的一个档案利用实例:

> 对票证颇有研究的陈先生告诉笔者,高级脑力劳动者补助油的发放时期及发放方式许久来说法不一:《北京粮食工作》一书中介绍"高脑油"补助每人每月 1 斤;《中国商业四十年》中记载,"高脑油"补助的始发日期是 1957 年 11 月 17 日,每人每月 1.5 斤。而根据北京市档案馆的票证展上所示,"高脑油"补助发行时间为 1954 年 7 月,每人每月补助 1.5 斤。孰是孰非,最有说服力的,便是当年的文件真本。
>
> 档案中,有关"高脑油"在北京市食油供应办法的文件中明确记载着:对高级知识分子,每人每月补助 1 斤至 1957 年 11 月,单位报粮食科取油票。自 1957 年 12 月 1 日起按每人每月补助 1.5 斤发专用油票,至 1965 年 1 月 1 日起取消。而 1965 年"高脑油"补助的取消在一定程度上反映了知识分子政策的变化,预示着一场政治风暴的来临。①

第四节 语言学(Philology)

一、识 字

要阅读文献,则先须识字,借助于语言学。语言学在中国古代被称为"小学",是根基之学,因为其主要功能就是识字。《汉书·艺文志·小学

---

① 来自 www.bjma.org.cn/Main.asp/档案利用实例,下载于 2005 年 8 月。

家》言:"古者八岁入小学,故《周官》保氏掌养国子,教之六书,谓象形、象事、象意、象声、转注、假借,造字之本也。"西汉开国之后,命萧何起草律令,对识字作了明确规定,据班固《汉书·艺文志》的记载:"太史试学童,能讽书九千字以上,乃得为史。又以六体试之,课最者以为尚书、御史、史书令史。吏民上书,字或不正,辄举劾。"

秦汉时期,方言学、文字学、词汇学和语源学发展起来,魏晋南北朝时期,汉语音韵学产生,元明时期,研究实际语音迎来了音韵研究的又一次高峰,至于清代,学者对语言学的重视前所未有,中国古代语言学进入全面总结提高阶段,传统语言学的各个领域都取得了丰硕成果。段玉裁的外孙龚自珍在《己亥杂诗》中说:"张杜西京说外家,斯文吾述段金沙。导河积石归东海,一字源流奠万哗。"称赞外祖父通过调查字的源流,进行合理阐释,使得各种争论都随之消散。

清代学者们普遍重视发音对于语言研究的重要性,钱大昕在给段玉裁的《六书音韵表》作序时说:"自文字肇启即有声音,比音成文而诗教兴焉!……古人以音载义,后人区音与义而二之,音声之不通而空言义理,吾未见其精于义也。"

虽然如此,与20世纪的语言学研究相比,清代小学又存在许多不足,其中最大的缺陷就是复古主义严重,不太重视对活语言的专门研究,相对轻视语言的实践性和应用性,将大部分精力投入到经学文献、先秦两汉文献的研究之中。20世纪,西方语言学研究舶来中国,引发"文学革命",最终导致新文化运动。中国的"语言学研究"也从小学发展为现代语言学。

王国维如何考释甲骨卜辞中殷代先公先王的例子,早在30年代便已成为经典,进入了史学讲坛,成为培养学生的范例。这里另举一例。《释牡》:"《说文》:'牡,畜父也,从牛,土声。'案:牡,古音在尤部,与土声远隔,卜辞牡字皆从丄,丄,古士字,孔子曰:'推十合一为士',丄字正丨(古文十字)与一之合矣。古音士在之部,牡在尤部,之尤二部音最相近,牡从士声,形声兼会意也。士者男子之称,古多以士女连言,牡从士,与牝从匕同,匕者,比也,比于牡也。"传统上对于"牡"字的声符有两种解释:土和士。王国维主张后一种,他的主要证据就是字音方面的考虑,辅助证据来自于意义,即士、牡都是指代阳性。今天看来,王国维引用孔子"推十合一为士"是错误的,但是这个考证程序本身,却并不误。

王国维在《毛公鼎考释序》中,曾经总结过如何识字的方法。他说:

顾自周初迄今,垂三千年,其迄秦汉亦且千年,此千年中,文字之变化,脉络不尽可寻,故古器文字有不可尽识者,势也。古代文字,假借至多,自周至汉,音亦屡变。假借之字,不能一一求其本字,故古器文义有不可强通者,亦势也。自来释古器者,欲求无一字之不可识,无一义之不通,而穿凿附会者,非也;谓其字之不可识,义之不可通,而遂置之者,亦非也。文无古今,未有不文从字顺者,今日通行文字,人人能读之,能释之,《诗》《书》彝器,亦古之通行文字,今日所以难读者,由今人之知古代,不如知现代之深故也。苟考之史事与制度文物,以知其时代之情状,本之《诗》《书》,以求其文之义例,考之古音,以通其假借,参之彝器,以验文字之变化,由此之彼,即甲以推乙,则于字之不可释,义之不可通者,必间有获焉,然后阙其不可知者,以俟后之君子,则庶乎其近之矣。①

这里总结了"识字"所应具备心态、知识准备和研究方式。首先,释读者应该具备平常心,要知道任何古代的撰述都是当时正常的表述,文从字顺,除了作伪者和某些特殊场合之外,几乎没有作者要创作出大家看不懂的作品来。但是,由于时代变迁,文字的使用方式发生了变化,致使现代人觉得难以理解,这是非常自然的事情。因此,既不要强求读懂所有的字,也不要放弃尝试,而是要从四个方面着手:知情状、明体例、通假借、晓字体。了解这四个方面分别有四种途径:(1)考察当时的史事、制度文物以知晓当时的社会背景;(2)根据《诗》《书》等有代表性的作品来探求当时行文的体例;(3)考证古代语音的规律来了解文字假借的原则;(4)根据金石碑铭这些实物来掌握字体书写方面的变化规律。如果从这四个方面着手,阅读必定会有新发现,而那些实在不能理解的文字,就留给后来人好了。

二、训 诂

借助于各种手段解释词义的学问,在现代叫语义学,古代人称之为训诂学,训者顺也,诂者故也,训诂就是使以前的文献阅读起来通顺,"训诂,谓称谓有古今雅俗之异,《尔雅》《方言》之类"。② 亚里士多德的看法与此十

---

① 均载氏著:《观堂集林卷六·艺林六》,第293—295页。
② 宋人王应麟语,转引自陆宗达、王宁著:《训诂方法论》,中国社会科学出版社1983年版,第2页。

分接近,他说,训诂就是解释异代、异地的词汇。古代的训诂学作品很多,就史部而言,有索隐、有传、有正义、有注、有集解、有笺、有考证、条理等等。

古代训诂学非常发达,留给现代语言学家大量的材料,可供总结。陆宗达先生曾经总结训诂的方法包括三个方面:因形索义,因声索义和比较互证。徐复教授总结为"比合"与"会通"。"比合者,寻绎文理而求其例,排比文例以求其义也"。是依据语法和文章之法,根据上下文,求索其含义,使得全文怡然理顺。"会通者,由此及彼,由表及里,因声求义,明其源流也"。① 是在比合的基础之上,根据语音的变化,知晓文字的演变途径,从而确定其词义。

陈寅恪先生更借助于周边地区的语言来训释古籍。其《元白诗笺证稿》中解释《阴山道》开篇一句话:"阴山道,阴山道,纥逻敦肥水泉好"。其中"纥逻敦"不好理解,作者说:"寅恪按:纥逻敦一词不易解,疑'纥逻'为 Kara 之译音,即玄黑或青色之义。(见 Radloff《突厥方言字典》二册一三二页。)'敦'为 Tuna 之对音简译,即草地之意。(见同书三册一四四十页。)岂'纥逻敦'者,青草之义耶?姑记所疑,以求博雅君子之教正。"

历史学家既要掌握训诂的技巧,善于向语言学家学习,又需要适当结合自己学科的特色有所侧重。邓广铭先生从事"稼轩词编年笺注"工作的时候,他的老师傅斯年曾经从这个角度有所建议。据邓先生回忆:"业师傅斯年先生曾告诫我说,最好能把书名中的'笺注'该为'笺证',亦即只把涉及稼轩词本事的时、地、人等考索清楚,把写作的背景烘托清楚即足;对于典故的出处则可斟酌其关系之重要与否,有选择地注出,而不必一一遍加钩稽;至其托化于前人诗词之语句,则注之不可胜注,自以一概不注为宜;各词写作年月,其明确易知者固可为之编定,却不应曲事牵合,强为系年,以免或失鲁莽,或失穿凿"。② 对于今天的历史学家而言,找出典故出处,要容易一些。一方面可以利用数字检索系统的帮助,一方面依靠工具书,大部分问题都可以解决。但是如何训释时间、地点、人物、名物、制度,从而理解当时的历史现象,其困难度却没有随时间的流逝而得到明显的改善。

19世纪以降,关于罗马共和国时期,存在以政治家阿非利加·西庇阿

---

① 徐复:"古文献研究丛稿序",载吴金华著《古文献研究丛稿》,江苏教育出版社1995年版,第2页。

② 邓广铭著:《稼轩词编年笺注(增订本)》,上海古籍出版社1993年版,第4页。

为核心的"小西庇阿圈子",已成定论,其证据主要来自西塞罗的相关论述,尤其是《论友谊》第 69 节中的一段叙述:

> Existit autem hoc loco quaedam quaestio subdifficilis: num quando amici novi, digni amicitia, veteribus sint anteponendi, ut equis vetulis teneros anteponere solemus. Quin in ipso equo, cuius modo mentionem feci, si nulla res impediat, nemo est quin eo quo consuevit, libentius utatur quam intractato et novo... sed maximum est in amicitia parem esse inferiori; saepe enim excellentiae quaedam sunt, qualis erat Scipionis in nostro, ut ita dicam, grege. Numquam se ille Philo, numquam Rupilio, numquam Mummio anteposuit, numquam inferioris ordinis amicis.

> 一个更为困难的话题:当新友被置于旧友之前,正如我们通常置新马于旧马之前那样……我指的是,就马而言,若无阻拦,无人喜用新马……这与俗人的友谊挺相似;但常有杰出之士,如果许可的话,我要说在我们的西庇阿圈子中,他从不觉得自己比斐洛、卢庇利和孟密优越,也从不觉得自己比出身卑微的朋友优越。

1935 年更有布朗撰写专著《西庇阿圈子研究》,将这个圈子追溯及于他的先人大西庇阿。但是,1991 年,傅斯哲撰文否定了这一圈子的存在,他的证据来自于语言学。在上述引文中,他发现"圈子(grege)"一词颇值得推敲,"这个词原指'一群鸟',指人的时候,引申为'群'。在西塞罗那里,两种情形都有。现代学者都认为这里的'grege'指'群'。但是仔细检核上下文,没有这个意思。"通过马的隐喻,西塞罗是想说明西庇阿迥异于侪辈:一群罗马政治家(grex of Roman politicians),而非某个希腊爱好者文人俱乐部。如果联系到"如果许可的话",那么这个词是一种隐喻的用法。在西塞罗看来,西庇阿独树一帜,较其他罗马人高明,但仍然将朋友当做与自己同样的人来对待。"因此,综合上下文,不能将它视为西庇阿圈子的经典表述。"①

1994 年,威尔逊发表了反驳文章,认为,"根据上下文,傅斯哲的释读得不到支持"。首先,在"grege"之前有限定词"我们的(nostro)",对圈子进行了限制,意在赞扬西庇阿。然后再看"如果许可的话"。根据《牛津拉丁辞

---

① Forsythe, Gary, A Philological Note on the Scipionic Circle, in *The American Journal of Philology*, Vol. 112, No. 3(Autumn, 1991), pp. 363-364.

典》,这句话表示轻微的致歉,在西塞罗那里,这句话很少有善意,通常是作为攻击的符号。虽然这里的使用是针对隐喻而言的,但是,更主要表示这个说法需要得到证实。进一步来说,上下文对傅斯哲的释读提出了严重的挑战。因为接着提及了四个人的名字,斐洛、卢庇利、孟密和西庇阿的兄弟。他们与西庇阿有亲密的关系,表明这里的一群(grege)不是泛指"普通的一群罗马政治家"。在第70节的开头,作者说道:"对所有的人都一样,正如,唯有当命运的力量追随美德的时候,才与自己的密友分享和交流(Quod faciendum imitandumque est omnibus, ut si quam praestantiam virtutis ingeni fortunae consecuti sint, impertiant ea suis communicentque cum proximis)。"友谊及于自己的密友,而非傅斯哲所谓普通的罗马政治家们。因此,"grege一定指的是一群特殊的人,不宜如此轻易地否定西庇阿圈子"。可能考虑到近年不少学者对于"西庇阿圈子"的历史真实性的置疑,作者的最终结论较为折中,他说:"虽然,'grege'不是指一伙普通政治家,但是,是否有明确的希腊爱好者圈子呢? 不能否认它的存在……可能最好的解决方式乃是,不必过于强调这个圈子,但是有这么一批希腊和罗马文人受到西庇阿的庇护,被尊称为西庇阿圈子。"①

傅斯哲的解释更有根据一些。至少在这里,西塞罗说的是:在我们这一群之中,有西庇阿那样素质的人。由于西塞罗与西庇阿相距百年,我们这一群不应该是实指,而是与马群相对应的泛指,意为在人类之中有西庇阿那样的人。但是,西庇阿的圈子是否真正存在,仅靠这一处引文是不能说明问题的。语言学的证据还得与其他证据结合使用。

三、翻 译

如果研究对象是异语言、异文化的文献,训诂就转化为翻译了。翻译(translation)源自拉丁文,"跨越"加"带走",从A地带到B地,从A群落带到B群落。古今的流变,空间的转换,使得翻译成为必要,巴比塔之前"书同文"的现象,毕竟只是人类的一种想象而已。严复当年揭橥的翻译信条是:信、达、雅,据钱锺书先生考订,这信条早在一千多年之前的三国时期,僧人支谦翻译佛经的时候,就提出来了。钱先生反对将信达雅割裂开来。

---

① Wilson, Joseph P., Grex Scipionis in *De Amicitia*: A Reply to Gary Forsythe, in *The American Journal of Philology*, Vol. 115, No. 2(Summer, 1994), pp. 269-271.

他说:"译事之信,当包达、雅;达正以尽信,而雅非为释达。依义旨以传,而能如风格以出,斯之谓信。支、严于此,尚未推究……译文达而不信者,有之矣,未有不达而能信者也"。①

钱锺书主张"广义的信",与卞之琳等人的主张一致:"艺术性翻译标准,严格说来,只有一个广义的'信'字——从内容到形式(广义的形式,包括语言、风格等等)全面而充分的忠实。这里,'达'既包含在内,'雅'也分不出去,因为形式为内容服务,艺术性不能外加……在另一种语言里,全面求'信',忠实于原著的内容和形式的统一体,做到恰到好处,正是文学翻译的艺术性之所在"。②

这是针对艺术性作品提出的要求,而对于学术文章,流行的观点,还是坚持金岳霖先生的"译意"。"就是把字句的意念上的意义,用不同种的语言文字表示出来"。他提出,"就知识底立场说,我们注重译意"。这是因为,"所谓知识,就内容说,就是我们所能思议的一片有结构的或有系统的真命题"。这种表达往往采取"陈述句子",翻译者注重的乃是"意念上的意义",如果意义与味道相冲突,则舍味而取意。因为"严格地说,味与命题不相干"。③

这两种有代表性的翻译主张,都是有道理的,翻译者需要针对不同的文体而灵活运用。如果是讲究"广义的信",那么翻译虽然还是翻译,但是,其创造性色彩较浓,针对译者个人的理解,可以有多种"味"发生,也从而有多种翻译的可能性和必要性。这一特点决定了同一文学作品,其译本可以多种并行,例如,《尼伯龙根之歌》,就有三种译本(1959年钱春绮译本,2000年安书祉译本,以及2005年曹乃云译本)。而号称天书的《尤利西斯》也有两种译本(萧乾、文洁若译本,金隄译本)。

在历史研究中,更多地采纳的标准是"狭义的信"。因此,除非出现了较多的重大的语法错误,历史学翻译作品,一般是不需要重译的。历史学翻译,属于直译(literal translation),重在准确,在上下文中把握作者所要表达的含义。因此,在建议如何翻译拉丁文的时候,苏特尽管主张"全面的信",

---

① 钱锺书:《译事三难》,转引自罗新璋编:《翻译论集》,商务印书馆1984年版,第23页。
② 卞之琳、叶水夫、袁可嘉、陈燊:《十年来的外国文学翻译和研究工作》,载《文学评论》1959年第5期,第54页。也可参见罗新璋编《翻译论集》,第654—655页。
③ 金岳霖:《知识论》,转引自罗新璋编:《翻译论集》,第463—466页。

"我们的翻译理想就是尽可能带来同原作一样的效果"。但是,针对具体翻译实践,他还是主张对"信、达、雅"分别加以考量。"首要的事情是考察查句子的所有部分,然后是整个句子,然后是全部意义。接下来,考虑如何用英文最有效率地加以表述"。① 切忌出现错误理解,即所谓的硬伤。罗伯特提醒大家说:"我发现,原始材料有时也具有欺骗性,如果不是特别小心,它们正好可以任人打扮……我不点名,至少最近有一次,通过上下文的铺垫,引用者将文意明显理解反了。我担心我们大家都会犯类似错误"。②

而同一个词汇,处在不同的上下文中,也会有不同的含义,要根据上下文,灵活理解、翻译。在评论《盎格鲁-撒克逊编年史》诸译本时,霍莱斯特说:"'Lithsmen'或者'lith',总是有些模糊。噶蒙茨维(Garmonsway)先生将它们视为近义词,通通译为'王室部队'。他扩充了这个词的意义,除了指代雇佣兵之外还用来指代受雇水手。而怀特洛克(Whitelock)女士则将'lithsmen'译为'水手',而将'lith'译为'舰队'。舰队通常指舰队中的人,但是,也还被用来指代歌德文森(Harold Godwinson)国王 1066 年率领的部队。这里译成'舰队'显然不合适。因此'舰队'和'王室部队'皆非完美译法。这是因为 20 世纪没有了'lithsmen',也没有描述它们的相应词汇"。③

第五节 校勘学(Textual Criticism)

一、校勘四法

对文献的阅读,必须建立在可靠版本的基础之上,好的版本对于准确、深入、细致理解文献意义重大。当年张之洞教导生员说:"读书不知要领,劳而无功;知某书宜读而不得精校精注本,事倍功半。"校勘之学,古称校雠,中国第一次大规模整理古籍的领导者刘向曾经对此作过界定:"雠校,一人读书,校其上下,得谬误为校;一人持本,一人读书,若冤家相对,故曰雠

---

① Souter, Alexander, *Hints on Translation from Latin into English*, New York: The MacMillan Company, 1920, pp.7-8.

② Robertson, D. W. Jr., *Essays in Medieval Culture*, Princeton: Princeton University Press, 1980, pp. xiv-xv.

③ Hollister, C Warren, Review on *the Anglo-Saxon Chronicles*, in *Speculum*, Vol. 37, No. 4 (Oct., 1962), pp. 665-667.

也。"书指抄本，本指原稿，校勘是在抄书、文献再生产过程中保证其准确性的一道工序。在现代，校勘学作为一门学科，是研究怎样校正勘误书面材料上的文字错误，以恢复古书本来面目为最终目的的学科。

在中国古代，校勘活动兴盛，但是对校勘的学理与方法进行系统总结的，却是现代人。1931年陈垣先生通过校勘《元典章》而总结出四种校勘方法。一、对校法。"即以同书之祖本或别本对读，遇不同之处，则注于其旁。……此法最简便、最稳当，纯属机械法。其主旨在校异同，不校是非，故其短处在不负责任，虽祖本或别本有讹，亦照式录之。而其长处则在不参己见。"二、本校法。"以本书前后互证，而抉摘其异同，则知其中之谬误。……此法于未得祖本或别本以前，最宜用之。"三、他校法。"以他书校本书，凡其书有采自前人者，可以前人之书校之；有为后人所引用者，可以后人之书校之；其史料有为同时之书所并载者，可以同时之书校之。此等校法，范围较广、用力较劳，而有时非此不能证明其讹误。"四为理校法。"段玉裁曰：'校书之难，非照本改字不讹不漏之难，定其是非之难。'所谓理校法也。遇无古本可据，或数本互异，而无所适从之时，则须用此法。此法须通识为之，否则卤莽灭裂，以不误为误，而纠纷愈甚矣。故最高妙者此法，最危险者亦此法。"①

校勘四法是根据校勘实践中校勘所据底本与可供核对的材料之间的关系加以总结而成的，自提出之后，为文献学界所公认，成为集大成性的研究成果。校勘四法凸显了好的校勘学成果所应该具备的主观和客观条件。在客观方面，就是要多收集版本，多搜罗可供核对的材料；主观方面要求具有通识，多识前言往行，善于贯穿众多材料。在20世纪，随着中外学术交流的增加，可供校勘的版本，也在不断增多，校勘方法，也在扩展之中。

二、校勘新法

其一，多语言版本与比较校勘。通过对同一文本的不同语言译本来勘谬正俗。陈寅恪先生在佛经翻译方面做过经典性的尝试。陈寅恪先生说："盖现在佛经之研究为比较校勘学，以藏文校梵文，而藏文有误，更进一步以蒙文校之，又核以中文或稍参以中央亚细亚出土之零篇断简，始成为完全

---

① 陈垣：《元典章校补释例卷六·校例·第四十三·校法四例》，氏著：《校勘学释例》，中华书局2004年新1版，第129—133页。程千帆先生有引申，参见《校雠广义·校勘编》，齐鲁书社1998年版，第415页。程千帆先生的这部书装订精美，是简明而深入的校勘学教材，颇便于初学。

方法。"①在翻译实践中,现代翻译家亦多用此法,帮助准确理解文意,特别是涉及对于原文理解有困难的时候,更需要根据其他文字的译本来校勘,以确定合适的译法。例如,吴永泉先生翻译古希腊学者色诺芬的作品《回忆苏格拉底》时采取的方式。他在《译后记》中说:

> 在翻译本书的过程中,除对照希腊原文外,还参考了Johannes Irmscher的德译本 Xenophon: Erinnerungen an Sokrates 以及 Sarah Fielding, E. C. Machant 等人的英译本。这些译本中相关部分常常出现差异,显然这与几位译者对于原文理解的出入有关,也有是由于他们所依据的原文版本不同而产生的歧异,对此,我在如何取舍上,都择要在注脚中加以说明。我这样做的意思是要向读者交代,原书有过不止一种的版本,或者虽是同一版本,原文有过这样那样的不同译法,借以开阔眼界,为进一步研究提供参考。

其二,出土文献与校勘。在20世纪,中国考古发掘获得重大进展,各种新出土文献和实物也有大量发现,为校勘古籍提供了丰富的新资源。例如关于贾谊《新书》,传统权威性本子,出自清代名校勘家卢文弨之手,借助宋版,校订了流行的本子。而马王堆出土的帛书和郭店的楚简都可以用来对卢本进行深入的校勘。卢文弨对《新书》的"六书"开篇一段文字进行的校勘结果如下:"人有仁义礼智信之行,行和则乐兴,乐兴则六,此之谓六行。(建本'信'作'圣',潭本作'行和则乐,与乐则六'。)"对建本和潭本他各有所取。然而根据出土的《五行》文献,可以发现卢文弨的这一校勘完全错误,其正解为:"人有仁义礼智圣之行,行和则乐,与乐则六,此之谓六行。"

客观方面的条件之外,主观方面的修养也必不可少。尤其是在缺乏确凿的版本依据的情形之下,在几种可能性中定其是非,选择其中之一,进行"理校"。

刘知幾的《史通》对于历史学家而言是一部十分重要的书籍,因为它第一次对中国史书的撰写提出了系统的总结和分析。但是由于沿袭六朝遗风,文字华丽,多用典故,加以转抄错讹,一向号为难读。自清代浦起龙作《史通通释》而大体可读。20世纪,学者们在浦说的基础上续有贡献。徐复教授的《史通校记》颇多新义,有些方法可以帮助理校。

---

① 《致傅斯年函》,载《陈寅恪集·书信集》,三联书店2001年版,第23页。

其一,根据典故进行校勘。

《浮辞》第二十一:"亦有开国承家,美恶昭露,皎如星汉,非靡涅所移,而轻事点尘,曲加粉饰。"浦起龙云:"靡涅,或作磨涅,俱未稳。"复按磨涅,语出《论语·阳货》,"磨而不磷、涅而不缁"。何晏集解引孔安国曰:"喻君子虽在浊乱,浊乱不能污。"磨涅二字连用,见《世说新语·赏鉴篇》刘孝标注:"张畅,字威伯,吴郡人,禀性坚明,志行清朗,居磨涅之中,无缁磷之损,岁寒之松柏,幽夜之逸光也。"文云非磨涅所移,谓非浊乱所能移也。

磨涅是一个典故,找出这个词汇的出处,理解其意思,然后放在文中加以理解,如果顺畅自然,则这一校勘结果可取。现在,有数字资源的便利条件,这种校勘工作应该轻松一些。随着科学技术的迅猛发展,校订者必备的主观条件,可以借助于机器而转化为客观条件。原本属于校订者本人素质之一的博学、博览群书,现在可以利用数据库而得到部分弥补。

其二,根据语法规则进行校勘。

《序传第三十二》:"夫自媒自衒,士女之丑行,然则人莫我知,君子不耻。"浦起龙云:"不耻,旧作所耻,误。"复按浦说失之,所字非误文。然则,本书多作然而解,改为不耻,非其义矣。

这段话是说,对于普通男女来讲,自己找对象、自我吹嘘,是丑事,但是,如果没有名声,君子(不)应该为此感到耻辱。徐复教授在这里根据语法规则进行推理,确凿有据。

其三,运用历史知识进行校勘。

还是上面的那个例子,浦起龙之所以犯错误,就在于忽略了古今差异。至少在唐以前,人多以不能显声扬名为耻辱。司马迁云:"君子耻没世而名不称",意思是要立功名,《三国志·蜀志》记载郤正作《释讥》,提到"身没名灭,君子所耻"。但是浦君的观念与此不同,他觉得不应该感到耻辱,根据自己的观念来进行理校,犯了历史错误,误将自己时代的道德观念强加到历史人物的身上,其校勘结果自然错误。

三、校勘"怪圈"

校勘虽然可以取得许多累积性的成果,改正错误,但似乎也没有完结的时候。从事校勘的学者们都承认存在一个"怪圈":"校书如扫落叶,随扫随有。"意思是说,校勘不可能一劳永逸地解决所有的问题,相反总是会有错误,甚至新错误发生。即便出现了权威性版本,也有可能还有大量的工作需要做,甚至出现新的权威性版本。

787 年拜占庭帝国召开"第二次尼西亚"宗教会议,决定崇拜偶像,并将相关决议通知西方加洛林王朝的国王查理。《加洛林书》(*Libri Carolini*,简称 LC)是查理命令下属起草的抗议文书,反对崇拜偶像。1924 年,经过巴氏特根编订的现代权威性版本,作为"德意志文献集成"之一种出版。其底本采自梵蒂冈所藏,编号为 7207,是当年查理送给教皇的文书原件。但是现存本子并非全本,缺前言、第一章目录、第一章第一节之部分,以及第四卷。原件上有过一些修改,瓦剌西(Luitpold Wallach)据此进行校勘。

这些修改是擦除原文之后,重新书写的,有几处还在旁边附加了简单的批注。由于擦痕较深,利用紫外线光技术,也无法辨识被擦除的内容,只能依靠校勘技巧了。首要的问题,这些擦改是否来自原作者并反映了查理国王本人的意见?结合批注来看,并非如此。例如,LC I.29 讨论教士的衣着问题,在所引《哥林多书》引文"着同情之衣(viscera misericordiae)"之后加注"多么奇怪(tota mire)",表示惊讶。作者本人不可能对这段引文表示惊讶,只能是编订者对原作者的这段引文表示惊讶,因为引文并非直接来自《圣经》原文,而是来自奥利金的《布道集·论〈出埃及记〉》(In Exodum, *Homilia*)。

其次,这些被擦掉的文字是什么?既然作者没有引用《圣经》原文,而是引用早期教父们的作品,那么找出这些引文的史源,加以核对,可以发现这些被擦掉的文字。例如 LC III.29:"在这里,通过(光荣地)登上王位,上帝荣耀扫罗,在上帝看来,他没有行不义,减损(属于)王位的荣耀(idcirco Saulem in eadem adhuc [dignitate] positum honorificat, ne Deo iniurium facere videretur, qui his ordinibus [inpertiendum] honorem decrevit)。"编订者在涂擦处写上"dignitate"(说明登基的荣耀),在页右边写下了"inpertinendum"。对照安布罗奇阿斯特的《答问录》,这里被擦掉的词是"traditione",强调王位的被授予性,而所添加的"inpertinendum"则在强调王位本身具有的荣耀。由此可见,编订者较原作者更加强调王权本身的权威性。①

---

① Wallach, Luitpold, "The Origins, Corrections, and Tironian Notes of the *Vaticanus Latinus* 7207", in Luitpold Wallach, *Diplomatic Studies in Latin and Greek Documents from the Carolingian Age*, Ithaca: Cornell University Press, 1977, pp.187-208.

由于原始手稿往往没有保留下来,恢复已失去原貌的文本的原貌的校勘之学,永无止境。即便是现代印刷作品,也还有校勘学的用武之地。英国版本学家不重视研究18世纪之后的图书,就是因为规范化的机器印刷工业推广,版本高度统一,使得校勘学多少无用武之地。近年来,版本学家们也开始注意到问题并非如此简单。根据1997年3月中国新闻出版署制定的《图书质量管理规定》,"图书编校的质量分级标准如下:1. 差错率低于0.25/10000 的,为优质。2. 差错率超过0.25/10000,未超过0.5/10000 的,为良好。3. 差错率超过0.5/10000,未超过1/10000 的,为合格。4. 差错率超过1/10000 的,为不合格。"这里本身就允许差错的存在,毕竟图书编辑是由人来完成的;在实践之中,不少图书的质量也未能达到"合格"水平,从而为版本校勘准备了大量的素材。

校勘是校勘者通过文本与作者展开对话,从而确定一个理想的"原始文本"。但是,理想性与原始性之间存在着不一致性,理想的词句不一定是作者的原话。校勘学家硕普说:"校勘学的基本问题是选择更佳的词汇还是原作者的词汇。"[①]正是这种不一致性,使得校勘过程非常曲折,导致"随校随有"的现象。为了解决这一问题,校勘学界一般强调"有疑则阙"的精神,不要轻易改字。吴金华教授断言:"远离怪圈的校勘,必然是有疑则阙、宁阙勿滥的校勘。"[②]这是针对个人校勘者而言的。

《圣经》校勘国际委员会采取了集体校勘的方式来避免这一怪圈。他们对各种可能的校勘选择进行投票。由四位委员组成的国际编辑委员会投票表决,如果对某种读法全体赞成,则用A加以标识,表示绝对肯定;如果有一人反对用B,说明比较肯定;如果对半开,则用C,说明不太肯定;如果相互之间意见分歧太大,连个初步的结论都不易得,则以D来表示。而真正做出选择,则由阅读者自己加以决定。

阅读书目:

陈寅恪:《元白诗笺证稿》,载《陈寅恪史学论文选集》,上海古籍出版社1992年版。

[①] Thorpe, James, *Principles of Textual Criticism*, California: The Huntington Library, 1972, p.6.
[②] 吴金华:《对"三国志"校勘问题的新思考》,载《中华文史论丛》2001年第4辑,第145—175页。

何炳棣:《司马谈、迁与老子年代》,载《燕京学报》2000年11月新9期,第1—20页。

吴金华:《对〈三国志〉校勘问题的新思考》,载《中华文史论丛》2001年第4期,第145—175页。

第六章
理解历史现象:现代辅助学科

阅读史料的过程,也是运用所读史料,解释历史现象的过程。历史现象都是在特定的社会结构和规范之中发生的,需要在当时的社会背景中加以理解,为此要研究当时的社会。研究历史上的社会,也就需要社会科学的帮助,甚至可以说,从阅读史料到理解历史现象,需要有社会科学作为中介。

不仅如此,由于作者特定的写作目的,他笔下的史料反映历史现象的能力具有偏向性。例如,宗教作家的文本,多半讨论信仰方面的问题,虽然会或多或少提到宗教之外的社会现象,但是往往反映这些现象的能力较弱。如果某个地区,某个时段,此类史料较多,而其他史料寡少,宗教以外的历史现象和社会生活的画面,都无法清晰地加以勾勒。这个时候,尤其需要利用社会科学来增加史料的效用。

盎格鲁-萨克逊早期的历史材料,主要源自于宗教文献。这些文献的作者并没有有意识地为其他社会生活提供资料,甚至对国王也没有专门的论述。只有当国王与宗教发生直接关系的时候,才顺便提及。要通过这些相对丰富的宗教史料,来反映当时的王权,就需要对史料进行重新认识。目前,许多研究者开始尝试运用社会科学的方法,将宗教现象还原为政治现象,将宗教叙事还原为政治叙事。将原本反映宗教现象的史料,发掘其反映其他社会生活的能力,显著提高了史料的效用。

历史研究是通过史料解读来理解历史上的社会,应该大力借助研究社会的社会科学方法和成果。将与社会关涉少的史料,当作反映社会的史料来用,挖掘其反映社会的潜力,尤其具有学术发展前景。依靠社会科学的帮助,这种前景会早日实现。"在历史类学科中最值得注意的关键问题,就是一种深层的动向,或者说地盘的扩大。在过去的几十年中,历史自觉地宣称自己已经成为完全意义上的科学,与那些社会科学更靠近了"。①

第一节　现代史学与社会科学

作为一个学科术语,社会科学的定义和内涵,并不明确。历史学是否属于社会科学,也有不同意见。《大英百科全书》"社会科学"条说:"社会科学是从社会和文化方面考察人类行为,它们包括:文化人类学、社会学、社会心理学、政治学和经济学。也经常包括社会地理学和经济地理学,以及讨论学习之社会背景和学校与社会秩序之关系的教育学。许多人视史学为社会科学之一种,历史研究的某些领域几乎与社会科学所做的工作无法分开。但是,绝大多数历史学家仍然将历史学当做人文学科之一种。无论如何,既然历史学的观察和手段渗透二者,最好将历史学看做人文学科和社会科学的边缘学科。"在法国,历史学毫无疑问地属于社会科学之一。"法国是将历史学视为一门社会科学的少数国家之一,在如下方面还有可能是唯一的国家:在这里,社会科学是在这一学科的基础之上被组织起来的,历史学家们是学科交叉的主要提倡者。"②历史学甚至被誉为法国社会科学的"皇后"。

在中国的学科分类体系中,根据1992年颁布的《中华人民共和国学科分类与代码国家标准》,历史学属于"人文与社会科学"。

历史学自诞生之日起,便是开放性的,对于所见所闻,皆纳入视野,加以载录,考究。作为"西方史学之父"的希罗多德也会同时被尊称为"人类学之父","地理学之父"等等;而中国的司马迁也是"穷天人之际,通古今之变",食货、平准、礼乐,几乎无所不包。在古代,虽然没有今天这样的学科分类,也有起着类似功能的知识分类或者图书分类,虽没有学科交叉,却也有知识类型的交叉。《隋书·经籍志二·史部总结》云:"夫史官者必求博闻强记,疏通知远之士,使居其位,百官众职,咸所贰焉。是故前言往行,无不识也,天文地理,无不察也,人事之纪,无不达也,内掌八柄以诏王治,外执六典以逆官政,书美以彰善,记恶以垂戒,范围神化、昭明令德,穷圣人之至

---

①　雅克·哈韦著,王毅译:《引言》,载联合国教科文组织编:《当代学术通观:社会科学和人文科学研究的主要趋势》人文科学卷上,上海人民出版社2004年版,第13页。

②　Lepetit, Bernard, Les Annales: Portrait de groupe avec revue, in Stuart Clarke ed., *The Annales School: Critical Assessments*, London: Routledge, 1999, Vol. II, p. 530.

赜,详一代之亹亹。"这是对理想史官的要求。史官要上知天文地理,下知人事,对于各种政府管理都要了解,美恶都要加以留意,阐明圣人的道理,记录一朝一代的兴衰。但是,在现实生活中,很少有这样的史官存在,而是由一群各有所专长的史官,在一起分工协作,联合起来,达成这一理想。

古代历史学家虽然强调博学和知识交叉,但是,他们往往对大人物参与之下发生的重大事件更感兴趣,而对于普通百姓的日常生活多有所忽略。所谓"举撮机要,专取关国家盛衰,系生民休戚,善可为法,恶可为戒者。"由于这种局限性,在现代中国史学兴起的时候,古代史学遭到了猛烈批评。梁启超感叹:"旧史因专供特殊阶级诵读故,目的偏重政治,而政治又偏重中枢,遂至吾侪所认为极重要之史迹,有时反阙不载。"而二百年前,伏尔泰也有类似的感叹,他说,如果想整理出人类精神的历史,"首先使我惊异的是,从卷帙浩繁的史籍中,我所得到的帮助微乎其微。"

但是,当代历史学家似乎也用类似的指责,责怪他们的前辈们。说他们研究各种琐碎政治事件,而忽略政治与社会、经济和文化之间的联系。自我欣赏,脱离社会现实,将历史学引到狭窄的胡同里。在批评旧史学的时候,将其不足之处放大,亦属自然。布罗代尔甚至要与19世纪传统史学决裂。但是,19世纪史家的作品也是丰富多彩的。以兰克而论,它利用的档案材料多为外交报告,因此能够突破以往从神学探讨宗教改革的视角限制,从心理学、外交学、政治学、财政学、法学等多角度切入,运用政治力量对比、外交政策目标分析、心理描写等手段,给教会史研究带来了崭新的变化。布罗代尔也夸奖兰克是长时段史学的前辈学者。随着心理学的发展,兰克的晚辈朗普雷希特主张用"社会心理学"取代兰克的"个人心理学",分析文化的演化。19世纪的史学一直在与时俱进,而引进社会科学方法,进行跨学科的综合研究,一直就是历史学家的自觉追求。

20世纪初期,梁启超就曾经面对社会科学的冲击为历史学家的未来做过设计,考虑到专门史与通史的差异性,主张由精通某专门的学者去做该专门史,进行精密的研究,在此基础之上,按统一的目标和共同的研究方法,组织人力,进行综合、贯通,编写出通史。他说:

> 今日所需之史,当分为专门史与普遍史之二途。专门史如:法制史、文学史、哲学史、美学史……普遍史即一般之文化史也。治专门史者,不惟须有史学的素养,更须有各该专门学的素养。此种事业,与其责望诸史家,毋宁责望诸各该专门学者……普遍史并非由专门史丛集

而成。作普遍史者须别具一种通识,超出各专门事项之外而贯穿乎其间。夫然后甲部分与乙部分之关系见,而整个的文化,始得而理会也。是故此种事业,又当与各种专门学异其范围,而由史学专门家任之。……虽然,生今日极复杂之社会,而欲恃一手一足之烈,供给国人以历史的全部智识,虽才什左、马,识伯郑、章,而其事终不可以致。然则当如之何? 曰,惟有联合国中有史学兴味之学者,各因其性之所嗜与力之所及,为部分的精密研究。而悬一公趋之目的与公用之研究方法,分途以赴,而合力以成。①

但是,20世纪下半叶,随着历史学自身的发展,社会科学的变化,"跨学科"带来了新挑战。历史学在19世纪所取得成果的基础上,不断拓展研究领域。从1958年开始,美国研究社会史的博士论文数量成倍增长,改革开放之后,中国社会史研究论著也有类似的变化。"世界各地历史学家的兴趣大规模地由描述统治者行为和政策的传统政治史转向社会史。"②

另一方面,发生了"社会科学革命"。19世纪的社会科学多用描述性语言进行研究,与历史学的方法大同小异。借鉴社会科学方法并不是什么困难的事情。但是到20世纪中叶,社会科学发生了崭新的变化。丹尼尔·贝尔宣称:"人们有理由把1945年到1970年当做一个单一的时期,在这段时期中,在学科、方法论和技术方面,以及在各种社会规划方面,展现了一系列的希望,标志着社会科学的时代已经到来。"③

经历过如此变革之后,各社会科学开始具有自己专门的、系统的、高深的方法和技巧,要想熟练地掌握某门学科的方法并学会运用,必须经过专门的学习和培训。"没有历史学家不能涉足的领域,但是历史学家应该获得要进入的特殊领域的方法和技巧。跨学科和交叉学科研究并非某个学术领域的专利。但是,每个学者必须利用他所选择的领域的技巧、术语和方法,不论其(与本专业)矛盾与否。"④新的变化,大大加剧了历史学家借鉴社会

---

① 氏著:《中国历史研究法》,夏晓虹主编:《中国现代学术经典·梁启超卷》,第258—259页。
② 彼得·伯克著,姚朋等译:《历史学与社会理论》,上海人民出版社2001年版,第21页。译文有语法调整。
③ 丹尼尔·贝尔著,范岱年等译:《当代西方社会科学》,社会科学文献出版社1988年版,第14页。
④ Wrigley, John E., Review on Russell Fraser, *The Dark Ages & the Age of Gold*, in *The American Historical Review*, Vol. 81, No. 1 (Feb., 1976), pp. 108-109.

科学方法的困难程度,增加了借鉴者的时间和精力投入。是否借鉴社会科学的方法,便意味着是否进行专门的学习,这对于专业的历史学家来说,便成为了一个问题。

虽然如此,历史学家还是秉持一贯的创新精神,采纳社会科学研究的方法,进行跨学科研究,给历史研究带来了深刻的变化。在对美国60年代史学发展的总结中,阿普尔比等三位历史学家说:"社会科学,尤其是社会学和经济学,长期以来就追踪人的行为模式,因此这些学科可为历史学家提供理论与模型。研究者有了结构严整的假设可检验,就能够花费数月,甚至数年时间去核算比较牙买加、巴巴多斯和弗吉尼亚三地黑人妇女生育率,或是衣阿华州某些县里佃农和自耕农的比率。新的研究方法也使历史学家得以放下出类拔萃领袖人物的彪炳功业,转而注意小老百姓的生活常态。由于新资料来源提供的数字多于文字,研究者不得不精通统计学。……历史学者向来是讲求特殊事例与个别情况的,此时却大谈重复出现的事,渐渐习惯用'规范''模式''过程''结构''组织''体系'等词汇。"[①]

借鉴社会科学方法,可以为历史学家提供观察历史的新视角,向原本幽暗的历史层面投射光亮。也可以为历史学家提供新的研究工具和方法,更有效率地利用固有史料,获得新的信息。还可以帮助历史学家从横向上综合考察历史社会,以便更深刻地认识历史上的继承和变化。

第二节 视野的拓展

随着新的社会力量兴起,社会日益趋向多元化。这种发展趋势,使得研究现实社会的社会科学,不断地发掘出新的角度、新的研究对象,从而开辟出新的研究领域,拓展研究视野。这些新变化或迟或早地反映到历史研究之中,给观察历史提出新的要求,提供新的动力和方法,刺激历史学家们从新的角度去发掘新的史料,进行新的研究。

丹尼尔·贝尔对1900—1965年全世界社会科学方面的革新项目进行了统计,他列举了62项革新,涵盖人类学、经济学、数学、哲学逻辑与科学

[①] 乔伊斯·阿普尔比等著,刘北成、薛绚译:《历史的真相》,中央编译出版社1999年版,第131—132页。

史、政治学、心理学、社会学等领域。与历史学关系密切的革新有：

1）社会不平等的理论与计量；2）官僚政治文化和价值的社会学；3）一党组织和革命理论；4）心理分析和精神分析心理学；5）相关分析与社会理论；6）渐进的社会变革；7）优秀人才研究；8）实用与行为心理学；9）革新在社会经济变革中的作用；10）格式塔心理学；11）社会计量学与社会图解学；12）社会过程的随机模型；13）苏维埃型一党国家；14）大规模的非暴力政治运动；15）政治与经济学中的社会福利功能；16）战争的定量数学研究；17）知识和科学社会学；18）定量政治科学和基本理论；19）功能主义的人类学和社会学；20）生态系统理论；21）因子分析；22）结构语言学；23）农民和游击队组织与政府；24）社区研究；25）文化与个性与比较儿童教育；26）专断人物与家庭结构；27）社会研究中的大规模取样；28）小集团的试验研究；29）国民收入计算；30）一般系统分析；31）态度调查和民意测验；32）运筹学与系统分析；33）民族主义和一体化的定量模型；34）经济发展理论；35）计算机；36）与社会理论有关的多变量分析；37）计量经济学；38）科学的认识动力学；39）经济系统的计算机模拟；40）人类学与社会学中的结构主义；41）社会政治体系的计算机模拟；42）冲突理论与不同和数的对策。

法国历史学家孚雷曾经说过："根据社会科学要求来改造史学所需的代价，是把主要的注意力转向潜伏在人的选择背后的因素，即制约这些选择的因素……分析深刻的趋势，比分析表面变化更重要，研究集体行为比研究个人意志更重要，考察社会和经济的规定性比考察政府体制或决策更重要。"[①]作为19世纪史学叙事的主要对象的帝王将相、民族国家，日益被置入到经济、社会、文化等集体性因素之中加以理解，历史学家日益从整体的角度来观察各种具体的历史现象，尽可能更加全面地恢复历史的原貌。下面试以13世纪西欧史的研究为例加以说明，具体途径就是比较相隔70年之久的两部剑桥中世纪史的章节目录（参见表6.1）。

《剑桥中世纪史》（以下简称为《旧编》）是由史学家伯里（J. B. Bury）按照《剑桥现代史》的模式加以策划，由魏特尼（J. P. Whitney）等人主编的一套丛书，凡八卷。1911年起开始出版，到1936年完成。1995年《新编剑桥

---

① F. 菲雷著，陆象淦译：《社会科学方法与"全面的历史"》，载蔡少卿主编《再现过去：社会史的理论视野》，浙江人民出版社1988年版，第84页。

中世纪史》(以下简称为《新编》)开始出版发行,2006年出齐,凡七卷。这一次,没有总主编,而只有分卷主编,每卷一人。"剑桥史"系列,旨在反映学术界的新变化,提供较为权威性的总结性论述,为读者提供全面的知识参考,可以较好地反映出史学界的新变化。作为中世纪盛期的13世纪,一直以来就是中世纪研究的重点,分别是《旧编》第六卷和《新编》第五卷的描述对象。

与旧编以民族国家为核心相比,新编更多地关注地域。两部剑桥史的章节数目、整体篇幅大体相同,《旧编》凡二十五章,而国别史占有十章,地区史才两章;《新编》的二十五章中,国别史五章半,区域史九章。《新编》的地理范围更加广泛,对《旧编》所忽视的边疆地区和邻邦给予了更多的篇幅,如斯拉夫地区、罗斯、条顿骑士团和东欧诸王国等。大大压缩了西欧诸王国所占的篇幅。以致有的评论者认为,它们遭到了不应有的忽视。《新编》的主编阿卜拉菲的专长就是地中海史,他试图反应"中世纪的地平面的扩充",强调不能"缺少对于远离法兰西岛地区的足够关注"。

超越民族国家,关注地域,使得非政治史章节的重要性凸现出来。《旧编》的主题"教皇制的胜利",不再出现,取而代之的是"约1198—约1300年"。《新编》主编承认:"一旦有多余篇幅,就增加欧洲和地中海的社会、经济和文化史方面的最新研究成果。"而且将通论性章节放在篇首。个人在历史上的作用也相应减弱。《旧编》章节标题中出现了10个人的名字,而《新编》中只有2人。对照参考书目,可以发现《新编》所反映的学术变化,例如,民族国家的兴起,正在被"民族认同"所取代,行政研究在被政策研究、政府治理、社区治理等所取代,而移民史、传播史和心态史等等新的研究成果大量增加。

新领域与新成果,离不开新学术研究群体的支持。《旧编》作者最为集中的来源是牛津大学,以致可以说"牛津史"而非"剑桥史"。但是在《新编》中,来自剑桥大学的作者有五位,而没有来自牛津大学的作者。而最大的变化是美国教授的参与。阿布拉菲说:"现在的剑桥史如果没有美国的撰写者参与那将是不可想象的"。[①] 而《旧编》没有一位美国学者的参与。

---

① *The New Cambridge Medieval History*, Vol. 5, ed., by David Abulafia, Cambridge:Cambridge University Press, 1999, pp. xvii-xviii.

表 6.1 新旧版"剑桥中世纪史"(第五卷)比较表

		《剑桥中世纪史》(1929)	页码	《新编剑桥中世纪史》(2000)		页码
副标题		教皇制的胜利		约 1198—约 1300 年		
章节安排	第一章	英诺森三世	44 页	通论	13 世纪的社会变迁	38 页
	第二章	士瓦本的菲利普和奥托四世	35 页		商业与交通	22 页
	第三章	弗里德里克二世治下的德意志	30 页		方言	14 页
	第四章	德意志的大空位时期	21 页		艺术与建筑	23 页
	第五章	弗里德里克治下的意大利和西西里	35 页	13世纪的教会	教皇制	58 页
	第六章	1250—1290 年的意大利	39 页		阿尔比十字军和异端	19 页
	第七章	英格兰:理查一世与约翰王	47 页		教与俗	23 页
	第八章	亨利三世治下的英格兰	33 页		教会与犹太人	17 页
	第九章	菲利普·奥古斯都与路易八世治下的法兰西	46 页		僧团	37 页
	第十章	圣路易	32 页	西方王国	大学与经院哲学	23 页
	第十一章	直到 13 世纪末的斯堪迪纳维亚诸王国	31 页		菲利普二世辞世至菲利普四世的加佩王朝	36 页
	第十二章	1034—1248 年的西班牙	29 页		金雀花诸王	45 页

续 表

		《剑桥中世纪史》(1929)	页码	《新编剑桥中世纪史》(2000)		页码
副标题		教皇制的胜利		约1198—约1300年		
章节安排	第十三章	(A)直到Prenyslids灭绝时的波希米亚 (B)1050—1303年的波兰 (C)1000—1301年的匈牙利	26页 17页 10页		勃艮第王国、萨沃依家族的领地及邻近地域	18页
					日耳曼与佛兰德斯	45页
	第十四章	中世纪的商业和工业	32页	意大利	北意大利	79页
					霍芬斯陶和安杰文家族治下的西西里王国	28页
	第十五章	北方城镇及其商业	23页	地中海边缘区	第四次十字军东征后的拜占庭	45页
	第十六章	教会组织的发展及其财政基础	31页		十字军	39页
	第十七章	中世纪的大学	43页		伊斯兰与地中海	38页
	第十八章	至约1300年的政治理论	32页		阿拉贡—卡塔罗尼亚家族的兴起	25页
	第十九章	至1215年拉特兰公会议的中世纪教义	65页		卡斯蒂尔、葡萄牙和纳瓦尔	35页
	第二十章	中世纪的异端与宗教裁判所:约1000—1305年	28页	北部和东部边缘区	蒙古人和欧洲	18页
	第二十一章	托钵僧团	36页		斯堪迪纳维亚和波罗的海边缘区	35页
	第二十二章	(A)教会建筑	11页		东欧	56页
		(B)军事建筑	12页		不列颠群岛的凯尔特人区	20页
	第二十三章	至1400年的战争艺术	14页			
	第二十四章	骑士制度	16页			
	第二十五章	中世纪的传奇传播	27页			
章节安排	附录	书目	35页		谱系表	8页
		年表	5页		书目	149页
		索引	62页		索引	63页

虽然内容的变化,并不如标题那么令人震撼,但是,中世纪研究加强学科交叉的趋势,仍然很强劲。"如果中世纪史研究立足于单一的史料,没有强烈的比较视野,或者考虑相关史料,这种研究是很难令人满意的。随着我们要解答的问题的增加和多样化,我们需要的技巧也在增加:人种志学,文学批评,视觉图像,都也成为中世纪史学家工具箱的一部分,要终生学习,有更为广泛的同事和朋友圈子来提建议,指正,或者共同进行研究。中世纪史家必须阅读广泛以便随时出牌,正是这种需要刺激了一些协作项目。"①

视野的拓展,不仅带来了新的问题,也给发现新的史料提供了动力。法国历史学家菲雷甚至认为,史料的多元化,是"新史学"的本质性变化。历史学"不再是只有某些事实才有资格入选的领域,相反,表面看来没有历史意义的一个举止,某家小饭店的菜单或者划分地亩的田契,一切都变成了历史……历史最终向一切语言开放了……也向十分丰富的多方面的现象和无数的事件开放了。某个年龄群体的人数的多少,某种婚姻法规,土地的结构,凡此种种都成为历史的资料。多少世纪来不变动的事实同那些变动的因素一样值得检验。"②

利用新的史料,以解决新的问题,往往会产生"方法创新压力",迫使历史学家去提出新的历史研究方法,尤其是计量方法的引入。美国社会科学史学协会就是在这种尝试中诞生的,"可以很公正地说,对于这个协会的早期会员来说,社会科学史学意味着计量史,利用统计数据去估计和评价,或者至少内含着计划分析和证据。"③这种新的分析工具的引入,固然会带来所谓历史学的"非人化",数据和结构往往取代人物成为写作的主角,但是,也确实为历史学带来了许多"坚固"的知识,为历史认识奠定"坚实的基础"。

---

① Rubin, Miri, The Middle Ages, or Getting Less Medieval with the Past, in Peter Burke ed., *History and Historians in the Twentieth Century*, Oxford: Oxford University Press, 2002, pp.11-12.

② F.菲雷:《社会科学方法与"全面的历史"》,陆象淦译,载蔡少卿主编《再现过去:社会史的理论视野》,第80—81页。

③ Monkkonen, Eric H., Lessons of Social Science History, in *Social Science History*, Vol.18, No.2 (Summer, 1994), pp.161-168.

第三节　新史料的利用:历史人口学

一、马尔萨斯与现代人口史

两百年前,英国经济学家马尔萨斯发表《人口原理》,从人口增长的角度来探讨如何改良未来社会。他假定生活资料的增长必定是有限度的,而人口的增长会随着生活资料的增加而迅速增长,有限的生活资料会以预防性抑制和积极性抑制的方式,阻止人口的自然增长。所谓预防性抑制,就是由于预期到增加人口行为带来的生活水平降低,而自动阻止该行为的发生,如独身等;积极性抑制,主要是针对最下层社会而言的,就是人口增长行为已发生,通过营养不良导致死亡率的增加来抑制人口的增长。由于较强的人口增殖力,人口必然总是被压低至生活资料的水平,为贫困和罪恶所抑制,使得实际人口水平同生活资料水平保持平衡。为了改善人们的生活水平,就需要在自由平等的原则之下,提倡储蓄,加强预防性抑制。

当马尔萨斯提出上述影响深远的人口理论的时候,他认为"应时刻记住,食物与制造品具有本质上的区别。制造后者所需的原料非常充裕,对制造品的需求有多大,就可以创造出多少制造品。但却没有同样的创造力来满足对食物的需求。"[①]马尔萨斯没有重视正在英国本土发生的工业革命,而正是这场革命所带来的工业社会,使得他的理论过时。虽然如此,对于前工业社会,马尔萨斯的人口原理,却有着深远的影响力,"新马尔萨斯主义",或"新人口主义",是解释前现代经济史的主要流派之一。具体检验马尔萨斯理论的适用性,就必须对前现代人口史有较为准确的数据重建。

在现代人口统计发生之前,各个国家都留下了较为丰富的人口数据,如中国历代王朝有关"丁"的数据,各地方史志中的人口总量数据,英国教区对施洗、成婚和下葬的登记数据,等等。这些数据的编订出自于当时的特定需要,"丁"本是为了征税而进行的统计,英国教区的记录,主要为了从宗教需要出发教化百姓。由于历史的变迁,这些数据存在许多遗漏、残缺,英国共有教区近一万个,但是,资料保存较为完整的仅有400个左右。这些局限性对利用者提出了极大的挑战。斯科费尔德(Roger S. Schofield)在论及欧

[①] 马尔萨斯著,朱泱等译:《人口原理》,商务印书馆1992年版,第36页。

洲死亡率研究的时候说:"方法论和涉及面的复杂性,阻止了研究者,加上数据难题,限制了这个领域的进展。"①

20世纪50年代,法国人口学家路易·亨利想了解在缺乏有意识的人口控制措施的情形之下,人口的自然增长规律如何。他利用诺曼底克鲁勒教区18世纪的记录,进行家庭重建,对生育率、死亡率和婚姻率尽可能做出准确而详细的计算,提出家庭重建模式。在家庭重建的过程中,需要提出一些修正措施和公式去弥补材料中的固有缺陷。例如,教区记录只有施洗数据,在将这一数据转换为出生数据的时候,就要考虑到出生日期与施洗日期之间的时间差。如果这一时间差较长,在高婴儿死亡率的年代,施洗数据就不能很好地反映出生数据。因此,有必要对此进行单独的研究。② 根据斯科费尔德和贝里(Midi Berry)对16世纪英国三个教区施洗数据的研究,可知有1/4的婴儿在出生之后三天内接受洗礼,1/2在五天之内,3/4在一周之内。由于婴儿死亡有一半发生在出生后一个月之内,其中绝大多数又在出生后的几天之内,因此,许多早夭儿很可能并没有接受洗礼。但是,许多父母似乎又对那些要夭折的婴儿提前进行洗礼,这种行为对数据又提供了一种校正。因此,有必要统计早夭和早受洗之间的关系。更为复杂的是,此类洗礼大多在家里举行,而对于它们进行记录的习惯又存在巨大的地区差异。

1951年布尔乔瓦-皮夏发明了一种方法,当婴儿出生第一年死亡分布情形知晓的情形之下,如何去区分内生婴儿死亡和外生婴儿死亡。内生婴儿死亡指因先天疾病死亡的婴儿,外生婴儿死亡则是因为外来打击或意外事故死亡的婴儿。皮夏发现,所有内生婴儿死亡现象发生于出生后第一个月内,而累计外生婴儿死亡总量与$\log^3(n+1)$成比例,其中n为一岁内婴儿的年龄(天数)。如果纵坐标代表累计婴儿死亡数,横坐标代表上述公式所得结果,代表不同年龄婴儿死亡总量的点呈线性分布或接近于直线。将连接线向左延长与纵轴相交,就可以将第一个月内生婴儿死亡数与外生婴儿死亡数区别开来。a—b代表内生婴儿死亡率,b—c代表外生婴儿死亡率

---

① Schofield, Roger, Reher, David *The Decline of Mortality in Europe*, Oxford: Clarendon Press, 1991. p. 2.

② Wrigley, E. A., Births and Baptisms: The Use of Anglican Baptism Registers as a Source of Information about the Numbers of Births in England before the Beginning of Civil Registration, *in Population Studies*, Vol. 31, No. 2(Jul., 1977), pp. 281-312.

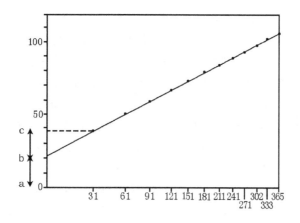

图6.1 婴儿死亡率估算,英格兰乡村,1905年
资料来源:Wrigley, E. A. , "Births and Baptisms: The Use of Anglican Baptism Registers as a Source of Information about the Numbers of Births in England before the Beginning of Civil Registration", pp. 281-312。

(参见图6.1)。有了这一方法,施洗与出生之间的缺失程度就可以得到初步估算了。

二、剑桥人口小组的研究

利用家庭重建,可以得出英国工业革命之前三个世纪的婚姻年龄、生育率和死亡率。分析表明,英国人口增长主要受到结婚行为变迁的影响。在整个17世纪,头次婚姻的年龄基本上保持稳定,在1700年之后,开始下降,起初较为缓慢,但在18世纪下半叶非常明显。头次婚姻中男性与女性的年龄差距在缩小,从18世纪前期的2.5岁减少到下半叶的1.7岁,男子头次婚姻的中位数从25.8降到23.2,女子的中位数从24.3降到22.0。家庭重建数据尤其适合于研究妇女生育。前工业革命时期,英格兰妇女的平均生育率保持在7.39的水平。各阶层的生育控制基本上没有什么不同,也基本上没有什么生育控制,生育率主要由妻子的年龄和婚姻持续时间来控制,初为人妇的年龄越小,怀上最后一个孩子的年龄也越小,反之亦然。1600—1649年的实际家庭规模为5.22人,1750—1799年为5.61人。1600—1649年存活到15岁的人为713‰,100年后为708‰。较低的出生率和死亡率导致了英国工业革命前人口的快速增长。①

家庭重建有助于对家庭开展微观研究,但往往局限于一个教区,如果一个教区一个教区地进行研究,工程量过于浩大。虽然电子计算技术可以大大减少录入的时间,数据分析也可以由此便利,但是,要想覆盖大规模的人口,还是不太现实。因此,对于人口总量的研究,这一研究方法的帮助并不直接。为了解决这一难题,剑桥大学人口与社会结构史中心的研究员们对罗纳德·李提出的"逆预测法"(inverse projection)加以改造,提出了能够更加充分地利用历史数据的"回溯预测法"(back projection)。

"逆预测法"就是以某个点为起点,顺时间方向对未来人口进行预测,但是假定人口为封闭状态,没有移民发生。在李格理(E. A. Wrigley)看来,逆预测法要求起始点准确的人口总数和年龄结构数据,而历史上的人口统计数据往往并不能满足这一点。因此,需要运用回溯预测法,不仅可以利用这些统计数据,而且可以通过估计移民的时期和队列,来解决移民人口的计算问题。②

回溯预测法是从某个已知点回溯,需要已知预测起点较为详细的人口统计数据,例如不同年龄组别的人口数、移民数量,还有预测期间的出生人数(可根据施洗数据得到)以及各年龄组死亡率(根据家庭重建资料得到)③等。

预测从假设移民数量为 0 开始。在此假设下,从 0—95 岁的人口可以分组表示为:

$$n_{i-1,t-1} = n_{i,t}/P_{i-1,t-1} \qquad i = 1,2\cdots k \qquad (1)$$

其中:n——每个年龄组别的预测人数

i——按照每 5 年为一个年龄段的分组组别,其中 0—4 岁细分为 0—1 和 2—4 两个组

t——预测起点

---

① Wrigley, E. A., & Schofield, R. S., English Population History from Family Reconstitution: Summary Results 1600-1799, in *Population Studies*, Vol. 37, No. 2. (Jul., 1983), pp. 157-184.

② Wrigley, E. A., & Schofield, R. S., with contributions from Ronald Lee and Jim Oeppen, *The Population History of England 1541-1871: A Reconstruction*, Cambridge: Cambridge University Press, 1989. appendix 15, pp. 715-729.

③ Wrigley, E. A., & Schofield, R. S., *The Population History of England 1541-1871: A Reconstruction*, appendix 14, pp. 708-714.

P——每个年龄组中可以存活到下一个年龄组的比率,简称存活率

但是,因为假设最后一个年龄组 k 组(91–95 岁)为 0 存活率,所以需要单独考虑:

$$D_{t-1} = \sum_{i=1}^{k} n_{i,t}(1.0 - P_{i-2,t-1})/P_{i-1,t-1} + n_{k,t-1} \quad (2)$$

其中:D——每一个时期的死亡人数

可以看到,P 值对于人数估计至关重要。可以先假定 P 值,求死亡人口数,与实际死亡人口数进行比较,估算出两种最有可能的 P 值,通过线性插值法(linear interpolation)获得 P 值。其他年龄组的 P 值根据预测数据的内部一致性,由下列公式得到:

$$\hat{P}_{t-j-1} = \left(\frac{\hat{P}_{t-1}}{P_{t-1}}\right) \cdot P_{t-j-1} \quad j = 1,2 \cdots k \quad (3)$$

人口总量公式加入移民因素,即前一期的人口总数减去移民数量等于当期的人口数加上两期之间死亡人数,减去出生人数,得到:

$$(N_{t-1} - M_{t-1}) = N_t + D_{t-1} - B_{t-1} \quad (4)$$

其中:M——每一个时期的移民人数

　　　B——每一个时期的出生人数

再根据(4)式,得到 $t-1$ 期的人口估计数:

$$\hat{N}_{t-1} = (N_t - B_{t-1} + D_{t-1}) \cdot N_t/(N_t - M_t) \quad (5)$$

移民数量的计算较为复杂。在已知移民总量的情况下,一般先假定各年龄组的移民比率,再根据估算的出生人口数量与实际出生人口之间的差,求出移民数据,并经过多次计算校正数据。

在回溯预测法中,每一步都得同时照顾到对未来人口和对过去人口的再认识。数据之间可能存在诸多的内在不一致,这种不一致要求最大限度地利用已知数据,进行重复计算。当靠近某个已有的"统计"数据的时候,该推算数据会更加可靠一些。

为保证回溯预测法的准确性,研究者使用北欧国家的数据对其进行了模拟检验、敏感度检验和实证检验,得到较为满意的结论(参见图 6.2)。

由于有 19 个五年一组的年龄群体(0—94 岁),真正的回溯计算会非常复杂,而且正如图 6.2 所示,预测数据的趋势价值高于其具体数值。但是,罗纳德·李指出:"此类方法可以很好地综合各种关于人口大小、存活率和生命表的外部历史数据,各种重构的数据和各种统计数据。有助于确定这些不同数据之间的一致性,为人口史提供更大的综合性细节,将各种分散的

信息资源整合为一个丰富的整体。"他认为,李格理和斯科菲尔德的回溯计算法在丰富旧故事方面是令人信服的,不是要改写这些数据,而是将旧故事在新数据的基础之上重新进行整合。验证结果表明,他们对总人口的估计,基本上位于此前各种估算的中央位置。通过他们的劳动,极大地丰富了英格兰人口史,新人口史严格依靠业已存在的各种外部统计数据,获得读者的信任。①

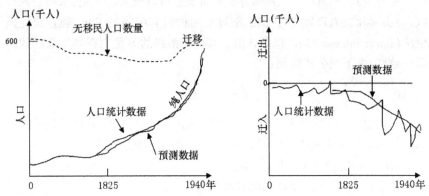

图6.2 斯德哥尔摩的人口回溯预测(1815—1940年)示意图

资料来源:Wrigley, E. A., and Schofield, R. S., *The Population History of England 1541-1871: A Reconstruction*, Cambridge: appendix 15, pp.715-729。

三、中国人口史的实践

人口史家对中国人口史数据进行了重新估算。由于中国的人口总量和地域面积广大,这项工作的难度远远高于英国人口史研究。各种估算结果之间存在较大的分歧,对于人口史规律的分析,也难以得出较为一致的结论。中国人口统计数据大体上分为三大类:丁额统计数据,乾隆后期的全国人口普查数据、方志中的地方人口统计数据,和家谱中的家族人口数据。基于这种事实,存在三种人口估算途径。第一种途径是在丁的基础之上,推算全国人口,何炳棣的《中国人口史》较为著名。第二种途径是根据家谱进行家庭重建和复原工作,刘翠溶等人的工作引发了广泛的效应。第三种途径

---

① Lee, R. D., Inverse Projection and Back Projection: A Critical Appraisal, and Comparative Results for England, 1539 to 1871. in *Population Studies*, Vol.39, No.2(Jul., 1985), pp.233-248.

是利用地方志,通过重建县、府人口总量,再推算全省乃至全国人口总量。曹树基受到美国学者施坚雅的启发,以县级数据为基础来分析人口密度、人口增长、家庭规模、性别比,以县为基础,以府为单位,重建各省的分府人口数。在分府数据的基础上,重建各省级人口,进而重建全国人口。他带领的团队收集了大约3000种地方志(每县至少2种),也包括来自其他资料的县级或府级户口数。他发现方志数据存在三个方面的缺陷:内容缺失、胥吏编造户口,毫无道理且毫无规律可循的错误。为了修正这些数据,他确立了三个基本原则:其一,在正常的情况下,一个地区如果没有遭受大的自然灾害、瘟疫、战争或其他特殊的生态变动,这个区域的人口应是增长的,哪怕是缓慢的增长;其二,在大致相同的自然环境和社会环境中,相邻区域的人口增长水平是大体一致的,在一个足够长的时间里,更可以看出这一点;其三,一般说来,除非区域间的自然条件、社会条件差异太大,否则各区域人口的性别结构、家庭规模是相似的。①

李中清领导他的团队,将清代盛京内务府户口册,以及清代皇族族谱《玉牒》作为统计资料的主要来源,进行个案研究,归纳中国清代的人口行为。李中清认为,这些材料都属于例外,并不代表中国普通农民的人口行为习惯。但是,通过一定的矫正,建立相应的数据库,设定一些基本的人口原则,可以得出一些具有普遍性的结论。

这些结论包括:溺婴与医疗干预为中国父母提供了两种强有力的手段,用来缩短或延长生命。中国的死亡率模式依情况不同——出生顺序、儿女性别、父母社会地位等——表现出很大的差异。与西方男性相比,中国男性并不具有更大的婚姻概率,但是中国男性独身,主要是由于女性的缺乏,即人口学家所称的"婚姻挤压"的结果。中国妇女的已婚生育率平均为5.5,低于西方妇女,这是因为晚生(结婚之后三年生第一胎),早停(33岁左右),以及生育间隔长(大于或等于3年),性别选择性的停止生育模式导致了最后一个孩子的男女性别比高达500/100。中国人口行为具有内生性抑制和外生性抑制。前者包括,如果不能实现婚内抑制,就采取溺婴手段,这样导致男女比例失调,男性独身或者较少结婚,也导致通过收养等措施接纳非真实亲属。而生育率与谷物价格成反比例关系,同样导致婚内抑制和溺婴,从而限制人口的增长,这是外生性抑制。在中国清代,经济机会带来人

---

① 曹树基著:《中国人口史:清代时期》,复旦大学出版社2001年版,第6—12页。

口大规模地向边境迁徙,导致环边式的人口高增长,而家族家长结婚早,有更多的孩子,当家长到中年的时候,与其他家庭成员的人口行为就没有了差别。这些独特的人口行为,源自于中国人的文化和意识形态,即中国的个人总是根据集体环境调整他们的人口行为,以使集体功效最大化,而非像西方那样,基于个人主义的考虑。①

运用现代社会科学方法,对前现代人口史的新近研究表明,马尔萨斯所持的人口规模与生活资料的总体平衡观是正确的。但是,不同历史时期、不同地区的人们,应对特定生活资料压力的方式是不同的。而且人口变迁的历史因为受到生物规律的影响,具有较为清晰的规律性,但是,人口如何与经济之间互相作用,则远未明晰,它们之间的互动,将是未来人口史研究的一个重要方向。

第四节 史学科学化:经济史

1983年耶鲁大学出版社出版了《哪条路通向过去?》,两位作者分别是美国经济史家罗伯特·福格尔和英国宪政史家杰夫里·埃尔顿。② 他们分别从各自的立场来写作,说明历史学向何处去。埃尔顿捍卫传统史学方法,而福格尔倡导计量化新史学。在第一部分,福格尔系统阐发了他所尝试的新史学与传统史学的差别。在他看来,计量史学的特征是应用社会科学的统计方法、关于人类行为的清晰模式,用能够经受严格检验并加以证实的方式,建构明确表述的假定。而传统史学聚焦于个体、特殊事件、特殊观念和不可重复发生的现象,主要依靠文献史料。即使关注集体现象,也很少利用明显的行为模式展开解释。计量史学家们则聚焦于集体现象,视历史学为社会科学的应用领域。

计量史学(Cliometrics),源自经济史学成长过程中一个独特的发展阶

---

① 李中清、王丰著,陈卫、姚远译:《人类的四分之一:马尔萨斯的神话与中国的现实1700—2000》,三联书店2000年版。

② Fogel, Robert & Elton, George, *Which Road to the Past? Two Views of History*, New Haven: Yale University Press, 1983. 罗伯特·福格尔(1926—   ),俄裔美国人。因为思考大萧条和世界大战给未来社会带来的影响,从物理化学转向经济学和历史。乔治·埃尔顿(1921—1994),德籍犹太人,1939年逃亡英国,1949年在伦敦大学大学学院获得博士学位,此后执教于剑桥大学。1953年发表成名作《都铎英格兰史》。

段。20世纪初,经济史学形成了两大传统,一个是理性主义或者中立主义,以约翰·克拉潘等人为代表,利用统计分析,就经济讨论经济史,较为专业化;另一类是政治性经济史,大规模应用社会科学理论工具,尤其是马克思主义理论,进行社会经济史分析,多关注社会、伦理问题,面向大众。由于将经济变迁置身于社会、政治变迁背景之中,政治性经济史拥有更为广泛的作者和读者。

1993年,荷兰历史学家万赞敦出版《荷兰经济的兴衰》,运用马克思主义经济分析理论,结合大量统计数据,探讨1500—1850年间荷兰商人资本主义的历史。他认为,商人资本主义是不同于工业资本主义的一种独立的经济形态。根据马克思的学说,利润的创造者是工人劳动者,因此,他根据工人劳动者的具体工作状况来区分商人资本主义和工业资本主义。假定:a)劳动力再生产成本水平;b)每日劳动时间;c)单位时间的商品产出;如果 $a < b \times c$,工业资本主义能够成立。如果 $a > b \times c$,那么商人资本主义成立,商人资本家会将工人工资成本转嫁给它周围的前资本主义生产方式,因此,商人资本主义与前资本主义生产方式的共存是商人资本主义存在的前提。

根据获得工人劳动力的方式,荷兰的商人资本主义采取五种方式与前资本主义生产方式共存。第一,在港口城市,劳动力的供给依赖于无产者移民;第二,在商人资本主义中心与周边前资本主义生产方式之间存在季节性民工流;第三,劳动力供给依赖于季节性移民流的原工业地区;第四,在边缘地区,前资本主义剥削机制得以保留,以极低的成本为世界市场生产;第五,如果边缘地区人口稀少,就使用输入的强制性劳工,例如奴隶。这五种方式的存在,依赖于四种重要变量:在边缘地区,它们分别是奴隶的价格和二元经济。在原工业地区,通过贫困化和技术改进促进生产的集中,足以演化到工业资本主义。最后一个变量是18世纪中叶之后,随着城市人口死亡率的下降,城市人口能够实现自我再生产。由于这些因素的影响,使得五种共存方式中只有原工业地区和商人资本主义中心直接发展到工业资本主义阶段。

作者虽然承认,要想证明工资水平低于工人的自我再生产成本,非常困难,但是,他还是利用大量的食物价格、日消费量等统计数据,推论商人资本家提供的工资不足以提供五口之家所必需的日平均消费。而技术性较强的手工艺工人的工资要高于普通工人工资,他们的消费导致物价上涨,从而带来实际工资水平的降低,给出口型劳动密集型产业,尤其是纺织业的投资者带来巨大的工资压力。而且,由于战争等经济之外的社会原因,利润的再分配向国债持有人倾斜,进一步加大了这一压力,使得商人资本家将办厂地点进行重新布置,导致1650年之后荷兰经济停滞不前。

原工业生产方式固然可以直接演化为工业资本主义,但是,还需要以商人资本主义与前资本主义生产方式特定的结合方式为前提。万赞敦借用了默克尔(J. Mokyr)提出的Z商品部门(Z-good sector)模型来分析季节性劳工流。由于此时各种生产的季节性比较强,面向海外市场的出口型工业也具有较强的季节性,因此,工业工资作为农业工资的补充,既不能高于农业最高工资,也不能低于农业最低工资水平,但能低于工人的自我再生产成本。而全日制工人则要求更高的工资水平,在比较优势下,商人资本家更愿意在农村设厂,雇佣季节性农村工人。反过来,要满足这种工资条件,工人也必须拥有小块农地。随后,作者对1830—1850年间特文特(Twente)地区的原工业进行了个案分析,构建模型,验证于整个荷兰原工业的地域分布,证明模型成立。

从原工业演化为大工业,既有成功的例子,也有不那么成功的情形。果洼(Gooi)地区的分化发生较早,转化也较早,但是,在商人资本主义控制之下,工资水平低于工人自我再生产的成本,而农业集中的情况发生较早,导致工人成为隐形失业,工资收入较低,身体素质很差,不利于向现代大工业顺利转化。

原工业向大工业转化的最佳机遇,依赖于机械化的推广,与工业资本主义同时发生,工人的工资水平高于工人自我再生产的成本,强健的工人体魄与高强度的工厂劳动同时出现。1850年之后,随着原工业向大工业的转化,荷兰经济进入起飞阶段,季节性劳工急剧消失,工资水平急剧上升,导致大规模移民向城市集中,定居下来,现代工业性劳工市场出现,1850—1900年,商人资本主义劳工市场机制终结。[①]

虽然经济史学一直在运用统计资料和量化分析。但是真正意义上的计量史学兴起于1957年。这一年,哈佛大学助理教授康拉德(Alfred H. Conrad)和迈耶尔(John R. Meyer)在美国经济协会年会上提交了《内战前的奴

---

① Van Zanden, J. L., *The Rise and Decline of Holland's Economy: Merchant Capitalism and the Labor Market*, Manchester: Manchester University Press, 1993.

隶制经济学》一文,用统计分析来说明奴隶制种植园的赢利性,挑战传统的奴隶制经营低效率说。此后,计量史学迅猛发展,对历史学领域的诸多传统结论提出质疑。

当迈耶尔和康拉德发表论文的时候,福格尔还在约翰·霍普金斯大学当研究生。他也怀抱质疑的态度,检验他们的研究结论,发现无法推翻。1968年他与恩格尔曼两人申请福特基金,决定度量奴隶劳动和自由劳动的生产效率,以及南方奴隶制农业与北方自由家庭农场的相对生产效率。在30位助手的协助之下,历时4年,走访南部所有档案馆,收集了25万个黑人材料,做成数据库,于1974年发表初步的研究成果,是为两卷本的《苦难的年代》[1]。

作者借用"全要素生产率的几何指数"模型,推导南方和北方的生产效率,利用"柯布-道格拉斯生产函数",衡量规模经济效应。并利用了帕克-郭尔曼(Parker-Gallman)组建的包括5000个农场和4万名奴隶的数据库,格雷(Gray)的种植园规模统计数据,和戈尔敦(Goldin)的城市奴隶需求弹性估算数据,来推算奴隶制种植园的产品、规模与地域分布之间的关系。利用等产量曲线来说明种植园暴力和工资的双重刺激机制,利用并改进伊斯特林(Easterlin)的人均收入地区差异估算公式,比较南北方的人均收入差异。通过这些数据分析,《苦难的年代》得出了如下一些结论:

(1) 南方农业比北方农业生产效率高35%。南方奴隶庄园比南方自由庄园高28%。而南方自由农庄比北方自由农庄高9%,奴隶农庄比北方自由农庄高40%。

(2) 南方农业存在规模经济。农庄规模越大,规模经济效应越大。中等规模的种植园(15—50个奴隶)比小种植园生产效率高15%,而大种植园比小种植园高23%。只有使用奴隶劳动,才会形成规模经济。10个人以下的农庄,11%的人口是奴隶,50—100个人的农庄,90%是奴隶,而多于100人的农庄,这一比例为94%。

(3) 南方也存在地区差异。总的说来,奴隶买入州,即新南方州,比奴隶卖出州,即老南方州,生产效率高29%;老南方州自由农庄的效率与北方

---

[1] Fogel, Robert, & Engermann, Stanley, *Time on The Cross: The Economics of American Negro Slavery*, London: Wildwood House, 1974. 此书凡两卷,此卷为结论,另一卷是资料数据库: *Time on The Cross: Evidence & Methods, A Supplement*。

自由农庄持平,而奴隶种植园比北方自由农庄高19%,新南方州的奴隶种植园比北方自由农庄高53%。

地区差异主要是因为土地特性和奴隶人口的再分配导致的。而后者又是由作物种植的地区结构调整引起的。传统的烟草和小麦适宜区在切撒匹克湾,随着棉花需求的增加,种植园向西迁移,到适宜种植棉花的阿拉巴马、密西西比、路易斯安那和得克萨斯。随着农产品的变化,农庄规模也在发生变化,大种植园的出现与棉花、甘蔗和稻谷取代烟草等作物相伴随。在1790—1860年间,烟草庄园的规模变化很小,内战前夕弗吉尼亚的奴隶种植园平均规模为18.8,而种植短纤维棉花的冲积地区平均为125人,黑土带棉花地最佳规模为50个奴隶,而密西西比冲积地区达到200个。汽船的推广、铁路的修建等技术改进也起了作用,但是1800年后最重要的农业技术改进在于管理,尤其是榨取大规模黑奴协作的经济潜力。有效的管理成为决定种植园最佳规模的主要因素。

(4) 奴隶主并不特别依赖工头,在中等规模的种植园,每六个中才有一个雇佣了白人工头,每四个大种植园中有一个雇佣了白人工头。甚至在超过100人的大种植园,也只有30%雇佣了白人工头。75%的没有工头的种植园,也没有其他男性承担类似功能,承担者只能是黑人。当时流行的对种植园管理难题的广泛讨论,只能说明种植园主特别关心所面临的管理难题,而不能用来证明管理的无效。通过讨论和交流,他们竭尽所能地按照工厂的模式来严格管理,进行分工、协作,既有带头人进行激励,又有协作人给予压力,互相竞赛,奖勤罚懒。作为普通劳动者和工作队长,黑人都有较高的工作能力。

(5) 黑人母亲在临盆之前还得劳动,而婴儿断奶很早,导致黑人婴儿死亡率高,3岁之前的身高,体重普遍低于正常水平,说明存在营养不良。11岁之后,有弥补性增长,到18岁之后,与正常水平相一致,20岁以后的预期寿命与白人相差无几。

(6) 黑奴的金钱收入,比自由农业工人高15%,换言之,他们实际上享受了规模经济的好处,大约20%的产品增加值。暴力和金钱是种植园不可或缺的经营手段,促使效用最大化,也减少奴隶反抗活动的发生。但是,每年每个成年奴隶所遭受的非金钱损失(机会成本)为75美元,整个南方奴隶一年损失超过9000万美元,而所获得的金钱补偿约为600万,净损失8400万。由于棉花价格低廉,棉花消费者受益最大,1400万美元,而奴隶主获得了 1000 万。因此,黑人奴隶制是生产廉价棉花的必要罪恶。

计量史学的研究表明,黑人的劳动能力与白人没有什么重大差异,对黑人劳动能力和劳动文化的偏见,主要源自于种族主义歧视。这种偏见之所以得以长期维持,福格尔等人认为,是由于历史学家长期以来,主要关注奴隶主对待奴隶的方式,忽略对奴隶制经济的具体研究,使得黑人劳动价值的真相长期不明。至于内战前夕政治家们如何利用这种歪曲,为发动一场内战做准备,又将福格尔的研究引入到关于具体历史事件的研究之中。

70 年代,计量化直接导致了社会科学历史学的出现,美国社会科学历史学协会应时成立,并且出版了《社会科学历史学》杂志。80 年代计量化的社会科学历史学得到了迅猛发展。以致有学者称,不懂计算机就不能成为历史学家。但是也就在这个时候,计量史学越来越技术化,也越来越关心现实问题,计量史学逐渐演变为"利用过去看现实",从而与社会科学各专业(经济学、人口学、社会学等等)联系日益紧密,与历史学疏远。虽然如此,计量史学的影响业已深入到历史学的实践之中,成为历史学家的储备技巧和方法之一,如果有合适的可资利用的史料,它将与其他分析工具一道,为历史研究得出更加全面的结论提供可能性。

第五节 历史发生学:结构、文化与事件

历史学家们对学科交叉并不陌生,所有的专门史,都必然意味着某种程度的学科交叉。但是在不同年代,由于特定的外部影响,和从业者知识结构的变化,学科交叉有不同的方式。1970 年"交叉史杂志"创办,编者题记中说:"二战之后,对历史学最为有益的刺激,是由其他人文和社会科学所提供的。"[1]20 世纪初期各国史学开始有意识大规模地利用社会科学方法重新观察历史,补充在 19 世纪整理史料过程中建立起来的宏大政治史叙事。梁启超、章太炎、朱希祖等人属于及时的弄潮儿,20 年代北京大学史学系也是进行这一尝试的最大试验场,随后登场的马克思主义史学,社会科学化规模更为庞大,也更为成功。

---

[1] The Editors, Interdisciplinary History, in *Journal of Interdisciplinary History*, Vol. 1, No. 1 (Aut., 1970), p.3.

马克思主义社会科学与马克思主义历史学大交叉的过程,形成了著名的"五朵金花"课题:汉民族的形成、中国古代史分期、封建土地所有制、农民战争和资本主义萌芽。其中关于古代史分期问题的讨论,学者们运用马克思主义历史唯物主义理论,考察中国古代社会的社会形态,发现中国古代历史整体演化的规律。古代史分期无疑是一个宏大的问题,涉及社会形态的方方面面,其中尤以生产力、生产关系、上层建筑为核心环节。历史学家们并不是纠缠于这些范畴本身,而是通过转化,将这些范畴转化为具体的历史发展要素,如生产者的身份,生产者使用的工具,等等。并将这些宏大的理论证明转化为历史考证。

如果认为生产力最终起决定性作用,那么,是什么代表生产力呢?是工具,是生产技术,是生产组织,等等。如果认为是生产工具,那么就对各个时期,各种生产工具进行考证、比较,技术史被纳入到历史学家的考察范围之内。马克思主义经济学、马克思主义社会学、自然科学和技术、马克思主义历史学就结合在一起了。

如果认为生产关系最终标志一个社会的性质,进一步可以假定决定生产关系的要素,例如人身依附关系,尤其是劳动者的人身依附关系;再如所有制,尤其是土地所有制;还可以是经营方式,等等。如果认为生产者的身份至关重要,接下来就对史料中的劳动者的身份进行确认,包括法律上的身份和实际生活中的与其他人的关系。于是马克思主义社会学、马克思主义法学等相关社会科学方法进入到历史学家的工作坊。例如,文献中的"众""庶人","西周封建说"认为其身份为农奴,而"春秋战国封建说"则当他们是"奴隶",因此,商周社会只能是奴隶社会。

如果认为生产力、生产关系、人身依附等等,最终要通过法律制度确定下来,为此要求证于法制史。围绕法典条文,研究法典的编纂、法典的执行、法典的修正等方面,结合马克思主义法学,马克思主义社会学,历史学家卓有成效地进行学科交叉研究。因此,从学科交叉的角度来看,关于古代史分期的研究,也是从各种学科的角度,结合历史材料,进行综合性分析。

利用社会科学研究历史,难免会偏重于历史的结构,强调社会集团,重视历史发展中的必然性,而相对忽视偶然性的意义,忽略对历史事件和人物的细致分析。这一偏颇导致一些评论者认为新史学否定了叙事史学。1979年勒华·拉杜里的论文集《历史学家的领域》被翻译成英文出版,在对这部书的评论中,吴德说:"这些论文透露了一个明确的信息:叙事史,事件史过时了,新史学在取而代之,这是结构史,对人与产品之间长时段关系的量化研究,是它们赋予事件以意义。"①这部作品的第四部分,冠名为"无人的历史:作为研究新领域的气候",被英国历史学家劳伦斯·斯通引用了前半截,表明新史学家的研究取向。从此,这个断章取义的术语,广为流行,成为对新史学的控诉。

在批评新史学之后,劳伦斯·斯通提出:从分析型史学重新回归叙事型史学,从社会经济结构回归到文化,甚至可以说从集体对象回归到个体对象。据他分析,这种新趋势之所以发生,其原因是多方面的,第一,新史学并没有取得预期的成果,建了不少数据库,但是对最终解决历史问题帮助不大。第二,意识形态这根弦松弛下来,经济决定论的破产,使得马克思主义不再成为关注的焦点。第三,权力的影响力再次受到重视。据此,斯通推断:代替"新史学"的,将是叙事的复兴。这种复兴的叙事史,也不是传统的那种叙事史,而是基于结构分析之上的叙事史,即所谓"新型旧史学"。他活用特福—罗珀的话语提出,如果"新史学"强调人类生存于环境之中,新型旧史学则聚焦于环境中的人。②

历史学家们本着开放的心态,依靠史料,融会各种视角和方法,开拓和深化历史学的领域。周锡瑞教授所著《义和团运动的起源》(以下简称《起源》),③综合运用马克思主义理论、社会学、人类学、经济学与历史学方法,从史事,到结构,以文化扭结二者,最后上升到历史认识论的层次,阐释了历史发生学方法。

《起源》旨在"客观地理解运动的源流、时代背景、发生的原因以及运动发展的逻辑性。"因为以往研究"热衷于寻亲,而忽略了对义和团运动的固

---

① Wood, Curtis W., Jr., *Review on The Territory of the Historian*, in *The History Teacher*, Vol. 13, No. 4(Aug., 1980), p.613.

② Stone, Laurence, The Revival of Narrative: Reflections on A New Old History, in *Past and Present*, No. 85 (Nov., 1979), pp.3-24.

③ 周锡瑞(Joseph Erichrick,1942—),美国加州人氏,1971年获得加利福尼亚大学伯克利分校博士学位。1980年到中国山东访学一年,收集有关义和团运动的材料。1987年发表《义和团运动的起源》。周锡瑞自称为激进派学者,他说:"我认为自己是个激进派中国学家,对中国革命及其历史进程表同情之理解。在20世纪60年代我了解到任何学术都与政治有拆解不开的联系,同时,我觉得做激进派学者无损于'客观性',因为历史学是对人类经验的研究,这种经验的变迁性使得任何优秀的历史研究都永远是激进的历史学。"

有逻辑及其发展规律的解释。"①借鉴社会科学的研究方法,可以发现"逻辑"和"规律",解释"为什么?"

周锡瑞将课题紧紧地围绕一个具体的历史问题:"使我感兴趣的并不是仪式的始祖,而是它为什么会在1899年至1900年间如此迅速地传播开来。"为此我们面临以下几个基本问题:"即如何解释义和团运动发生的地点、时间和形式。"(第6—8页)

地点方面。通过社会经济史的分析,可以解释为何义和团首先出现在鲁西。既然义和团运动是一次反洋排外的运动,那么义和团运动本应该发生在洋人势力最为猖獗的"胶东和烟台",而非鲁西。看来洋人的侵扰引起了不同地区的不同反应,才是问题的症结之所在。"为了回答这个问题,我对19世纪末山东地方的社会经济和社会结构做了比较详细的研究分析,从中可以看到鲁西地区在下面几个关键方面表现突出:贫穷,商业化程度低,对自然灾害反应敏感,士绅阶层弱小,习武之风盛行。对鲁西地区做了进一步划分之后,我又发现鲁西南与鲁西北地区之间的重要差别。鲁西南社会结构中存在着一个牢固的乡村地主阶层,村社内部凝聚力强。这一社会结构的形成与抵御当地活动猖獗的盗匪活动有紧密联系。对比之下,鲁西北社会比较开放,相对平均,这与该地区经常遭受自然灾害造成的人口流动有密切关系。它们区域性的差别有助于说明义和团起源过程中扮演重要角色的鲁西南大刀会与鲁西北神拳的不同。"(第8页)

时间问题。周锡瑞的处理相对简单,还是将其归结为帝国主义瓜分中国所带来的民族危机时刻,认为是教民冲突点燃了这次运动,这里涉及宗教史的研究方法,也更多地运用了传统的历史叙事的方法。

为什么要采取义和团的形式呢?研究者长期忽略了义和团的独特形式,而误以为是拳民斗争的直接发展产物。其实,特定的拳民练武形式,反映了拳民的组织形态,和传播方式,间接地映射着特定地区的社会结构形态,从而限制官府的反应策略的效果。1899年秋季,鲁南地区的济宁地区发生骚乱,"在平息鲁南地区的所有这些骚乱中,毓贤的政策发挥了效用……整个鲁南地区的社会安定得到恢复并持续下来。为何会产生如此的结局呢?我确信,答案在于该地区的社会结构和拳会的性质。同1895—1896年间大刀会

---

① 氏著,张俊义、王栋译:《义和团运动的起源》,江苏人民出版社1998年版。中文版前言,第6页。以下引文但注明页码,不另出注。

活跃之地曹县和单县地区一样,济宁地区农业繁荣。若是有区别的话,那里乡绅地主的势力甚至比曹州的还要强大。尽管拳民们能加入团练,但控制权仍保持在乡绅的手中。……毓贤采取的宽大说服政策之所以奏效,正因为它针对的是这样一个群体。"(第240页)

然而同期在鲁西北兴起的神拳运动,却与此不同。具有特定的形式:请神吞符和刀枪不入。在周锡瑞看来,朱红灯擅长治病,被认为是秘密宗教首领,心诚和尚武功高强,据说能够刀枪不入,他们两人对神拳的变化显然起了重要的影响。神拳部分地来自于民间秘密宗教,但最终又不同于秘密宗教,它有"降神附体的群众化",这一点对于鲁西北的穷苦村民来说,无疑具有极大的吸引力。加上1898年黄河发大水,使得神拳得以迅速传播开来。严重的自然灾害,外国列强的威胁,教民的横行霸道,省内其他地方反洋教活动,构成了神拳迅速传播的社会环境。

虽然"部分问题可以从大刀会与神拳所反映的鲁西南和鲁西北的社会结构中找到答案。但社会结构并不能完全解释这一问题。从理论上讲,我们面临的一个基本问题就是探讨稳定的社会结构与变动的历史变化之间的关系。在稳定的社会结构和剧烈的历史变迁中,寻找到内在的合理的理论联系。"作者将眼光转移到了民间文化的层面上,正是民间文化,提供了结构和历史变化之间的连接纽带。"他们将民间宗教的符咒、跳神、武术和气功以及民间戏曲中的英雄、好汉、神话人物统统综合起来。所有这些因素都是老百姓喜闻乐见的……它们来自生活,极易模仿。这也是为什么义和团兴起迅猛、又带有'自发'色彩的原因。"正是基于其组织性不强,采取民间文化作为实现媒介,因此,一旦遭到大规模镇压,义和团的崩溃又是那么的迅速。而一盘散沙、溃泻千里的原因,正在于组织不严密。(第10—11页)

最后,作者从这项个案研究之中,上升到历史学方法论的层次,以"打破'起源偶像'"为题,结束全书。他借用法国历史学家马克·布洛赫的一个观点:"史学界对'起源偶像'的职业迷恋——'依据非常遥远的过去来解释近事',"说明不能把"始祖与解释混淆起来"(第361—362页),因为"与其说一位儿子像他的父亲,不如说更像他的那个时代。"

"要了解义和团运动的起因,必须得分析当时的环境,即山东西部的社会结构与社会精神,以及20世纪前夕国际、国内的政治形势。"但是,研究社会运动的历史学家主要关心的是解释"事件"。他必须在结构与事件之间的空白中架设一座桥梁。结构是相对稳定的,可以用经济学、社会学与人类学的语言加以描述。历史演变的进程则是剧烈和动态的。在我们这个题目中,我们必须解释,在19世纪的最后几年间,义和团的这种新的、扩散性强的信仰和仪式是如何在华北平原的农民中获得大批追随者的呢?为此需要研究民间文化和民间宗教。在看戏和演戏的庙会上,义和团运动这出社会剧上演了。(第362—379页)

过去社会的结构,往往通过事件表现出来,特定的历史人物在特定事件中利用文化回应结构的压力,创造新文化,也为结构的变动提供了动力。相应地在史料学上,特定的突发事件,使得反映社会结构的史料大量出现,历史研究可以同时面对事件、文化和结构。要解释结构,理解文化,就得借鉴社会科学,借助于社会科学的方法,解释过去的社会结构和文化。由于社会科学舍弃了许多具体的、特殊的现象,而聚焦于带有规则性的人类行为模式,与优先关注特定历史发生的历史学,存在一定的矛盾。矛盾的存在,使得历史研究更加具有张力,也更加彰显其美,要想避免顾此失彼,需要紧密地依赖于史料,利用社会科学的方法,观察历史上的社会。与此同时,通过关注历史事件的具体发生过程,解决历史发生学问题。也实现社会科学方法的史学化。

阅读书目:

雅克·勒高夫等主编,姚蒙编译:《新史学》,上海译文出版社1989年版。

乔伊斯·阿普尔比等著,刘北成、薛绚译:《历史的真相》,中央编译出版社1999年版。

Stone, Lawrence, "The Revival of Narrative: Reflections on A New Old History", in *Past & Present*, Vol. 85 (Nov., 1979), pp. 3-24.

雅克·勒高夫等编,郝名玮译:《史学研究的新问题新方法新对象:法国新史学发展趋势》,社会科学文献出版社1988年版。

周锡瑞著,张俊义、王栋译:《义和团运动的起源》,江苏人民出版社1998年版。

第七章 考　据

第一节　考据之缘起

一、说考据

1931年胡适给北京大学哲学系毕业生写下临别赠言:"你们能做个不受人惑的人吗……我这里有一件小小的法宝,送给你们带去做一件防身的工具。这件法宝只有四个字:'拿证据来!'"胡适还经常说:"有一分证据说一分话,有七分证据不可说八分话!"在他看来,现代学术研究颇类似于律师辩护、警察破案,这些事项的工作程式都是针对一个特定的问题,去搜集所有的证据,无论其正反,经过逻辑推理,得出一个初步的结论,以便说服"陪审团""公众"和"同行"。"没有证据,只可悬而不断,证据不够,只可假设,不可武断,必须等到证实之后,方才可以算作定论。"①

从历史学的角度来看,将阅读所获取的信息转化为证据就是考据,其根本目的在于探知该信息的原意,并确定其真实性。顾颉刚先生说:"按'考据'两字的本义来说:'考'就是研究,'据'是说有根据。""就是史料的考订,研究历史所凭的是史料,对史料又不能不加以审查与考订。史料好似历史的组织细胞,史料不完备或是不确切,则无复历史可言。史料是主观的记录,考订却是客观的审查,要以客观的精神,分析主观的材料,求出一个正确

---

① "胡适给北大哲学系1931年毕业生的临别赠言",http://www.taosl.net/cn005.htm. 下载于2008年1月。

的答案,然后自会有正确的历史。古人说'下学上达',考据即是下学的功夫。"①

在傅斯年眼中,考据的应用更加普遍,也更加简单。他说,所谓考据就是比较,对于同一历史现象出现了两种以上的说法,就需要对它们开展比较。因此,从逻辑上讲,考据的前提是必须有两种以上的说法,否则无法比较,也就无法辨别其真实性了。

史料的产生是历史性的,具有特殊性,它是特定的人物在特定的时间和地点制造出来的,又可以反映特定的人、地、时和事件。因此,考据便是从上述两个角度来展开,第一类工作是针对史料的制造,研究者需要确定其被制造的年代、作者及史料价值;另一类主要针对史料的功能,通过比较类似史料来确定它们反映历史现象的能力。

考据是史学家的基本技巧,高明的历史学家总是会尽可能地将宏大的理论问题,转化为证据问题,从而通过考据加以证实。反过来,也可以通过对具体史实的考据,有意识地上升到宏大问题,做到小题大做。

由于考据是通过比较证据来实现的,因此,要求考据者收集尽可能多的证据,考据是以史料收集为基础的。考据的目的,除了判断"对错",提供可靠的知识,还要还各种说法以本来面目。从不同史料,追溯到它们的提供者,通过揭示史料的产生机制,更进一步找到它们所代表的不同利益集团,从而再现当时复杂的形势。

考据是历史学家的基本技能,在学术研讨中应用广泛,也是在学术竞争中成长起来的。对于某一问题的研究日深,则对于考据的需求越迫切。据《汉书·两夏侯传》记载,夏侯胜以经术见重于当世,也自认为明了经术,但是他的侄子夏侯建却与他的治学风格不相一致,发生分歧。夏侯建喜欢广泛征引,详细地考证。夏侯胜对此颇不以为然,认为他讲求字面意思,忘记了字面背后重要的道理。是"章句小儒,破碎大道"。但是夏侯建也不甘示弱,批评叔父的学问比较粗疏,难以与人辩论。"为学疏略,难以应敌"。考据适应辩论的需要而兴起。

---

① 顾颉刚讲、李得贤记录:《中国古代史研究序论》,载《文史》2000年第四辑,第12页。所谓"下学",据上下文来理解就是研究个别的小问题,顾先生说:"近来反对考据的人,以为考据支离破碎,不能见其大。殊不知先要有支离破碎的零星工作,然后才能理出一个整体;先解决了许多小问题,然后才能解决大问题。"

二、中国考据传统

　　检索电子版四库全书,可知最早的"考据"字眼出现在东汉末年蔡邕的集子《蔡中郎集》卷二"宗庙迭毁议"中,这篇文章探讨祭祀祖先的仪式,是否应该将七世以远的祖宗的牌位抬出宗庙。其中说道:"时忠正大臣夏侯胜犹执议欲出世宗,至孝成帝议犹不定;太仆王舜、中垒校尉刘歆据经传义,谓不可毁,上从其议。古人考据慎重,不敢私其君父,若此,其至也!"从蔡邕的用词来看,考据也已是个非常成熟的术语了。汉初的司马迁,固然没有使用这个术语,但是,用了另外一个词汇:"考信",他说:"夫学者载籍极博,犹考信于六艺。"与蔡邕所使用的"考据"意思基本一致。至于司马迁所谓的"考信",他还有具体的说明:

　　　学者多称五帝,尚矣!然《尚书》独载尧以来,而百家言黄帝,其文不雅驯,荐绅先生难言之。孔子所传宰予问《五帝德》及《帝系姓》,儒者或不传。余尝西至空峒、北过涿鹿、东渐于海、南浮江淮矣!至,长老皆各往往称黄帝尧舜之处,风教固殊焉,总之不离古文者近是!予观《春秋》《国语》,其发明《五帝德》《帝系姓》,章矣!顾弟弗深考,其所表见皆不虚。书缺有间矣,其佚乃时时见于他说。非好学深思、心知其意,固难为浅见寡闻道也。余并论次、择其言尤雅者,故著为本纪书首。

　　在这里,司马迁强调了考信的三个方面,第一,要敢于面对混乱不堪的史料,有决心解决它,为此须好学深思;第二,重视实物和口传证据;第三,要博览群书,收集证据,进行比较。

　　南北朝时期裴松之的《三国志注》是非常有名的早期考据作品,宋代吴缜的《新唐书纠缪》,司马光的《通鉴考异》,都是杰作。到了清代,考据学成为学术正统,在学术史上,被称之为"乾嘉考据学"。

　　在清代学者眼中,考据文章的特征是"考证欲其详";考据的内容是"参互而辨定之";考据文章的结果是"有据之言先立于不可败也";考据文章的直接功能是争论终结者,"至今遂无异说";考据的间接功能是"有功于作史";考据与历史撰述功用不同,而相辅相成,共同构成历史学:"史之为道,撰述欲其简,考证则欲其详"。

　　民国初年,到海外访学归国的学者们,引进西方现代考据学,将它嫁接到清代考据学,使得考据学进入到一个新的时代。

三、西方考据传统

在古典希腊时代,历史学家们用目击证人,进行调查研究,取舍史料,大史学家修昔底德在这方面堪称典范。他说:"大多数人不用批判的方式去处理所有的传说——就是对那些和他们本国有关的传说,他们也是这样不加批判地接受的……我绝不是一拿到什么材料就写下来,我甚至不敢相信自己的观察就一定可靠。我所记载的,一部分是根据我亲身的经历,一部分是根据目击其事的人向我提供的材料。这些材料的确凿性,我总是尽可能用最严格、最仔细的方法检验过的。然而,即使费尽了心力,真实情况也还是不容易获得的:不同的目击者,对于同一个事件会有许多不同的说法,因为他们或者偏袒这一边,或者偏袒那一边,而记忆也不一定完全可靠"。[1]

到希腊化时期,视野大开,博学成为风尚。从严格的意义上讲,博古学家不一定是严肃的考据学家,但是,博古学家手中掌握着众多可资比较的材料,在写作的过程之中自然而然地要进行考据。到了罗马帝国时代,天下混一,来自各地各方面的材料更多,考证也就更为常见了。虽然如此,对于考证的信任程度还是较低的。公元2世纪的希腊文论家琉善(Lucian, c. 120—180),面对围绕盲诗人荷马发生的无休无止的考据,他想到了一个奇特的解决办法。他说自己旅行到了一座仙岛上,碰到了荷马,他说:

> 过了没两三天,我去找诗人荷马,趁大家有空,向他打听许多事,我问他到底是哪里人氏。这件事我们这边人到现在还在拼命研究。他说,他知道有人说他是开俄斯人,有人说他是丝米而纳人,还有许多人认为他是科洛福尼亚人。他说,其实他是巴比伦人,在本国并不叫荷马,而叫提格剌涅斯,后来在希腊人手中做了人质,才改名。我又问那些被人认为伪作的诗行,到底是不是他写的,他说是他写的。我这才发现泽诺多托斯和阿里斯塔尔科斯两位文法家是胡说八道。他答复完这些问题之后,我又问他的诗为什么从阿喀琉斯一怒叙起,他说只是随意想到就写,没有别的用意。我又向他打听是不是像大多数人所说的先写《奥德赛》后写《伊利亚特》,他说不是。他也并不像人们说的是个瞎

---

[1] 修昔底德著,徐松岩、黄贤全译:《伯罗奔尼撒战争史》第一卷第20—22节,广西师范大学出版社2003年版,第13—14页。由商务印书馆出版谢德风先生译本文笔更好,可惜没有给出段落编码,与国际惯例不符,不便于引用。

子,这一点我立刻就弄清楚了,因为我已亲眼看到,也就无需再问。①

《韩非子》中也流露过类似的情绪。他针对不同儒家和墨家流派都认为自己的主张符合孔子和墨子的原意,他说,孔子和墨子都已作古,谁还能够判断这些后人的说法的对错呢?"孔墨不复生,将谁使定后世之学乎?"②

罗马帝国时期,基督教兴起,基督教教义为考据确立方向和最终标准。这个方向就是调和,调和经文、教父以及其他权威性教令之间内在的歧异和矛盾,使之合理;而最终的标准,就是考信于经。

文艺复兴之后,收集、整理古代异教典籍,成为一时之风尚。风尚信古,人文主义者在出版古代手稿的时候,比较谨慎。伊拉斯谟认为手稿抄写过程中,存在导致讹谬的三种可能途径:第一,人们并非照字抄录,而是按他所理解的抄录;第二,另一些人则以为不能理解的部分就是原文不全的部分,因此根据自己的好恶加以改写;第三,可能就是原文毁损,在弥补的过程中,引入了另外的错误,使可治愈之伤成为不可治愈之伤。因此,在编辑古罗马哲学家塞涅卡的书信集的时候,他说,"这些手稿不完整,较现行版本错误更多一些,反过来又对我有帮助,因为它们所犯错误不尽相同。有经验而审慎的校勘者可以将它们比勘,如同可以从不同的目击者那里了解到真正发生的事情。因此,我是在不同错误的基础之上推断出真实的释读。也要考虑音调,字划和笔迹。有时候,我要猜测,尽管我很少这么做,伟人的现存手稿是一份神圣的遗产,不仅要谨慎从事,还要有适当的敬意。并非我不知道还有许多错误存在,但是没有古本之助,就连塞涅卡本人都无法解决。"③

人文学者洛伦佐·瓦拉从拉丁文法、书信格式、服饰、官制、编纂学、教会信仰等方面,考订在中世纪被广泛引用的《君士坦丁赠与》并非公元4世纪的作品,而是后世的伪造。在五百年后的今天,仍是考据学中的典范。

虽然人文主义者尊重古书,由于印刷技术和印刷所尚未规范化,出版任务繁重,抢救古籍宜早不宜迟,编辑作品中存在许多质量问题,在文献史上,留下了恶名,所谓"人文学者整理古籍而古籍亡",恰恰与中国文献史上同

---

① 《真实的故事·Ⅱ·20》,载柏拉图等著,水建馥译:《古希腊散文选》,人民文学出版社2000年版,第288页。

② 《韩非子·显学第五十》。

③ D'amico, John F., *Theory and Practice in Renaissance Textual Criticism: Beatus Rhenanus between Conjecture and History*. Berkeley: University of California Press, 1988, pp. 34-35.

时期的明朝有些类同。

现代考据学发生于17世纪晚期,随着整理古代文书(档案)而开始。17世纪初,布鲁塞尔耶稣会决定整理教会圣徒们的传记,为每位圣徒找到最为古老的传记版本,加以考订,编辑出版。此项活动现在仍在进行之中(主页为:http://www. kbrbe/~ scoboll),因其创始人为薄兰德(Bollandus),被称为薄兰德派(Bollandists)。在编订本尼迪克特修会圣德尼传记的时候,他们认为,由墨洛温王朝达戈贝尔大王(Dagobert I, 629-638)颁发给该会的权利特许状是伪造的。本尼迪克特修会为了反驳这一观点,委托修士让·马比荣对特许状进行考证。1681年马比荣将自己整理特许状的经验加以总结,发表《论古文书》,标志着古文书学的建立,现代考据学的开始。

19世纪后,针对时贤著述多用二手史料的现状,兰克呼吁充分利用原始史料,根据原始史料与二手史料的二分法,对史料加以区别对待,进行内部考据和外部考据,确定其内涵和可信度。所谓内部考据,就是如何理解文献的含义,包括标点、阅读理解等环节;外部考据就是解决一个史料的可信度问题。

第二节　内部考据(Internal Criticism)

一、文　献

以载体为标准,史料或者证据可以一分为三:文献、实物和口传,其中文献是历史学家所面对的主要工作对象,"文献或者其他任何文本性材料乃是历史学家工作的中心"。文献是个非常古老的名词,孔子说:"夏礼,吾能言之,杞不足征也;殷礼,吾能言之,宋不足征也;文献不足故也,足则吾能征之矣!"文献,"载诸典册者,文也;传诸其人者,献也。"元代学者马端临著《文献通考》,在自序中对此有更加具体的阐释:"凡叙事则本之经史而参之以历代会要,以及百家传记之书,信而有征者,从之,乖异传疑者,不录,所谓文也;凡论事则先取当时臣僚之奏疏,次及近代诸儒之评论,以至名流之谠谈、稗官之纪录,凡一话一言可以订典故之得失,证史传之是非者,则採而录之,所谓献也。"可以说,文就是书面材料,献就是前贤言论,但是也已经书之于竹帛了。

文献被当做一种载体,承载着事实和意义,是对客观世界的一种反映和记录。孟子说:"其文则史,其事则齐桓晋文。"近年来,这种理解遇到了新的挑战,历史学家们承认文献的传统功能,但是也日益意识到,文献不仅仅是一个载体,而且也是一个构建意义的场域,在这里作者、读者相会在共同的文化意义体系中,文献获得其特定意义。法国文论家罗兰·巴尔特主张从读者的角度,从阅读过程来研究文献。这种阅读过程,他形象地称之为:"抬着头阅读。"在他看来,传统的阅读理论,是"力求作者所意味者,毫不顾及读者所理解者"。旧的阅读系统"显然隐含着一个权限:认为作者具有君临读者的权力,他强迫读者接受作品内某种特定的意义,以为它才是正确、真实的意义。"巴尔特认为:阅读总是遵循一定的规则来进行,例如语法、隐喻,而这些规则"必定不是出自于作者之手,作者只不过是按照自己的方式来运用它们"。因此,阅读其实是提供一种"通道",通过这一通道,"使我们的身体积极活动起来,处于符号、语言的招引之下,""想象新的形象"。①

新的文学批评理论,还强调了作者的特定写作意图和写作策略的重要性,认为作者会利用一切可以利用的写作技巧和表现手段,来调动引导读者、听众,以便获得他们的认可。《伯罗奔尼撒战争史》的作者修昔底德,被誉为"科学史学之父",在作品中声称要"追求真实"。现在有评论家认为,所谓"追求真实"不过是修昔底德所运用的一项写作策略、修辞手段,试图据此诱导读者相信,他是在追求历史真相。

新的文学理论提醒历史学家,要更加慎重、全面地阅读文献。文献不仅能够反映作者特定的写作意图,他所代表的特定社会利益集团;而且,他的写作形式,所采纳的话语,反映着当时的文化图景。他没有说什么,隐瞒了什么,与他说了什么,怎样表达,变得同样重要,值得研究。勒高夫1996年出版了耗时十年的作品《圣路易》,他提出的问题就是:"圣路易存在过吗?"各种关于圣路易的文献是否只能反映那些作者们的意图,以及他们所代表

---

① 参见罗兰·巴特著,屠友祥译:《S/Z》,上海人民出版社2000年版,第50—53页。罗兰·巴特将文本分为"可读性文本"和"可创性但不可读性文本",前者大致顺应流行的代码和惯例,后者总是对流行的惯例不是规避、就是戏谑地模仿或者标新立异,因此,在阅读过程中,震惊、破坏和挫败读者的期望准则。也可以参见M. H.艾布拉姆斯著,朱金鹏、朱荔译:《欧美文学术语词典》之"文本与书写"条,北京大学出版社1990年版,第371—374页。这部词典,简明扼要,梳理清晰,对于了解西方文艺批评语汇,颇有参考价值。

的利益集团的利益呢？是否有可能通过这些文献，一方面辨识出当时各类人群对路易九世的预期，即各种"理想君王类型"，另一方面，圣路易在成长过程中与这些期望互动，形成一个真实的自我，使得我们可以认识到真实的圣路易。那些零散的文献，又怎样在不经意间表现出路易九世的性格呢？只要尊重文献本身的整体性，坚持文献的可阐释性，历史学家可以拷问出更多的信息。

文献作为史料，既是物质载体，也是文化载体。作为物质载体，文献具有特定的物质形式。包括纸张、笔墨。为了研究这些问题，于是有版本学。作为文化载体，又有字体、语法格式、写作、传承等方面的问题，于是有语言文字之学、目录学、校勘学等。约定俗成，作为一门学科，文献学研究主要包括目录、版本和校勘。本篇则从文献阅读的角度，从标点讲到阅读理解，而归结于考据。

二、标　点

阅读古籍，所面临的第一个问题，是如何标点。所谓标点，是给没有标点的文句加上标点符号，古代称"章句"或"句读"。它旨在使文意得到正确表达和理解，所谓"章决句段，事事可晓"。黄侃先生在《文心雕龙札记·章句》中认为："句读二名本无分别，称句称读，随意而施。以文义言，虽累百名（名即字）而为一句，既不治之以口，斯无嫌于冗长，句中不更分读也。以声气言，字多则不便讽读，随其节奏以为稽止，虽非句而成句可也。学者目治之时，宜知文法之句读；口治之时，宜知音节之句读。"说明阅览与诵读各有不同的句读方式。

古人著述，没有标点，如何断句，成为训诂文意的一个基本环节。"读"字，《说文解字》解释为"诵书也"。根据竹部"籀，读书也"，段玉裁将"诵书"改为"籀书"，意为"抽取书"。从辞源上讲，拉丁文"阅读"原意也是"抽取"（lego）。最初的古文无标点，故阅读时需要抽取以便停顿是为"句读"。汉代有《欧阳章句》三十一卷、《公羊章句》三十八篇、《穀梁章句》三十三篇等等。大约从宋代开始，雕版印刷的书籍开始使用圈点断句。岳珂在《刊正九经三传沿革例》中说："建安余氏、兴国于氏二本，皆分句读，称为善本。"在"句读"条下，说："监、蜀诸本，皆无句读，惟建本始仿馆阁校书式，从旁加圈点，开卷了然，于学者为便，然亦但句读经文而已，惟蜀中字本、兴国本并点注文，益为周尽。"

古希腊语称历史写作和散文为"连写"(syngraphō),无韵律而不分段。据朵纳图(Donatus)的《文法艺术》,罗马人借用了希腊文句读方式,分三种:分断(distinctio)、次分断(subdistinctio)和中断(media distinctio)。分断用于完结多个句子,标号置于单词后的最上方。次分断用于余下句子不太多的场合,需要暂时分开,标号置于词后下方。中断指我们能一口气说的句子,需要换气,将标号置于词后的中央。在阅读中,整句完结用句号,之内还可用逗号和分号。① 碑铭之中,缩写频繁出现,句读使用最为普遍。随着印刷术的引入,16世纪中后期开始大规模地使用标点符号,17世纪下半叶,英国的出版公司开始要求较为统一的标点符号,现代通行标点符号系统形成。

中国现代通用的标点符号,源自于1930年南京国民政府教育部出台的"划一教育机关公文格式办法"。目前使用的标点符号办法,是在1951年发布的《标点符号用法》的基础之上,于1995年加以修订发布的《中华人民共和国国家标准标点符号用法》。里面说:

> 常用的标点符号有16种,分点号和标号两大类。
>
> 点号的作用在于点断,主要表示说话时的停顿和语气。点号又分为句末点号和句内点号。句末点号用在句末,有句号、问号、叹号三种,表示句末的停顿,同时表示句子的语气。句内点号用在句内,有逗号、顿号、分号、冒号4种,表示句内的各种不同性质的停顿。
>
> 标号的作用在于标明,主要标明语句的性质和作用。常用的标号有9种,即:引号、括号、破折号、省略号、着重号、连接号、间隔号、书名号和专名号。

标点的好坏,对文意的理解,有时候非常关键。古罗马史家李维的《罗马史》第23卷第四十节第十句为:"在执政官克劳迪赶到行省之前,霍斯提里·图布尔指挥轻装辅助部队,以杂乱的队形进攻汉尼拔,带给他极大的混乱,那时,汉尼拔正率领部队经由刺里纳原野的边界赶往萨伦丁。"(Priusquam Claudius consul in provinciam perveniret, per extremum finem agri Larinatis ducentem in Sallentinos exercitum Hannibalem expedites cohortibus adortus C. Hostilius Tubulus incomposito agmini terribilem tumultum intulit)。从语法

---

① Hodgman, Arthur W., Latin Equivalents of Punctuation Marks, in *The Classical Journal*, Vol. 19, No. 7 (Apr., 1924), pp. 403-417. 译文由我自己翻自拉丁文。

上讲，原文在"经由刺里纳原野的边界"之前逗，非常合适；但是从内容上讲，使它从属于汉尼拔的行为内容，从而与汉尼拔的行军路线不符。因此编者马德威将地名改为 Lecce(Uria)，但是，从地理上理解还是有困难。傅雷斯提出了新的标点方式，将"经由"句(per extremum finem agri Larinatis)属上文，变成执政官克劳迪的行经之所。从下文第四十三节来看，克劳迪似乎确实经过了这个原野。克劳迪从罗马出发，如果经过该原野，应该绕道了，这也可以解释为什么他在路上花费了更多的时间，以致霍斯提里有机会单独攻击汉尼拔，因此，克劳迪的绕道与这场战争有关系。而且也为后文克劳迪突然出现的戏剧性场面，做了铺垫。①

在《〈资治通鉴〉标点斠例》一文中，吕叔湘先生指出中华书局标点本《资治通鉴》多处标点有误。例如，《通鉴》第 4483 页讲述北魏宣武帝元恪劝叔父们放弃权力，好让自己独揽政务，由于叔父元勰很得臣僚尊敬，宣武帝只好搬出父亲临终的遗言——他的父亲孝文帝说，元勰不喜欢俗物缠身，因此，我死之后，你就听任他好了——劝他退隐。他说："恪何人，而敢久违先敕，令遂叔父高蹈之意？"这句话的意思是说：我是何许人，敢这么久地违背先帝的命令，竟然满足叔父退隐的意愿呢？意思与他的原意适得其反。吕叔湘先生指出，这里的标点失误源自校勘不严，涵芬楼本"令"字实为"今"字，根据这个校勘结果，问号应该改为句号："恪何人，而敢久违先敕？今遂叔父高蹈之意。"这样的话，这句话的意思就通顺了：我是何许人，竟敢这么久地违背先帝的命令？现在就满足叔父退隐的意愿。表达了劝叔父元勰让出权力的心愿。

结合其他例子，吕叔湘先生进一步总结说："不要以为有名家校过了，自己就无事可做。"也就是说，标点文献，没有止境。

三、读不通与获取信息

标点的过程，也是阅读理解的过程，只有读通了，才能理解。在阅读实践中，新信息的获取，往往是由读不通所引发的，从而引生出新的问题。对于文献的理解不仅要把握住字面上的意思，更要透过现象看本质，弄通字面背后的含义，诚如法国著名史学家库朗日所言："正确地引用是一回事，但

---

① Furness, S. M. M., "Punctuation of Livy XXVII. Ch. XL § 10", in *The Classical Review*, Vol. 34, No. 7/8. (Nov.-Dec., 1920), pp.167-168.

是阅读文献又是一回事,两者经常导致相反的结果。"因此,由于语言文字、句法和文义等方面的问题,历史学家经常会读不懂。

一般说来,官方文献按照字面理解就可以了,而对于宗教、私人信件和文学作品,都需要加以深究。但是作为文本的一种,官方文献也往往蕴涵多重意义。对美国宪法文本的阐释,存在多种不同的释读方式。早期学者如乔治·班克罗夫特认为:"宪法是上帝赋予美国特殊禀赋的表现",克拉克·史密斯从中读出了"州权派与联邦派的斗争"。20世纪影响最为深远的解释则是由查尔斯·比尔德所提供的,他指出:"经济的力量比其他力量更足以解释事实","宪法不是'全民'的产物,而是希望从中获益的特定经济集团的产物"。此后,本杰明·怀特认为,宪法所反映的,乃是代表们对理想政府的一致认识;罗伯特·布朗则认为宪法体现了具有民主意识的中产阶级的利益;而戈登·吴德则强调了共和思想对于理解美国宪法的重要性。[①]

虽然如此,对于历史文献的重新理解,并非无限多样。如果孤立地看待单个句子、文本,多元理解的可能性很大;若置身于上下文中,则意思有限定。因此对于具体文句、基本史事的阐释,历史学家往往分歧较少。拉法兰克(Abel Lafranc)曾经认为16世纪法国学者拉伯雷是个无神论者,而吕西安·费弗尔根据大量的史实,从缺乏无神论的相关概念的角度证明拉伯雷不可能是无神论者。在历史分析中,新理解的出现,往往意味着对"上下文"的重新理解。为此历史学家得综合地借助于所有相关文献,调查相关史事,从而提供一个更有说服力的阐释。使得新解释不仅能迎合读者的期盼,并且能够经受住同行们的检验。在这种情形之下,新理解是一项综合性研究,陈寅恪曾经致函沈兼士先生说:今天一个文字的研究,就是一部文化史。而胡适先生与郭沫若先生因为"释儒"大打笔战,由对"儒"字的解释,引申到阐释儒家学派的本来面目。

1. 文字不通例。

唐代诗人白居易《琵琶行》通行本有云:"间关莺语花底滑,幽咽泉流水下滩",然其中"水下滩"三字很不好理解,故历来众说纷纭,莫衷一是。景凯旋先生认为,观其缘由,一在于版本的异文,二在于字义的诠释。其实,

---

[①] 张孟媛:《〈美国宪法的经济观〉与二战后美国的宪法研究》,载《长春师范学院学报》第19卷第4期(2000年7月),第16—19页。

"滩"字在隋唐时期除了指水滩（他干切）外，还有另外一个含义，即指水急。《广韵·翰韵》："滩，水奔。"《集韵·换韵》"滩，水奔流貌。"这大概是隋唐时期的一个俗语。如吴融《书怀》："滩响忽高何处雨，松阴自转远山晴。"即是一例。由此可知，《琵琶行》这句诗确实应作"幽咽泉流冰下滩"，意谓水在冰下鸣咽而疾流。需要指出的是，《广韵》中，"滩"字的这一义项为奴案切，入翰韵，这似乎与前面韵脚弹、盘所属的寒韵不叶。但同摄（主要元音相同）通押的现象在唐人古体诗中也并不鲜见。这种超出韵书规定的押韵现象，反映了唐代诗人的创作实际，因此不足为奇。①

2. 文意不明例。

有些话语虽然文从字顺，但是意义却颇不好理解。例如《论语》中记载，"子曰：'先进于礼乐，野人也；后进于礼乐，君子也。如用之，则吾从先进。'"历来读解者，都无法满意地加以诠释。傅斯年先生给了一个合理的解答。他说："今释此语，须先辨其中名词含义若何。'野人'者，今俗用之以表示不开化之人。此为甚后起之义，"接着作者引用《诗经》《左传》《孟子》等证明'野'乃为农田。"《论语》中君子有二义：一谓卿大夫阶级，即统治阶级。二谓合于此阶级之礼度者，此处所谓君子，自当是本义。先进后进自是先到后到之义，礼乐自是泛指文化，不专就玉帛钟鼓而言。名词既定，试翻译做现在的话如下：那些先到了开化的程度的，是乡下人；那些后到了开化程度的，是'上等人'，如问我何所取，则我是站在先开化的乡下人一边的。先开化的乡下人自然是殷遗，后开化的上等人自然是周宗姓婚姻了。"②傅斯年先生认为，周朝的统治者住在城里，被征服的殷商遗民居住城外，这一时势背景是理解这句话的关键所在，住在城外的殷人商人率先进入文明状态，住在城里的周人则是后起的征服者，他们进入文明状态要比殷人晚。

近年，美籍华裔历史学家许倬云先生对此又贡献了新的理解。他承认西周初年情形还是国野之分的态势，但是西周统治者有意识地"抚辑殷人，以为我用，再以姬姜与殷商的联合力量，监督其他部族集团，并以婚姻关系加强其联系，同时进用当地俊民，承认其原有信仰。"封建的分封制度不再只是点状的殖民与驻防，而趋于由邦国与田邑层级式的组织，改由授民为授

---

① 景凯旋：《白居易〈琵琶行〉"冰下滩"新证》，载《文史》1999 年第四辑，第 312—313 页。
② 《周东封与殷遗民》，载《国立中央研究院历史语言研究所集刊》四本第三分，1934 年版，第 288—289 页。

田,由属人主义转变为属地主义,国野之别相对化,多层次化。①

也还有其他一些千年悬案不能得到解决。还是《论语》中的一句话,子曰:"吾犹及史之阙文也,有马者借人乘之,其亡也夫?""有马者借人乘之"句过于突兀,前贤引用时往往加以省略,如班固引用时只说:"吾犹及史之阙文也,其亡也夫?"。20世纪之后,倾向于将这句话视为"阙文"的同位语,聊备一说。

公元6世纪的大作家都尔的主教格雷戈里在《法兰克人史》(应该被称为《历史十书》)中的第二卷第19节提到:"罗马人和撒克逊人发生战事,当罗马人追赶的时候,许多撒克逊人死于锋刃之下;他们的众多民众被屠杀,许多岛屿被法兰克人占领,摧毁。"(inter Saxones atque Romanos bellum gestum est; sed Saxones terga vertentes, multos de suis, Romanis insequentibus, gladio reliquerunt; insolae eorum cum multo populo interempto a Francis captae atque subversi sunt)若将撒克逊人的地理范围理解为限于莱茵河以东,多瑙河以北,则"岛屿"一词殊不可解。其实在那个时候,西撒克逊人居住于北海东南岸地区,8世纪比德还称之为"在怀特岛正对面的西撒克逊地区"。

3. 文从字顺、意义也似乎可以说得通,但是还可以再推敲,提出新解者。

仍以《论语》中的一句话为例。《论语·先进》篇中曾皙述志云:"莫春者,春服既成,冠者五六人,童子六七人,浴乎沂,风乎舞雩,咏而归。"流行的翻译为:"暮春季节,春天的衣服已经穿定……"。陈双新先生认为,流行的理解有点牵强。"春天的衣服已经穿定"与后面的"浴乎沂,风乎舞雩"不但没多大关系,而且有些矛盾,因为北方的暮春三月虽已春暖花开,但还未必能下河洗澡;其次,古代什么季节穿什么衣服并无规定,未曾见春服、冬服之类说法。那么,"服"是否可以理解为"事"呢?当然可以。作者征引类似表述方法,并从文字学上讨论之后,得出结论:"由此看来,'春服既成'也就是春天的耕种之事已经完成。"循此新解,下文的理解亦有新义。作者引韩愈、程树德等人的考据,认为"浴"当为"沿"字之误,而"风"则当做"放"讲。因此全文之意思可转译如下:"在暮春三月耕种之事已经结束的时候,与五六位成年人,六七个小孩沿着沂水一直到舞雩坛一路畅游,欣赏春天的风

---

① 许倬云:《西周史》(增补本),北京:三联书店2001年版,第301—312页。

景,唱着愉快的歌谣,尽兴而归。"①

格雷戈里《法兰克人史》第二卷开篇提到:"当克洛维死后,他的四个儿子,即提乌德里克、克洛多梅尔、希尔德贝尔特和克洛塔尔得到他的王国,并平分之"(Defuncto igitur Chlodovecho regi, quattuor filii eius, id est Theudoricus, Chlodomeris, Childeberthus, atque Chlothacharius, regnum eius accipiunt et inter se aequa lantia dividunt)。这里平分可能存在两种解释,第一种是四个儿子平分了王国,第二种可能性便是两房后裔——前妻所生长子与后妻所生三子——平分了王国。从字面上理解,第一种解释更有道理,但是,结合后文的一个实例,后妻克洛提尔德所生三子中,克洛多梅尔早逝,其他两个儿子将他的国土平分。两房平分天下似乎更有可能。

4. 自相矛盾例。

中国古代正史中,经常出现自相矛盾的叙事,在同时收录不同的说法之后,不肯定何种说法更为真实。最为常见的表达方式,是在连篇褒扬之后,来一个"或曰",引入批评的意见。此类自相矛盾的现象,虽给读者带来理解上的困难,但也为创新提供了机遇。陈寿修史,客观真实。裴松之说:"寿书铨叙可观,事多审正。"但是唐代重修的《晋书》,提供了另外一幅自相矛盾的陈寿修史形象:"时人称其善叙事,有良史之才。夏侯湛时著《魏书》,见寿所作,便坏己书而罢。张华深善之,谓寿曰:'当以晋书相付耳!'其为时所重如此!"接着引述了与此相左的意见。或云:"丁仪丁廙有盛名于魏,寿谓其子曰:'可觅千斛米见与,当为尊公作佳传',丁不与之,竟不为立传。寿父为马谡参军,谡为诸葛亮所诛,寿父亦坐被髡;诸葛瞻又轻寿,寿为亮立传,谓亮'将略非长,无应敌之才',言瞻'惟工书,名过其实',议者以此少之。"引发现代史家的大量考证评说。

罗马帝国晚期著名历史学家普罗科比(Procopius, c. 500-565)曾写作《战史》,颂扬皇帝查士丁尼及其手下将领贝利撒留。但是,后来又写作《秘史》,恶毒攻击查士丁尼及皇后瑟奥多拉,鄙视贝利撒留,揭露其夫人安托尼娅的无耻行径。对此现象,如何解释,也让历史学家们颇费周折。②

---

① 陈双新:《〈论语〉"春服既成"新诠——兼谈"服"的词义演变》,载《文史》2002 年第四辑,第 307—310 页。

② 陈志强、吕丽蓉:《普罗柯比及其〈秘史〉》,载普罗柯比著,吴舒展、吕丽蓉译《秘史》,上海三联书店 2007 年版,第 1—29 页。

5. 试图隐讳而不经意间泄漏例。

由于各种原因,历史记载,往往有所隐讳,孔子就曾肯定过一种隐讳情形。据《论语》记载:"叶公语孔子曰:'吾党有直躬者,其父攘羊,而子证之。'孔子曰:'吾党之直者异于是,父为子隐,子为父隐。直在其中矣!'"(《论语·子路篇第十三》)

据《史记》记载,掳掠并破坏咸阳的罪魁祸首是项羽,历来学者也深以为是,然而翦伯赞先生于字里行间别有所获。《史记·高祖本纪第八》说:"(刘邦)乃封秦重宝财物府库,还军霸上。"在《项羽本纪》中又录了刘邦的话:"吾入关,秋豪不敢有所近,籍吏民,封府库,而待将军。"而他笔下的项羽则正好相反,"居数日,项羽引兵西屠咸阳,杀秦降王子婴,烧秦宫室,火三月不灭;收其货宝妇女而东。"也正是在《项羽本纪》中,作者提到了一桩事实,刘邦给项羽献礼,"我持白璧一双,欲献项王,玉斗一双,欲与亚父"。翦先生推论:"这在正面看来,也很平常;但在侧面却暗示大掠阿房宫的正犯不是项羽,而是刘邦。因为,白璧、玉斗,决非一个亭长家里所能有的,一定是从阿房宫中偷窃的赃物。像这一类具有暗示性的史料充满了历史文献,只要我们耐烦去找,到处都可以碰见。"①

这里还只是一个孤证,如果补充其他史料,就更有说服力了。《高祖本纪》当然是要替刘邦加以掩饰的,但是在其他列传中会提到这件事,特别是当时劝阻刘邦不要作贼的樊哙、张良的传记里面。《樊哙传》提到刘邦起初不听樊哙的劝阻,后来经过张良苦劝,才"还军灞上"。《萧何传》说:"沛公至咸阳,诸将皆争走金帛财物之府,分之!何独先入收秦丞相御史律令图书,藏之!"

近年来,在追求文本的准确阐释中,对于产生文本的"社会上下文",尤为看重。作者可能接触到的书籍、可能交流的知识群体、可能的写作对象和阅读对象,等等。对于文本的内部理解,与对文本产生的外部环境的理解,紧密地联结在一起了。内部考据离不开外部考据。

第三节 外部考据(External Criticism)

从逻辑上讲,经过内部考据,理解了文献之后,需要确定作者和时代,以

---

① 翦伯赞著:《史料与史学》,北京大学出版社 1985 年版,第 76 页。翦伯赞先生对中国马克思主义史学理论贡献卓著,他的许多建议仍有参考价值,可参看。

及写作动机等等,进而判断作品在多大程度上反映了它所声称要加以反映的历史现象。为了这一目的而进行的考据便是"外部考据"。

特定文献,都是在特定历史时期完成的,也反映了该时期的历史。这个文献,应该体现当时特定的文风,语汇以及文化好尚。同时也会在当时的文献群体中得到反映,被记录、征引、议论。基于这些证据,可以对文献进行外部考据,弄清文献是否确实属于它所宣称的产生年代,属于所署名的作者,以及作者是否忠实地反映了所要记录的历史事件。

最早的文献,都没有署名与标题,而且由于家法传授,作者不定,许多作品属于某个家派的集体创作成果,后来的整理者用该家派创始人进行署名,但是却有一些内容明显属于该创始人生活年代之后的时代。中国先秦时期的诸子作品,西方古代柏拉图、亚里士多德等人的作品,多类此。更有托名之作品,例如《汉书·艺文志·道家》所载:"《文子九篇》,老子弟子,与孔子并时,而称周平王问,似依托者也。""《力牧二十二篇》,六国时所作,托之力牧,力牧,黄帝相。"罗马帝国时期希腊人普鲁塔克所著《希腊罗马名人传·西塞罗传》中多称引《西塞罗信函集》,其中不少信件为当时人伪造。

古代作者并没有今天的著作权意识,在整理文献的时候,也缺乏足够的尊重原著的精神,难免会通过整理做手脚。中国历史上对古文经的整理,就是其中著名的例子。两汉时人就对古文经多有怀疑,到晚清时期,经今文学家崔适认为西汉后期刘向、刘歆父子伪造了古文经学,为了增加古文经的权威性,说明其渊源有自、历史悠久,他们借整理国家藏书的机会,篡改司马迁的《史记》,插入许多有利于古文经的段落和语句。诚如台湾学者吴美慧所言:"刘歆推崇的古文经学,是以'保守'二字为其特色,在整理的过程中,为迎合世家豪族的需要,他免不了做了一些手脚,以假乱真,撣掇,所以古文经书曾经其改编当无可疑,只是像康有为、崔适等人,完全推翻刘歆的贡献,直称其伪古文经,又太过了。"①

对文献进行外部考据,可以从时间、地点、人物、事件等多角度进行。

一、时　间

判断一份文献或史事的产生时间,先应该树立几个坚固的坐标点,将其限定在这些点所标示的年代之间。这几个点包括:不早于、不晚于和活跃

---

① "刘歆与汉代经学今古文论争",引自:163.21.9.204/t034。下载于2004年10月。

于。"不早于"就是说对象最早的可能性年代,"不晚于"是它最晚可能发生的年代,而"活跃于"则是指作者的生命盛期。这三个关键点,一般可以从文本所记录的内容中找到答案。例如,其所纪事件的年代、与其他作品的关系、避讳、版本评论(传记、出版说明、旁人的评说),如果上述方法不可能实施,那么还可以依靠某些"公理假设"。如利用关于演化的公理性假设,来确定它在演化环节上所处的位置,并做出大致推定。

从正面来讲,文本所提到的人、物、地名、事件等等确实是一项非常重要的指标,特别是那些在历史上发生过转折的大事,最有标明时代的意义。提到这些现象,只能说明作者在这些现象发生的时间之后进行创作。从反面来讲,对于某些应该提到的历史大事件,如果作者却没有提及,则可以证明作者没有见到这件大事的发生,所创作的文本极有可能在这件大事发生之前。这种证据被称为"默证"。使用此类证据,须谨慎,因为写作动机不同,观察角度就有不同,对于材料的取舍也就不同,文本的作者完全可以不必提及某些看来非提及不可的事。在20世纪20年代的古史大辩论中,历史学家们对此有过深入的讨论。

顾颉刚辩论古书之伪,考订古史之伪的时候,大量使用"默证",从《诗经》《尚书》《易经》等古代文献没有提到什么,来确定传说中的古帝王被创造出来的年代。在文章《评近人顾颉刚对于中国古史之讨论》中,张荫麟援引法国历史学家塞诺博斯为默证法总结的两个适用限度:(一)未称述其事之载籍,其作者立意将此类之事实为有系统之记述,而于所有此类事皆可知之。(二)某事迹足以影响作者之想象甚力,而必当入于作者之观念中。[①]若历史事件与作者的写作密切相关,应该提及而没有提及,在此前提下,可以考虑使用默证法。

与其他作品的关系是指作者的作品称引过其他作品,这些作品可以是自己所作,也可以是他人所作,使得可供选择的年代范围随之缩小。也可以考虑该作品被其他作家征引的情形。例如:版本评说则是别人针对这部作品所给出的信息,如刻本的前言后记,遗存的读书笔记,相关目录对该作品的著录,等等。它们最可以提供作品的流传信息。在考证公元前4世纪希

[①] 张荫麟(1905—1942),广东东莞人,陈寅恪曾经推荐他说:"记诵博洽而思想有条理。"参见《陈寅恪集·书信集》,三联书店2001年版,第47页。这篇文章载《古史辨》第一册,亦可参见张云台编:《张荫麟文集》,教育科学出版社1993年版,第77—90页。

腊史学家瑟奥庞普(Theopompus)的作品《希罗多德〈历史〉摘要》的真伪时，克里斯特教授说："更为紧要的问题是，为什么公元2世纪之前，没有人提到过这部书。早期作家的沉默表明，要么他们根本不把它当做什么重要的作品，或者根本就不知道有这么一本书。"①

中国古代书画鉴定中，经常应用的证据便是对该作品的题跋和著录。最早的题跋出现于何时，这个题跋是否真实，最早的著录出现于何时，著录者所记录下的作品特征与待考定的传世作品是否一致，等等。这些证据为作品的产生年代提供了重要旁证。反过来，高明的作伪者，也需要伪造类似的证据。作伪者说服买者的重要方式，就是伪造收藏者的印章，伪造拍卖记录，使买者相信，赝品是流传有序的"真品"。

至于公理假设，利用起来较为困难，但是在缺乏其他可靠证据的情况下，亦有帮助。这一手段完全是主观构拟的，因此使用者必须对那个时代极其稔熟，否则不能为功。20世纪初期考证老子较孔子晚出。钱穆利用思想演进线索作为证据之一，"孔墨均浅近，而老独深远。孔墨均质实，而老独玄妙。以思想之进程言，《老子》断当在孔墨之后，已无待烦论。"他接着具体论说："《老子》言天，亦本自然为说，与老庄同，与孔墨孟异。今使《老子》言自然之天在前，孔墨孟重言神道之天在中，而《庄子》返言自然之天在后，则思想上之线索，有难言矣。故我谓庄、老较为同时，同出孔墨孟之后也。"②

对于钱穆先生的推论，在更早时期运用过类似推理方法的胡适先生予以痛斥。他在《评近人考证〈老子〉的方法》一文中，认为这种根据思想线索推论时代先后的方法，运用时要慎之又慎，这个方法太过于主观，是一把双刃剑，偏见向东，剑就砍向东，偏见向西，剑就砍向西。对于钱穆先生的论据，他说："依此推断，老庄出世之后，便不应有人重为天命天志之说了吗？难道这二千年中的天命天志之说，自董仲舒、班彪以下，都应该排在老庄以前吗？这样的推断，何异于说：'几千年来人皆说老在庄前，而钱穆先生不应该说老在庄后。何者？思想上之线索不如此也'。"胡适先生接着进一步

---

① Christ, M. R., Theopompus and Herodtus: A Reassessment, in *The Classical Ouarterly*, New Series, Vol. 43, No. 1(1993), pp. 47-52.

② 钱穆(1895—1990)，字宾四，江苏无锡人。钱穆先生治学广博，勇于提出新看法，作品中渗透着强烈的民族感情。

指出:"思想线索是最不容易捉摸的",这是因为"最奇怪的是一个人自身的思想也往往不一致,不能依一定的线索去寻求,我们明白了这点很浅近的世故,就应该对于这种思想线索的论证稍存一点谨慎的态度。"

避讳之学。避讳是专制王权、正统思想和儒家伦理在文献中的反映,是可以用作判断作品时代的极佳证据,特别是对于官方文献而言,尤其如此,并由此衍生出史学的一门辅助学问——避讳学。所谓避讳,就是不得直书当代君主或父母的名讳,而是用三种方式代替:换字、空字和缺笔画。避讳当与错别字、因沿旧习而未改用本字等情形区别开来。① 王钟翰考订雍正即位时宣读的康熙《遗诏》为伪造,一个重要证据来自避讳学。他在《王钟翰学述》中总结道:"真正可疑的地方是《遗诏》处处于雍正之名避讳。雍正名雍禛,若《遗诏》出自康熙之意,在康熙驾崩之前,就不必为雍正避讳,然《遗诏》中凡逢'禛'处皆改作'真',如'雍亲王皇四子胤真'即未书雍正本名。据此《遗诏》作于雍正即位之后无疑。"

对于无法确知生卒年代的历史人物,一般可以将他担任官职作为参照点,向前推四十年或三十年,或者依据其行事的经历、作品发表的年代以及交游圈子,大致估定其活跃的年代,这些都是在缺乏其他证据的情形之下,迫不得已的解决方式。例如,我们对希罗多德的生卒年并不确知,他曾经于公元前444年参加了雅典建立殖民地图里邑的活动。据此,上推四十年,我们大致确定他出生的年代为公元前484年左右。

二、地 点

可以根据作品所用地理名称是否准确,所记史事的地域范围如何,所用方言有何特色等作为标准,来判定作品的酝酿地点。例如晋代发掘出《竹书纪年》后,杜预考证道:"其《纪年》篇起自夏、殷、周,皆三代王事,无诸国别也。唯特记晋国,起自殇叔,次文侯、昭侯,以至曲沃庄伯。编年相次,晋国灭,独记魏事,下至魏哀王之二十年。盖魏国之史记也。"(《春秋·左传集解·后序》)就是根据该作品所记史事的地域范围来判定其归属。

---

① 陈垣《史讳举例》是专门探讨这一问题的力作。中华书局2004年新1版。陈寅恪致胡适信函也有论述,参见《陈寅恪集·书信集》,第138—139页。另外蔡尚思先生有《论陈垣老师的历史避讳学》一文多有补充、发明,可参看,载《中国历史文献研究集刊》第五集,第10—15页。最新著作为王新华著:《避讳研究》,齐鲁书社2007年版。

至于私人创作,更具有地域色彩。在古代,信息交流主要依赖个人游历、个人见闻,因此,作者笔下的信息必然会围绕他熟悉的地方而展开。像文人笔记、私家编年史,尤其如此。都尔的主教格雷戈里所著《法兰克人史》,所提供的史料,基本上集中于他的家乡、他的家族长期供职的地区以及他本人任主教的地区,地理上呈三角形布局。

又地名常有变迁,故结合特定的地名称谓可以大致判定使用这一特定称谓的大致年代。洛伦佐·瓦拉判断《君士坦丁赠与》为伪的一个重要证据,就是作者落款时说:发布于君士坦丁堡。虽然君士坦丁大帝晚年将罗马帝国首都迁往东部的拜占庭,但在他身前,并没有改变城市的名称。在他死后,逐渐地拜占庭被新的名称"君士坦丁堡"——君士坦丁的城市——所取代。因此,君士坦丁本人不可能使用这个地名。

方言也特别有助于辨识作品的地域属性,胡适先生考证蒲松龄是《醒世姻缘传》作者,所运用的一个重要证据就是方言,他将《聊斋志异》所惯用的方言与该书所采用的进行比较,二者极其相似,遂旁证《聊斋志异》与《醒世姻缘传》两书的作者地望一致。

三、作　者

考证文献的写作时间与地点,最终目的是为了确定作者。一般来说,文献的行文之中,可能提到作者是谁,这些信息有可能是真的,有可能是假托的,也有可能半真半假,需要进行考证;若没有直接提及作者,则可以根据当时人和后人的题跋、著录,来确定其可能的作者。但是这些题跋和著录有可能并非属实,作品有可能是后人伪托,也有可能是原本散佚之后后人的伪作。

20世纪初期,顾颉刚等人发起古史大辩论,对于现存中国古代经书和子书的成书年代,采取怀疑的态度,讲究考证而后信。不少古书都被认为较所依托的作者要晚,例如《尚书》被认为在战国乃至汉代才最终形成今天的形态。20世纪70年代以来,考古发掘了大量的战国秦汉文献残篇。这些发现极大地刺激了文献辨伪的新发展。学者们开始相信传世古代文献的真实性问题,要比古史辨派想象的更复杂,不能简单地贬斥为伪造。李学勤先生更是呼吁走出"疑古时代"。无论学者们对待古籍的态度如何,古籍辨伪的工作将会更加细致深入。

考证文献的作者,分为两种情况,其一是断定作品为伪造,其二断定作品为原作。断定赝品比较简单,而推定真品,却要复杂一些。除了确凿明显的证据之外,对作品风格的判断也是重要证据之一,可以比较该作品与其他真品之间的关系。王渊是元代著名画家,"于人物、山水、花鸟无所不能,尤以墨花墨禽成就最为杰出,当时推为'绝艺',至明清间尤影响广被,并出现了许多赝本"。而且"对王渊画迹真赝的鉴定,很难根据款题作出判断,"因为"他的款题一般均作滞板的隶书体,且字数不多,所以,颇便于作假以欺人耳目。"鉴定需要"就作品本身的性格而立论。"王渊的水墨纸本画,或者以严谨刻画为主而不失萧散简率,或者以萧散简率为主而不失严谨刻画。其典型代表就是《桃竹锦鸡图》,"而《花竹锦鸡图》中不仅不见萧散简率的韵致,即以严谨刻画而论,也与《桃竹锦鸡图》一类是无缘的。在《桃竹锦鸡图》一类中,特别是禽鸟的画法,运用了勾、点、刷、染交错进行的多种手法,精细而繁密,坚实恢宏的骨体和稳健华美的铺陈,流露出苦心孤诣、练气于骨的整饬性;而在《花竹锦鸡图》中,浓艳的颜色却几乎是一遍涂出来的,这与王渊的性格完全不符,至多只能看做是明初浙派和院体的流风。"①

吕世浩考证《史记·三王世家》出自太史公手笔,其主要着眼点在于:作者所称引的文献是否是当时应该具有的行文格式,并进而找到作者纯粹抄录当时文书敷衍成篇的思想动机。他说:

> 《三王世家》乃是《史记》世家体之末篇,其作法极为特殊,全为编列疏、议、诏、策等公文书而成,史公除篇末'太史公曰'之外,全文未发一言。故古今学者遂以为此篇非太史公文字,皆言《史记·三王世家》亡之久矣。然而,古今以《三王世家》为伪者,皆因材料不足,其立论多主观臆测,而无实际证据,不能自圆其说。而本文由《史记》《汉书》及褚《补》三王封策之分析,并利用新居延汉简中的《责寇恩事》册与《三王世家》相比,可以证明今本《三王世家》出于太史公之手,殆无疑义。

作者所依据的证据便是"档案格式"。通过上报文书格式、汉人抄录文书时所遵循的格式,特别是文书末补注文书下达的日期以及"诏下行之辞",将这种通行格式与《三王世家》所载文书的格式比较考证,从而得出结论:"由《三王世家》的格式、内容及'诏下行之辞'来判断,它无疑的是一份存藏京师档案库的完整档案。"在确定其真之后,作者分析行文,指出:"太

---

① 徐建融著:《元明清绘画研究十论》,复旦大学出版社2004年版,第79—80页。

史公曰：'燕齐之事，无足采者，'三王之中，齐王早死，自然无事可采，但燕王曾在昭帝时谋反两次，岂可谓之无事？故知此文作者不及见燕王谋反事，可以证明《三王世家》之成篇下限，必在昭帝之前，此与《史记》之著作年代恰相重叠。"①

四、史　事

考证史事，首先面对的问题，就是文献所描述的史事是什么。有些文本的记载，由于某些特殊的原因，我们并不能直接知道其所描绘的史事是什么，传统解释也并不一定可靠。上海博物馆收藏的一幅名画根据《石渠宝笈续编》曾被定名为宋代李公麟所作之《李密迎秦王图》（更早的定名为《晋明帝步辇图》），现改名为《宋人画人物故事》。画上没有作者名款印记，卷后有假的宋人周必大题跋，是用黄思伯《东观余论》中的一篇文章改头换面写上的。人物多作宋代衣冠，其中长脚蹼头，最为明显易辨。书画鉴定家徐邦达起初否定了《石渠宝笈续编》和更早的定名，但也不知道其内容到底是什么故事。后来他偶然翻阅清代朱彝尊《书曹太尉勋迎銮七赋后》云："右迎銮七赋一卷，宋曹太尉勋奉诏迎道君梓宫及显仁韦太后作也。"朱彝尊书中交代，当时曾见到图、赋。根据这一线索，徐先生查找曹勋的《松隐集》，发现与朱彝尊语相合。再细看图中情节，正与曹勋迎銮事完全切合。接下来，作者将图中的人物对号入座，并具体考订车舆、服饰、地点等等。②

史事的考证，在历史考证中最为常见。可以分为考某事之必有与考某事之必无。考某事之必有的最为直接简单的方法就是找到"确证"，包括两个方面：掩盖者的动机必须确凿可信，其他当事人的承认。杨天石考证戊戌政变时期康有为确实有围颐和园捕杀西太后的计划，他找到了主要参与人毕永年在事情败露逃往日本后的日记——《诡谋直纪》，这份写作于1899年初的日记指出康有为令他在袁世凯率兵围颐和园的时候，率领百人奉诏往执西后而废之。另外，他还找到梁启超致康有为的一封残信，里面提到："戊戌密谋，鄙意谓必当隐讳。"③

---

① 吕世浩：《三王与文辞——史记·三王世家析论》，载《燕京学报》新9期，第21—64页。
② 徐邦达：《〈宋人画人物故事〉应即〈迎銮图〉考》，载林舒等选编：《名家谈鉴定》，紫禁城出版社1995年版，第75—76页。这部书汇集了经验丰富的名家手笔，颇资参考。
③ 杨天石：《康有为谋围颐和园捕杀西太后证实》《康有为"戊戌密谋"补正》，载氏著：《寻求历史的谜底》，首都师范大学出版社1993年版，第37—49页。

考证某事必无,则要简单一些,通过分析某事成立的条件,然后针对其中一点,如梁任公当年所总结的:举一最有力的反证即可。徐规先生在考证广为流传的宋太祖赵匡胤"杯酒释兵权"的说法不可靠时,提出了主要的反证:当时正值国丧,朝廷上不作乐,不宴饮,而李焘所记录的"杯酒释兵权"恰恰发生于此时,恐难令人置信。此外,还结合诸宿将此后参与军事的经历来补正"释兵权"不可能一次性完成,从而证明这一说法不可信。不惟如此,作者还将这一考证转化为探讨宋太祖如何巧妙地安置宿将功臣的问题,并没有仅仅停留在考证具体细节的层次上,而是更上升为一种独特的历史经验、政治经验的总结,富有建设性意义。①

在实际操作中,内部考据与外部考据紧密联系,更像走路的两条腿,根据个人习惯而分出先后,携手并进,互相促进。罗尔纲先生的《水浒传》考证,结合了内部考据和外部考据。他首先考证出书名用水浒的真正含义,然后分析现行版本的思想主题,发现前半部分符合真义的主题,而后半部分的主题与此真义相违背,因此,他将《水浒传》分割成两部分——原本和加改本,它们分别出自不同的作者之手,成书年代也有先后之分。作者说:"考水浒一辞的来源出自《诗经》。《诗经·大雅·緜》咏周朝之兴的历史:古公亶父,来朝走马,率西水浒,至于岐下。爰及姜女,聿来胥宇。"作者以为:"这是歌咏周朝开基者古公亶父避狄去汾,渡漆、沮两水,越梁山,到岐下,得到人民的拥戴,开基建国的历史。"结合元代戏曲中对于水浒的解释,作者得出结论:取"水浒"为书名,以表明梁山泊与宋王朝对立,建立新政权的全书内容。《水浒传》原本主题思想,是"替天行道救生民""替天行道公平",小说自七十回半处开始脱离前面的既定主题,由"替天行道救生民"转变为新的主题"替天行道存忠义"。

至于"《水浒传》原本,应该是到现存的百回本的七十一回前半回'梁山泊英雄大聚义'为止呢?还是直到一百回'宋公明神聚蓼儿洼'呢?"作者称引万历时人读罗贯中《水浒传》的评论:"今读罗《水浒传》,从空中放出许多罡煞,又从梦里收拾一场怪诞。"结合小说故事安排技巧,证明当时确实存

---

① 徐规教授的这一考据是分为两篇文章来做的,是海峡两岸学术讨论的成果,两篇文章分别是《"杯酒释兵权"说献疑》《再论"杯酒释兵权"——兼答柳立言先生》,载徐规著:《仰素集》,杭州大学出版社1999年版,第526—532、616—633页。而文集中所附台湾历史语言研究所黄宽重研究员的评论也非常有意思,值得学习考据的人参看。

在一个于元代末年明代初年写成的七十回本《水浒传》；而经过内部分析，找到后人加增后半部之后再窜改前文的蛛丝马迹，证明现行本子乃是在七十回本的基础上增改而成，结合时事，比照成书主题，他认为其成书年代当在明朝中叶左右。①

第四节 证据的运用原则

考据的直接目的，在于确定历史现象的时空属性。考证的间接目的，则是为了提供真实的证据，证实考据者对于历史的认识和看法。对象越具体，就越能够加以比较，也就越适合于做考证，考证更容易成功。但是，对具体历史现象的考证并不能自动地综合出对历史的通识，往往还需要史家超越历史的具象，根据认识社会的法则，进行逻辑的抽象。因此，如何借助于具体的考证，上升到通识，是历史学家面对的一个基本问题。

一、确证、通识与阙疑

20世纪50年代，中国史学界在倡导历史科学化的时候，曾经对考据的烦琐化进行过广泛的批评。1951年，山东大学教授郑鹤声在《文史哲》第1期上发表《天王洪秀全状貌考》提出："我们可以得到洪氏状貌的一个轮廓，但洪氏之有须，实为其全部状貌的一种特征。此种特征，似出于其父祖的遗传。"在随后的学术政治运动中，此类考证文章受到批评，被认为：

> 是从个人兴趣出发，从显示个人学识渊博出发。他们不惜浪费宝贵的时间，花费很大的精力，作一些毫无意义的繁琐考证……以某教授'魏晋南北朝隋初唐史'讲义为例，字数长达80万，不可谓不多矣！但究其内容，通篇史料堆砌。他不仅抄录了许多众所周知的史实，而且考证了不少冷僻的资料；并且对帝王生平，如武则天哪年出生？几岁入宫？何时当尼姑等细节，都花了很大功夫去考证。最突出的要算是唐明皇为何宠爱杨贵妃的问题了。据这位教授精心考证的结果，原来杨贵妃的脸蛋是上窄、下宽、中间鼓；并且据说这种脸蛋，是唐代标准美人

---

① 参见《水浒真义考》，收入钟文典选编：《罗尔纲文选》，广西师范大学出版社1999年版，第345—389页。另一种看法认为繁本先于简本，参见张国光："历史正在为金圣叹作出公正的评价"，载《湖北大学学报》1988年第3期，第25—32页。

的脸型,所以得到了唐明皇的宠爱。尤其惊人的是:有的教师对诸葛亮食量多大、清代画家恽南田先画山水还是先画花卉,以及关帝庙何时创建等问题也发生了兴趣,花功夫考证一番。至于帽子考,雨伞考那就更不在话下了。

其实,考据是否有意义,与考据本身是否琐碎关系并不大,而是与有待解决的历史问题密切相关。郑鹤声教授的考证是为了修洪秀全的塑像。而对于职业海洋寻宝者来说,对历史上各种满载财宝的船舶遭遇海难的地望考证,也是要高度精准的,不然会"差之毫厘,谬以千里"。在学术交流的过程中,争论越激烈,越要求言之有据,有确证,从而将相关考据推向细化。长期以来,学者们以为,严复《天演论》译本面世,以陕西味经楼本(1895)最早,该版本署"光绪乙未春三月陕西味经售书处重刊"。虽然有学者发现其中有严复按语提到"光绪二十二年丙申(1896)",但是由于严复译稿经过多次删节,这一证据不足以推翻原来的结论。2000年,汤志钧教授发现了陕西学政叶尔恺将《天演论》交付味经楼刊刻之后,致汪康年的一封信,里面提到初校样中,错误频仍。该书信所署日期为光绪二十四年十一月(1898)。① 对于这一考证,俞政教授在《严复翻译天演论的经过》一文中评论说:"以当事人叶尔恺的书信为过硬的依据,推断出味经本刻印于1898年,为这个长达将近50年之久的考证作出了圆满的结论。"

考证可以上升到通识的层面。汤志钧教授的考证,并非就事论事,而是通过重新考订《天演论》最初的出版日期,来说明康有为的进化学说,并不是因为看到《天演论》之后形成的。王钟翰教授则将诸多具体考证串起来,把握其内部联系。"我之所以将阿其那、塞思黑、雍祯、隆科多、年羹尧诸案,皆作为雍正夺嫡这一整体的各个组成部分,或其前因后果,是从问题发展的必然联系来考虑的。失掉问题的重要线索,孤立地、从各种偶然性巧合上进行推测,自会各执一词,异说纷纭,永无终止地争论下去。要在残缺零散、互相抵牾、使人扑朔迷离的史料中得出基本正确的结论,还其历史的本来面目,考据当然是必备的功夫,但更重要的是指导考据的正确思路。这种思路,就是将零星材料放在事物发展的逻辑中联系起来考虑的结果。这种考据实际上已不同于传统的对某个名物制度的孤立考证,而是从孤立、矛盾

---

① 汤志钧:《再论康有为与今文经学》,载《历史研究》2000年第6期,第74—76页。

的记载中演绎出事物的发展规律,并以此解释各种表象所以发生的真实原因。"①

考证重确证,将通识转化为考证,却也容易穿凿附会,钻牛角尖。在长期的实践过程中,史学家们也发明了一条防止钻牛角尖,凭借主观臆想妄解文本的原则,那就是阙疑的精神。孔子说:"知之为知之,不知为不知,是知也!"又说:"多闻阙疑,慎言其余,则寡尤。"在研究过程中,研究者不可强作解人,实在无法解释,不可确知,就让它不知好了,代代累积,终有可解释的那一天。台湾史学家杜维运先生从东西方史学比较的角度认为,阙疑精神是西方古代史学所不具备的优良品质。其实,西方古代史学家也是具备阙疑精神的,希罗多德就说过:"对于我本人来说,则我的责任是将我所听说的一切都记录下来,虽然我并没有什么责任来相信每一件事情;对于我的全部历史而言,这个说法我觉得都是适用的。"(《历史》第七卷第153节)

二、意见性史料的利用

在古代希腊,认识世界的方式被区分为"意见"与"真知"。意见来自对表象的感觉,而真知来自对存在的反思。② 在中国古代,意见主要属于贬义词,查迪志公司与上海人民出版社的电子版四库全书,有"意见"2815条,其中多为贬义,如"自出意见","徇其意见之所偏","一时意见之偏","各执意见","意见偏驳","强生意见","意见相激,务与相反","各有意见"。似乎意见与争论紧密相连。查《汉语大词典》"意见"条,得"见解、主张",而真理是"客观事物及其规律在人的头脑中的正确反映"。意见的外延要大于真理,真理在被证实之前,属于意见。在句子表述中,只有意见的内容被表述出来,而"我认为"则被省略掉了,只有在强调的时候,才会加上"我认为"。

意见可以是真诚的,直接道出心中所思所想,也可以是虚伪的,为了迎合听者,说出听者想要听到的"意见"。在言论自由、社会变动迅速的时候,利益分化较大,相应地,意见也多元化,不同意见会比较多。

中国古代史书中,意见与真实的历史事件,是被区别开来的,所谓"述而不作"。一般说来,意见体现于论赞之中,而真实的事件构成记叙的内

---

① 王钟翰著:《王钟翰学述》,浙江人民出版社1999年版,第91—92页。
② Peters, F. E., *Greek Philosophical Terms: A Historical Lexicon*, New York, New York University Press, 1967, p. 15.

容。例如，太史公在《平准书》中记载了汉代工商史之后，有一大段"太史公曰"，表述自己的意见。他认为夏商周三代，"安宁则长庠序，先本绌末，以礼义防于利，事变多故而亦反是。"春秋以降，"贵诈力而贱仁义，先富有而后推让"；到了秦朝，"外攘夷狄，内兴功业，海内之士力耕不足粮饷，女子纺织不足衣服。"这个意见，是否正确，符合历史真实，要经过历史研究。

现代历史研究中，作为言说者的价值判断，意见与事实描述是严格地被区别开来的。意见在变为事实描述之前，必须经受历史学家的考证。在诸多史料之中，当时人对某种社会现象的评述性意见，更容易被径直当做事实描述，造成认识混乱。例如《校长阅刊》2007年第5期有本刊评论员发表的文章《教师岂能不读书》，说，"近日，《新华每日电讯》记者在采访时发现，上海等地的一些中小学教师课外阅读非常缺乏，他们的书架上，除了教科书和参考书，很难找得到其他的书，几乎处于'不读书不看报'的境地。"这篇文章根据的是，《新华每日电讯》两位记者肖春飞、刘丹2007年4月10日刊发的一篇报道，"有些中小学教师几乎不读'教外书'"。肖、刘二位并没有提供他们所采访学校、教师的数目，而是基于所见的"有些"现象，发表了这么一段"评论"。但是，《校长阅刊》的评论员，却把这篇报道当做一篇事实描述，认为中小学教师普遍存在不阅读课外书的情况，进而分析产生这种现象的五种原因，以及多种社会后果。

三、尊重证据与考据的真精神

考据是对证据进行比较，判断证据的真伪，正确理解史事。历史考据尤其重视严谨地运用证据。胡适先生曾经说过："历史的考据是用证据来考定过去的事实。史学家用证据考定事实的有无、真伪、是非，与侦探访案、法官断狱，责任的严重相同，方法的谨严也应该相同。"据他总结，考据过程中为达到谨严应遵循两个基本要求："我提议：凡做考证的人，必须建立两个驳问自己的标准：第一要问，我提出的证人证物本身可靠吗？这个证人有作证的资格吗？这件证物本身没有问题吗？第二要问，我提出这个证据的目的是要证明本题的哪一点？这个证据足够证明那一点吗？第一个驳问是要审查某种证据的真实性，第二个驳问是要扣紧证据对本题的相关性。"[①]

---

① 胡适：《考据学的责任与方法》，载欧阳哲生编《胡适文集》第10卷，北京大学出版社1998年版，第193—201页。

错误地运用证据,属于"硬伤"之一种。使用证据的错误或是无意导致的,或是有意为之。在史学论著中,其主要表现形式,就是引文的错讹。在《论社科著作的"硬伤":引文错误》中,罗时嘉、洪蓉指出,引文错误表现为:1. 多、漏、错字;2. 转引变为直接引用;"引用并非自己阅读过的文章资料,只是图省事转引他人文章中的引文";3. 引用陈旧的版本;4. 断章取义,"作者随意删节或掐头去尾拼凑引文,有的甚至前后文颠倒为我所用,为自己的观点贴标签;有的又不加符号表明。"5. 张冠李戴;6. 删去引号,无从查对;7. 标点及出处错误。①

如果史料稀缺,寻找到足够的证据来证明某个观点,非常不容易,此时,历史学家关注的问题是,如何最大限度地利用这些证据。倘若史料充分,除了取舍史料之外,如何折中调和这些证据,成为历史学家工作的重点。尤其是如何利用不利于自己观点的证据。不利的证据,要么是偶然发生的,可以加以排除,要么可以用来修正已有的观点。通过证据与观点之间的互动,修改观点,使得原本矛盾的证据不再矛盾。有矛盾的地方,有创新。关于天地会的起源,由于史料不同,而有不同的说法。根据会内流传的秘密文件,认为天地会是清初康熙年间明朝遗老为了"反清复明"而创立的。若依据官方记载,天地会是乾隆中叶福建漳浦僧提喜即洪二和尚所创立。秦宝琦教授将两种史料结合起来,加上实地考察,认为两种说法并不矛盾,如果依据档案史料,对会内的文件中的传说加以整理,所得信息实际上与官方记载相契合。"天地会确由乾隆年间福建漳浦县(今属云霄)僧人提喜即洪二和尚所首倡,创立的具体时间,根据提喜本人生平与天地会初期活动,当以行义、陈彪供词中所提到的天地会始于乾隆二十六年为可信。至于会内文件中提到的康熙甲寅或雍正甲寅结盟一事,则是会内首领为了表明天地会源远流长和迷惑清政府官员而有意提早了。"②

对证据的尊重,不仅有利于增进研究者对于史料的感情,对历史的感情,从而体现出对历史的尊重;也而且有助于培养平等的学术精神。因为考据的真精神就是证据面前人人平等。

---

① 罗时嘉、洪蓉:《论社科著作的"硬伤":引文错误》,载《中国矿业大学学报(社会科学版)》2001年第4期,第134—136页。

② 秦宝琦:《从档案记载与会内文件的结合看天地会的起源》,载《江苏社会科学》1990年第4期,第38—41页。

第五节　示例两则

一、《辞海》"竹刻"条辨误

王世襄先生在《论竹刻的分派》中非常精彩地辨析了旧版《辞海》"竹刻"条的失误。文章首先列举了两部论述竹刻名人的著述：《竹人录》和《竹人续录》，说明竹刻派别性并不强。其次，引述《辞海》"竹刻"条讨论派别的一大段文字：

> 宋高宗时，安徽吴晞庵、詹成能于竹片上镌刻宫殿、山水、人物，纤毫俱备，以幽秀胜，世号皖派。至明金陵李文甫，濮仲谦刻花、鸟、虫、兽，皆精绝隽逸之作，有金陵派之称。后嘉兴张希黄、钱开涛、周梦坡改创阳文留青，此浙派所自起。继之者，有萧山蔡容庄创刻留青人物山水，得希黄诸家之秘，遂称萧山派。嘉定朱松邻改变濮仲谦法，喜用深刀，子孙继其业，遂成嘉定派。至清乾嘉间，周邦藩、潘老桐、郑文伯、方絜斋辈，均摹李文甫、濮仲谦法，镂工皆精，此金陵派之继起者。道光时，汤硕年、吴玉田兼嘉定、金陵、皖三派成为一家。

对这段话语的可靠性，作者产生了疑问，他说："乍读上条，列举竹刻家及流派，如数家珍，令人不禁肃然起敬，莫测高深。但随即发现所述竹人，有不少非常陌生，为《竹人录》及《竹人续录》所未载，很难相信如果是有成就的竹刻家，竟会被金、褚两家遗漏失记。而当该条提到赫赫有名的大家时，又出现了明显的错误，这就不能不使人对其所列举的竹人和分派的可靠性产生疑问了。"

在随后的论证中作者举出了《辞海》该词条在六个方面的漏洞：

（1）南宋人中，吴晞庵名姓不彰，事迹及作品均待考。元代陶宗仪的《辍耕录》记载了詹成的竹刻艺术，但是并没有说明他是安徽人。因此，词条作者将称誉詹成的话"置在吴詹之下，遂成为二人共有的技能，这是对《辍耕录》的篡改和歪曲。而称詹为安徽人，更缺乏证据。故所谓'世称皖派'之说，乃是虚构，该条不过将一己之言，诡称是世人的成说而已。"

（2）在浙派人物中，张希黄生平不详，有资料称其为江阴人，而没有嘉兴之说，钱开煮在《竹人录》和《续录》中不见记载，也没有资料提到周梦坡善刻竹。而且这几位有名有姓的人物时代有先后,"岂能同是留青的改创者!如此言分派,徒增疑义而不能使人信服。"

(3)至于萧山派,只提及蔡容庄一人,没有继起者,如何能够称派!而且根据传世实物,蔡容庄刀法以阴文浅刻为主,留青之作不多。

(4)嘉定派中,朱松邻要比濮仲谦至少早半个世纪,"今竟谓朱改变濮法而用深刀,岂不大谬!"

(5)金陵派的继起者中,"堪称刻竹家的只有潘老桐和方絜斋。"老桐刻法多样,浅刻只是其刀法之一。而方絜斋字矩平,号治庵,"絜斋"之称,既非其名,亦非其号,又显然有误。据传世实物,方氏善陷地浅刻,乃是从贴黄的浅刻变化出来的一种刀法,和李文甫的"玲珑有致"、濮仲谦的"经手略刮磨"而巧夺天工均不相侔。故谓摹李、濮,又是毫无事实根据的臆说。

(6)汤硕年不见于《竹人录》和《续录》,吴玉田为福建人,二人生于晚清,竹刻艺术已日益衰替。加上,朱氏一门的圆雕、透雕、高浮雕诸法均已失传,更何来嘉定派?而所谓皖派又根本不存在,故兼三派之说,又不过是一句空言而已。

作者考订至此,业已将《辞海》"竹刻"条的谬误揭示出来,但是,作者并没有就此止步,他还进一步调查了该词条的史源,并从源头考察了致误的原因。他说:"《辞海》条目,多有所本。《竹刻》一条,几经查找,始知赖摘录张志鱼所撰《历代刻竹人之小传》并略加损益而成。"而张志鱼撰写时曾交代:"鱼前二十年,得到《竹人录》一册。所载由宋詹成起至清乾隆止,约百余人,该书不知何人执去,现追忆录之,挂一漏万,当不免耳。"①

二、"同观福音"源流

1. 考定版本

宗教改革运动之后,越来越多的学者开始关注福音书的原始面貌,试图通过最原始的本子,或者说福音书的原型,来发现耶稣布道的真实情况。第一步的工作当然是确定一个最接近原始状态的《圣经》版本,通过版本校勘重建这一版本。

罗马教会设定了一个最权威的《圣经》本子——"定本"(textus recep-

---

① 王世襄:《论竹刻的分派》,载林舒等选编:《名家谈鉴定》,北京紫禁城出版社,1995年,第399—401页。

tus)。为了追寻更加符合耶稣原意的本子,学者们将目光聚焦到了"定本"的希腊文底本——圣哲罗姆翻译时所依据的本子。一步便复古到了4世纪晚期。

1881年,英国学者维斯科特(B. F. Westcott, 1825—1891)和霍特(F. J. A. Hort 1828—1892)出版了《原始希腊文本新约》。将早期版本(4世纪以前)划分为四大类:(1)叙利亚式,是公元3世纪末在安条克经过校正、调和之后的折衷本,在拜占庭成为流传最广的本子,发展成为后来的"定本";(2)前叙利亚式,或"中立式",无特别的偏向,属于最原始的本子,但遗存也最少。(3)西方本,成书于公元2世纪,编订者或者插入话语,或者对故事性叙述加以调和,或者校正甚至删节某些不敬的话语,总之是在众多版本参考之下随意校改而成。(4)亚历山大里亚式,不满《新约》过于口语化,亚历山大里亚的学者们以语法和文学手段加以校正,使之趋近于雅正。

在校勘过程中,他们确立了几条指导原则:(1)所有未见于中立式、亚历山大里亚式和西方本的读法,即为叙利亚式的,不取;(2)亚历山大里亚式和西方本中所有缺乏中立式支持的读法皆不取;(3)见于中立式而不见于西方式的,存疑。他们校订的本子,被认为是现代"定本"。

2. 同观福音之先后

"同观福音"(synoptic gospels),从字面上讲,就是一起阅读的意思,从文本上讲,是指《马太》《马可》和《路加》三部福音书,它们以类似的方式反映耶稣的生平、教诲和事迹。根据比较可知,《马太》与《马可》所记耶稣事迹有90%是相同的,《马可》与《路加》之间有50%相同。

在《名人列传》中,哲罗姆按照时间的先后顺序提到了这三部福音:

> 马太,俗名列维,前公务员,后成使徒,写作了一部福音,首先用希伯莱文在犹太发表,后被译成希腊文,译者不详。希伯莱文本直到今天还保存在恺撒里亚(Caesarea)的图书馆里,我也托人抄录过。这部福音引用《旧约》,都不用七十子本,而是引自希伯莱文本。

> 路加,安条克的一位医生,精通希腊文,是使徒保罗的随从,他写作了一部福音书……路加不仅从保罗那里——保罗与主生前没有接触过——而且也从其他使徒那里获得福音。

> 马可,彼得的学生和解释者,应罗马兄弟们的要求写作了一部简短

的福音书,记录他从彼得处所闻。①

圣哲罗姆并不太关心福音书的早晚问题,而是交代各自的出处、史源以及特色。比哲罗姆晚一代的圣奥古斯丁明确认为,《马太》最早,《马可》紧紧追随它,如同其助手和摘录者。受此影响,罗马天主教习惯上认为《马可福音》是《马太》的删节本,因此比较忽视《马可》。宗教改革之后,特别是近代考据学兴起之后,人们关心什么是最为原始的基督教义,真正的耶稣是怎样的,在这种背景之下,福音书的先后问题才为学者们所关注。大概在1824年,出现了目前普遍接受的看法:《马可》是第一个写成的,也是《马太》和《路加》的主要祖本之一。与原始《马可》并存的另外一个史源,是被称为Q底本的耶稣论语,《马太》和《路加》主要依赖于这两个史源,加上各自的传统,写作成文。这个看法被称为"两源说"。

3. 流行看法的证明

(1) 措辞。超过半数的《马可》词汇出现在《马太》和《路加》中。

(2) 顺序。当《马太》与《马可》顺序不同时,《路加》与《马可》顺序一致;当《路加》与《马可》顺序不同时,《马太》与《马可》顺序一致。它们唯一一处同时与《马可》不同,是耶稣拣选十二门徒的故事。至少在大的情节上,《马太》和《路加》往往不可能同时与《马可》不同,说明《马太》《路加》抄自《马可》。有时候,《马太》或《路加》会离开《马可》的叙事,以便添加一些新的内容。但是通常在它们添加完成之后,会回到《马可》中它们离开的那一点。

(3) 内容。《马可》的661节经文中,有606节可以在《马太》中找到,比例为90%,而且形式几乎一样;大约有一半的经文包括在《路加》中。《马可》短,但是对事情的叙述往往要比《路加》和《马太》长,可能《路加》和《马太》在增加大量说教材料的同时,删节了叙述性的段落。

(4) 风格。《马可》的希腊文水平要差一些。在该用过去时的时候,《马可》用过去现在时,而《马太》和《路加》用过去时。《马可》中有八处记载耶稣用母语亚兰语所说的话,但是《路加》中找不到这些记载,在《马太》中只找到一处。若比较更多的版本和异文,此一处亦不能肯定。《马太》和

---

① St. Jerome, *On Illustrious Men*, trans. by Thomas P. Halton, Washington, D. C. :the Catholic University of America Press, 1999, pp. 10-18. 这部书有许多考证的实例,反映了那个时代的考据水平,也为后来的经学考据奠定了基础。

《路加》很可能省略了这些亚兰语,而《马可》是有意将其放入福音书的。

(5) 观念和神学。神学观念更先进,成书会更晚一些。《马太》和《路加》有时低调处理,有时删除在《马可》中可能会引起误会或者不敬的词汇。如《马可》第6章第5节"拿撒勒人厌弃耶稣",说到"耶稣就在那里不得行什么异能。"而在《马太》中被改为:"因为他们不信,就在那里不多行异能了。"(第13章第58节)《路加》则完全省略了这句话。比较《马可》与《马太》关于"耶稣受洗"的叙述,《马太》说:从天上有声音说:"这是我的爱子,我所喜悦的。"(第3章第17节)而《马可》则说:"你是我的爱子,我喜悦你!"(第1章第11节)从宗教体验来看,《马可》所揭示的是个人行为,是上帝与耶稣两者之间的事,而在《马太》那里,则变成了一种社会行为,上帝不是在对耶稣说话,而是面对一群信众发言,前者应该属于更加原始的状态,相应地,《马可》的记录更加原始,而《马太》相对后起。①

阅读书目:

陈垣:《史讳举例》,中华书局2004年新1版。
邓广铭:《邓广铭史学论著自选集》,首都师范大学出版社1994年版。
林舒等选编:《名家谈鉴定》,紫禁城出版社1995年版。
齐思和:《中国史探研》,中华书局1981年版。
田余庆:《秦汉魏晋史探微》,中华书局1993年版。
《文史知识》编辑部编:《文史专家谈治学》,中华书局1994年版。
赵光贤:《中国历史研究法》,中国青年出版社1988年版。

---

① 本节叙述参考了约翰·德雷恩著,胡青译:《新约概论》,北京大学出版社2005年版,第195—212页。Moulton, Warren J., The Dating of the Synoptic Gospels, in *Journal of Biblical Literature*, Vol.37, No.1/2(1918), pp.1-19; Kilpatrick, G. D., Some Thoughts on Modern Textual Criticism and the Synoptic Gospels, in *Noum Testamentum*, Vol.19, Fasc.4(Oct., 1977), pp.275-292.

第八章
历史写作

第一节 历史写作与文章

一、古代历史写作原则

历史写作的历史至少已有 3000 年。公元前 2 世纪的历史学家司马迁在编订《三代世表》的时候,提到过他所见最为古老的历史作品:"五帝、三代之记,尚矣……余读谍记,黄帝以来皆有年数,稽其历谱谍终始五德之传,古文咸不同,怪异。"甲骨文卜辞,多有历史记载的味道,《尚书》《易》《春秋》接踵而起,到汉代,最终形成了中国古代历史写作的两大支脉:记事与记言。在总结编年史书的时候,历史学家班固认为:"古之王者世有史官,君举必书,所以慎言行,昭法式也。左史记言,右史记事,事为《春秋》,言为《尚书》,帝王靡不同之。"(《汉书·艺文志·春秋类》)

古代西亚、北非,文明起源甚早,也留下了相应的历史记录,包括两河流域的古代王表,如《苏美尔王表》和古埃及的《法老铭文》。《苏美尔王表》是考古发掘出来的泥版文书,有一份《王表》的作者自称写作于"乌鲁克王朝的乌鲁克伽尔王时期",据现代年表换算,约为公元前 2125 年。除了年代较近的国王们之外,诸王统治年代都超过百年,"其文不雅驯"。法老铭文多刻在神庙,为歌功颂德之辞,带有程式化特征,有些法老甚至直接将以前法老的名字削去,换上自己的名字了事。

西方历史写作远宗西亚、北非,近宗古代希腊。公元前 5 世纪克里特岛就有铭刻法令,任命负责教俗公共事务的书记和记录员,职务世袭,记下城邦事务委员会的讨论。与此同时,有一批自由历史学家兴起,记录所见所闻,其体裁多为"散文叙事"(logography),按照地域记录见闻。随后兴起的"历史"也是希罗多德所做的"调查报告"。

无论中国的《尚书》还是希腊的书记官所录之城邦史,多不尚文采,但是很快,历史写作就与"文"联系在一起了。孔子说:"文胜质则史",当时也有"辞多则史"的说法。在古代西方,历史撰述属于修辞学的一个分支,历史书中充斥着辞藻华丽的演说。修昔底德所著《伯罗奔尼撒战争史》,以追求真实记录而知名,其中许多演说词,当场的听众并不能记住,多是他自己精心草拟,成为传诵不绝的文学佳作,尤其是雅典将军伯里克利在阵亡将士国葬典礼上的演说。《伯罗奔尼撒战争史》很快就成为经典,是后来史家仿效的对象。而专门讨论这部作品的文论家,也多从文章学的角度加以阐述。公元前1世纪哈利卡尔那修斯的狄奥尼修斯,在《论修昔底德》中,主要讨论修昔底德详略处理失当的情形。约与此同时的大演说家西塞罗,虽然没有亲自撰写历史,但是他的史学主张随着他的文章而影响深远,他强调,修辞与真实是历史写作的两大要素。这一点与中国东晋时期刘勰的观点相一致。

刘勰的《文心雕龙》第一次系统地对包括历史写作在内的写作进行了总结,在《史传》篇中,他赞道:"史肇轩黄、体备周孔、世历斯编,善恶皆总,腾褒裁贬,万古魂动,辞宗丘明,直归南董。"意思是说,历史记载从黄帝开始,这一体裁发展到周公、孔子的手里而大体完备,它记录经历,包括善恶,褒贬人物,威力巨大,措辞以左丘明为榜样,秉笔直书则遵照南史、董狐的遗训。

刘勰生活的年代,是南朝开始的时期,那时中国古代王朝纂修大规模史书的经验业已有了初步的积累,通过观察,在这类历史写作当中,刘勰意识到"总会"的难度及"诠配"之不易。"总会"的困难主要在于两个方面:史料少的时候,如何取舍考证;史料多的时候,如何叙述清晰。而"诠配"之不易主要是因为同一件事情有多个参与者,如果每人的传记里面都讲述一遍,就会重复,但如果只在一人的传记里讲述,似乎又不够全面。

刘勰之后,对中国史学撰述进行系统总结的人物,是唐代的刘知幾。刘知幾所著《史通》是对历代史书编纂以及自身历史编撰经验的总结,除了探索史书的体例之外,关于历史写作,《史通》费了很多篇幅,分类讨论,总的观点包括如下几点:

第一,要重视行文,精雕细刻、锤炼文句。他说:"古者行人出境,以词令为宗;大夫应对,以言文为主。况夫列以章句,刊之竹帛,安可不励精雕饰,传诸讽诵者哉?"

第二,尚简。他觉得历史著作的篇幅越来越长,文字也越来越繁芜,为了读者的方便,应该提倡"文约而事丰"。可能正是基于这种考虑,他反对文人修史,提出"文之与史皎然异辙"。

第三,实录与褒贬的语言要互相有别。作为记载,历史应该实录其事,不要片面模仿古人,应该用"今语";但是如果涉及褒贬,那么就要向经典学习,记言方面的典范是《尚书》,记事方面的权威是《春秋》(《左传》),它们为"述者之冠冕,实后来之龟镜"。①

中世纪基督教文化背景之下的历史写作,以《福音书》为模板,尚简,诚如都尔的主教格雷戈里在其《法兰克人史·前言》中所云:"鲜有人知晓哲学修辞,许多人喜欢朴实言说"(philosophantem rhetorem intlligunt pauci, loquentem rusticum multi)。伴随加洛林文艺复兴,古典历史书写方法一度影响较大。如撰写《查理大帝传》的艾因哈德,广泛模仿古罗马史家苏埃托尼乌的《罗马十二帝王传》。在《前言》中,他宣称,值得用西塞罗的全部才华去创作(cui scribendae atque explicandae non meum ingeniolum, quod exile et parvum, immo poene nullum est, sed Tullianam par erat desudare facundiam),但也崇尚简洁。此后,北欧人入侵,封建格局形成,地域闭塞,人员流动率下降,信息交流落后,历史作品的篇幅较短,尚简之风成为主流。12世纪文艺复兴之后,颇有改观。而到14世纪文艺复兴之后,世俗历史学家群体崛起,阅读、模仿古典史学原著逐渐成为教育内容,历史写作与修辞的关系,再次密切起来。汤普森在《历史著作史》中宣称,直到17世纪,历史学都属于文学编写的范畴。②

二、现代历史写作与叙事

19世纪,现代史学告别修辞,宣布自己的独立性和科学性。从学科属性上讲,是从附属于修辞或文章之学,到采取自然科学研究报告的方式,附属于科学。1920年,美国内布拉斯加大学教授傅零撰写《历史写作:史学方

---

① 刘知幾"自小观书,喜谈名理,其所悟者,皆得之襟俯,非由染习"。其论述历史写作,多富个性。

② J. W. 汤普森著,谢德风译,李活校,《历史著作史》上卷,商务印书馆1988年版,第iii页。

法导论》,作者认为:"历史教师必须从事某种科学调查,否则他们要么不能理解历史知识的基石,要么不能区分科学研究成果与通俗作家和修辞家的作品。"在《历史语言研究所工作之旨趣》中,傅斯年高举科学史学大旗,借鉴当时欧洲的东方学模式,对传统的史学表述方式提出了严厉的批评。他说:"历史并非著史,著史每每取文章家的手段,达到伦理家的目的。"在他看来,历史学不过是整理史料而已,应保持绝对的价值中立,完全根据证据来说话。以科学地整理史料为目标的历史学,告别过去的史学业余状态,开始以专业化的学术论文为表达成果的主要方式。这种历史成果表达方式,所面向的读者群体,主要是专业的历史学家,文章要通过考证、说理,说服读者接受作者的结论和分析。从某个极端的角度而言,现代历史写作与传统历史写作最为明显的差别,在于现代历史写作的行文可以是枯燥的,而传统历史撰述则强调文采。

20世纪最后30年,叙事理论对历史写作模式进行了重新阐释,历史写作与文学写作之间的关系被重新加以考虑。在这种理论关照之下,作为对"实在"的认识和记叙,历史写作似乎赋予历史实在以结构,有开始、发展、高潮、衰落、结尾,并最终呈现为首尾一致、富含价值判断的、有意义的历史叙事。因此,从形式来看,"历史叙事也是文学写作之一种"。"20世纪中叶以后,许多非小说性作品——哲学、历史学、传记、评论、地名学、科学和政治学——都被算作文学作品,其潜在的假定是,这些都是在既定文化背景下对意义的再生产"。①

在这种背景之下,历史写作与文学的关系,历史写作与科学之间的关系,同样微妙,难以界定。海登·怀特认为,历史叙事与科学陈述不同,它并不是利用因果率来进行概括,而是选择故事类型:喜剧的、悲剧的等等,施诸于历史事件,将历史"戏剧化""小说化",属于文学情节的范畴。"一个人可以创作一种关于真实事件的虚构话语,这种话语不见得会由于是虚构的而不那么'真'。这一切都要看你对人类天性中的想象力功能作何解释"。"作为叙事,历史叙事并不消除有关过去、人生、群体本质等的虚假信仰;它所做的是检验一种文化的虚构作品赋予真实事件以各种意义的能力,这些意义是文学通过塑造'虚构'事件的格式而向意识展示的"。既然过去不再

---

① Baldick, Chris, *Oxford Concise Dictionary of Literary Terms*, 上海外语教育出版社2000年版,第124页。

可以感知,"这样的话,除了一种'虚构的'方式还能用什么其他方式在意识或者话语中再现这种过去呢? 在任何一种历史理论的争论中,叙事问题难道不总是最终归结为一个在特别人类真理生产中想象力的作用问题吗?"[①]

约与此同时,叙事史开始复兴。在《叙事的复兴:对一种新的旧史学的反思》中,劳伦斯·斯通指出,以年鉴运动为代表的新史学宣告结束,继承了新史学、建立在结构分析基础之上、以人为中心的叙事史学再次兴起。从文化的角度,关注个体与他的生活环境之间的关系,并进而理解历史上的生活经验。不少史家强调利用特定的文学手段。"通常会强调这些文学手段的修辞性和感情色彩;但是也同样要分析它们的方法论上、意识形态上的涵义,以及认知含义。一般说来,可以说任何历史写作都是一个故事,一段叙事,哪怕它充满统计和表格;但是不同时代的历史学家会选择不同的叙事模式。"[②]

历史写作与文学的关系,除了强调文史不分家之外,还包括历史与艺术的关系。围绕历史剧,曾经有过多次规模较大的讨论。历史学家吴晗1961年创作了一部历史剧《海瑞罢官》。职业历史学家的身份,使得他在进行历史戏剧创作的时候,特别感受到戏剧创作与历史写作之间的差别。

在他看来:"历史剧与历史有联系,也有区别。……历史剧必须有历史根据,人物、事实都要有根据。历史剧的人物是反映历史的实际情况,吸取其中某些有益经验,对广大人民进行爱国主义教育。人物、事实都是虚构的,绝对不能算历史剧。"为此,他将历史人物、事实都是虚构的戏剧称为"历史故事剧",以与历史剧相区别,如《杨门女将》等。在吴晗看来,历史剧中史实应该是真实的,是现实的反映;而戏剧必须想象,要浪漫,"简单地说,光有现实主义,是历史,不是戏;光有浪漫主义,是戏,不是历史剧。以此,必须而且应该做到现实主义和浪漫主义相结合,才能达到历史剧的要求……就历史剧来说,艺术真实应该服从历史真实"。历史剧固然不同于历史书,但两种体裁也是统一的。"无论历史书也罢,历史剧也罢,里面的历史人物决不是僵尸的复活,写这个人、演这个人,都要着眼于他或她的某个方面对于后一代的人们的启发作用,也就是前人经验的总结。一句话,不是为了死人,而是为活人服务,

---

[①] 海登·怀特著,董立河译:《形式的内容:叙事话语与历史再现》,文津出版社2005年版,第33—79页。

[②] Carlo Ginzburg, Anthropology and History in the 1980s: A Comment, in *Journal of Interdisciplinary History*, XII: 2 (Autumn, 1981), pp.277-278.

也就是为了继承前人的斗争经验教训,使之为今天的社会主义建设服务,做到古为今用,这两者是统一的,不容有任何怀疑的。"

那么,吴晗是怎样具体操作的呢?"在《海瑞罢官》这个戏里,除了海瑞、徐阶这两个历史人物的典型性格和典型环境符合历史实际的以外,戏中的事是虚构的。赵玉山一家子历史上并无其人,这家子的三世埋冤也并无其事,反过来说,根据典型环境所许可的情况下,这些人和事又是有历史根据的,徐家的确做了许多坏事,当时确有为数众多的老百姓被害,赵玉山一家子的故事从这一角度看是符合历史真实的,不过姓名不一定是赵玉山、洪阿兰而已"。

历史剧的真实性问题此后常有讨论,现在较为流行的看法,还是倾向于历史剧属于艺术。①

从写作形式来看,历史写作与历史文学都属于历史叙事;从写作内容来看,都在讲历史;从写作功能上看,虽然最终都是满足今日读者之需要,但是,历史写作是科学研究成果的表达,而历史文学是作者的自我表达。从作者对史料的尊重程度来讲,它们分别代表了两个极端,历史学家要尽可能地通过史料,接近他所研究的那个时代,还原历史,尊重历史,尊重同行们的研究成果,恪守历史研究的学术规范。而文学家要尽可能根据现实的需要,通过虚构来满足读者和观众的感观享受,迎合现实,旨在表现时代,表现自我,亦不必征引历史学家们的研究成果,无须恪守历史写作的学术规范。由于历史变迁,古今之间存在着巨大的变化;也由于历史的延续性,使得古今之间又存在某种微妙的相似和延续。正是这种古今之异同,决定了历史写作与历史文学之间存在多种类型的作品,所包含的历史真实程度各不相同。

两千多年前,亚里士多德曾经根据所记叙内容,将历史写作与史诗加以区别,前者记录实际发生的事件,而后者记叙可能发生的事情。这种区分同样适用于历史叙事与文学叙事之间的区分。虽然,历史叙事与文学叙事都包含着"真实事件",但是文学叙事中的"真实事件"主要从逻辑上讲为真实,"可能会发生",只要读者认为有可能会发生,合乎逻辑就行了。其指向

---

① 余秋雨:《历史剧简论》,载《文艺研究》1980 年第 6 期,第 43—55 页。要了解争论的历史,可参见孙书磊《20 世纪历史剧争论之检讨》,载《南京师范大学学报(社会科学版)》2005 年第 3 期,第 133—138 页。最新的讨论,参见《历史剧与影视史学(笔谈)》,载《中国人民大学学报》2007 年第 2 期,第 20—36 页。

为现实中的读者。而历史叙事中的"真实事件",基本上等同于实际的发生,唯其发生,方可成为历史。其指向为史料中的过去。

第二节 从记载到研究

一、记载与研究

从功能上讲,古今历史写作基本一致:保存史事,但是实现方式却不尽相同。大体说来,古代历史写作以记载为主,希罗多德所谓"记载人类的功业,使之不因年深日久被遗忘",司马迁所谓"且余尝掌其官(太史公),废明圣盛德不载,灭功臣世家贤大夫之业不述,堕先人所言,罪莫大焉!"因此,自称"整齐故事",整理过去的事情。《说文解字》对于"史"所下的定义是:"记事者也",历史学家乃是记录史事的人。为了准确地记载,古代的历史学家也需要进行考证、研究,甚至丝毫不逊色于现代史学家。但是,这些研究工作是为了更好地记载,是为记载服务的,研究辅翼记载。

现代史学则以研究为主,以记载为辅。查《牛津英语辞典》,所谓"历史学家"是"历史写作者,尤指批评地分析者,与仅仅是编年史家和编者相对立"。在今天的学科分类体系之中,记录历史的分支学科大多脱离了历史学,而归入其他学科,如档案学、新闻学、秘书学,等等。历史研究者鉴别史料,评论史料,发表对于史事的看法和认识,证明某种看法有道理,解释某种说法为什么能够成立。克拉克爵士为《新编剑桥现代史》撰写总导言的时候说:"就历史学而言,我们可以断言,如果说它是一门科学的话,它是一门从事评价的科学。"

记载与研究的不同,影响到历史写作的差异。章学诚将书籍分成两大类:记注和撰述。他说:"撰述欲其圆而神,记注欲其方以智也。夫智以藏往,神以知来。记注欲往事之不忘,撰述欲来者之兴起。故记注藏往似智,而撰述知来似神也。藏往欲其赅备无遗,故体有一定,而其德为方;知来欲其决策去取,故例不拘常,而其德为圆。"[①]概括起来,这段话说的是,写作有

[①] 章学诚著:《文史通义》卷一内篇一《书教下》,辽宁教育出版社1998年版,第11页。现代史家何炳松教授认为这种区分类似于西方的史料与历史研究之分,并将这一传统一直追溯到了刘知幾。参见氏著:《通史新义》之《自序》,上海书店1991年影印版,第2—8页。

两大类,记注和撰述,记注旨在记住往事,因此要求全,要有一定的体例;而撰述旨在启发读者,因此没有一定的撰述体例。

四库馆臣对史书也有具体的划分,他们将历史写作分成两大类,撰述和考证,就更加类似于我们所说的记载和研究的二分了。这里的撰述与章学诚所谓的撰述,绝不相同,甚至可以说相反。四库馆臣所说的撰述,相当于章学诚的"记注",更恰当地说,就是今天所说的记载。在他们眼中,"史之为道,撰述欲其简,考证则欲其详"。这里的简,并不是说记录得越少越好,而是指文笔要简明,用更少的话来记录更多的史事,做到"文省事增"。

西方古代的历史写作,按照写作年代分为两大类型:"历史(Historia)"和"编年(Annales)"。前者指记录者亲身经历的事件,所见所闻所传闻;后者则涉及更为久远的年代。"编年史"非作者耳目所接,因此,往往靠抄录前人作品,加上自己的见闻,实际上是"历史"的一种变体。记录个人见闻,使得西方历史写作非常个性化,但是也使史源受到限制,史书篇幅相对较小。中国古代历史写作依托王朝档案和国史,史源广泛,篇幅有增无减。但是无论东西方,旨在记录历史的历史写作,在个人见闻之外,只能依靠抄录。历代正史,在编纂过程中,基本上抄袭前朝"国史",西方中世纪的编年史,更是每个修史者记录自己所生活的那个时代的史事,而此前的史事,就径直抄录前人作品了事。

中国古代史书分类中,就专门有"史钞"类(在西方古代,此类图书称为"epitome")。四库馆臣叙述这类作品的源流如下:"帝魁以后书,凡三千二百四十篇,孔子删取百篇,此史钞之祖也。"接下来说,作为图书分类,史钞始见于《宋史·艺文志》,但是,在汉代就有了不少史钞类图书,它们可以被分成两大类:"专钞一史者"和"合钞众史者"。到了宋代,又增加了四种类型。"《通鉴总类》之类,则离析而编纂之;《十七史详节》之类,则简汰而刊削之;《史汉精语》之类,则采摭文句而存之;《两汉博闻》之类,则割裂辞藻而次之。"四库馆臣认为史钞"要含咀英华,删除冗赘,即韩愈所称'记事提要'之义,不以末流芜滥责及本始也。博取约存,亦资循览。"

但是在现代学术规范中,抄袭是"学术之大忌",发生剽窃、抄袭的现象,几乎意味着作者缺乏起码的学术道德,将很难在学术圈子里再体面地生存下去。对学术界而言,发生抄袭,意味着学术不规范。"学术失范指的是学界上至研究员、教授下至本科生,在学习、研究、论文发表等一系列的活动当中出现的问题。最明显的就是做假、抄袭剽窃。作假有很多,比如说工科、理科的试验数据作假,文科里面的注释作假。"①

由于记载是有闻必录,要恪守的真实性原则,是忠实地传达所见所闻,往往兼录多种说法,而不必置评,哪一种可信,哪一种不可信,可以不必给出一个最终的说法。希罗多德说:"我的规则是我不管人们告诉我什么,我都把它记录下来。""我的职责是把我所听到的一切记录下来,虽然我并没有义务来相信每一件事情。"②

而研究性作品,则秉持"考证而后信"的真实性原则。他不是将多种说法不加批评地加以肯定,相反,是要对这些不同的说法进行比较,考证,调和,说明它们的可信度,折中其矛盾性,提出一个较为明确鲜明的观点,展示确实可信的史实和科学的结论。研究色彩较浓的记载性作品,往往兼有两种真实性原则,既可以将多种说法都记录下来,而不做出选择,也可以通过考证选择其一。司马迁既要考信于六艺,又往往多种说法并录。古代史书写作中的"或曰",是较为直接的一种处理方式,而"他见法"则更见作者的斟酌和考量,在传主本传不说某些有损于传主的说法,而在其他传中加以说明。

严格来说,材料丰富就是好的记载,但是,"善叙事理"也非常重要。赵翼对《明史》非常推崇,在《廿二史札记》卷三十一"《明史》"条说:"近代诸史,自欧阳公《五代史》外,《辽史》简略、《宋史》繁芜、《元史》草率,惟《金史》行文雅洁、叙事简括,稍为可观,然未有如《明史》之完善者。"他给出的理由几乎都是写作方面的。第一,"排次之得当",有原则又有灵活性。第二,"编纂之得当",无论按事功分传还是按人分传,有条有理,保留名姓而叙事紧凑,非常"简括"。第三,"诸臣有关于国之兴替,事之功罪,则轻重务得其平。几乎无一字虚设,虽篇幅稍多,而非此不足以尽其曲折,执笔者不知几经审订而后成篇"。

四库馆臣认为《宋史》修得不好,体例偏颇,考证不精。"其书仅一代之史,而卷帙几盈五百,检校既已难周,由大旨以表彰道学为宗,余事皆不甚措意,故舛谬不能殚数"。针对有人以为《宋史》资料多,颇可资考证的观点,

---

① 杨玉圣:"改良学术生态 维护学术尊严——在中国计算机学会 YOCSEF 上的讲演(2007年7月14日)",http://www.acriticism.com/article.asp? Newsid=9037&type=1001,下载于2007年8月3日。

② 《历史》卷二第123节、卷七第152节。

四库馆臣予以批驳,"及证以他书,则《宋史》诸传多不足凭"。"其在史局之稿,尚不及互相勘证,则其他抑可知矣!"因此企盼重修宋史,产生一部考证精审的新宋史。但是"年代悬邈,旧籍散亡,仍以是书为稿本,小小补苴,亦终无以相胜。故考两宋之事,终以原书为据,迄今竟不可废焉!"

现代历史学研究以考证史事、整理史料为能事,益发重视古代史学作品保存史料的多寡,这一标准足以让一部保存史料较多而编纂不精的作品改变其传统地位,受到褒奖。《宋史》修得不好的名声,到民国年间,得到翻案,金毓黻先生在《中国史学史》中说,材料丰富正是《宋史》的"佳处",从此成为定评。从历史研究的角度来说,记载作品提供的材料越丰富,其价值就越大,而无论其材料的对与错!失实的记载,也会提供巨大的历史信息:为什么会发生如此错讹?通过这种追问,我们可以发现作者独特的写作动机,其所代表的特定利益集团的利益,以增进我们对于这个特定时代的认识。

记载性作品的读者群一般是开放性的,没有什么特别的资格要求,属于普通读者。因此,古代史书的读者面较为广泛,语言也更为日常生活化一些。而研究性作品,往往针对更为专门的读者,一般以同行为主要写作对象,在专业性刊物来发表,由学术性出版社出版。普通的知识,无须交代,径直在学术前沿上开始叙述,较多地采用专业术语,抽象概念和范畴的使用频率明显增加。阅读这样的前沿性作品,往往要求读者具备一定的专业基础知识,懂得一定的专业术语,读者的人数有限。

无论是记载还是研究作品,对它们的评价标准都是四重性的:材料、考证、表达和褒贬。具体来说,包括材料是否丰富;考证是否合理;表达是否顺畅;褒贬是否适当。这四重标准是在史学编纂实践,特别是在史学评论中形成的。孟子用了"文""事""义"三重标准。班固评价司马迁用了"实录"与"是非"的二重标准。唐代刘知幾提出著名的"史家三才"说,从才、学、识三个方面对史家提出了较高的期望和要求。"学"指充分掌握材料,"才"指懂得记事的技巧,而"识"指持论公正。[①]

章学诚在刘知幾"三才说"的基础之上,提出了"史德","德者何?谓著书者之心术也"。在宋明理学的熏陶之下,最终将刘知幾的史识归结为"君子之心"。此后,在追求历史科学化的浪潮之中,史德让位于价值中立。不

---

① 《旧唐书》卷一百二《刘子玄传》。

偏不倚,不带个人偏好成为历史研究的基本立场。马克思主义史学家则从不隐瞒自己的立场,代表工人阶级的利益,从而代表全人类的利益。叙事理论兴起之后,用"情节编排""论证模式""意识形态立场"和"比喻类型"来评论19世纪历史学家的作品编纂。客观的历史写作被认为不过是一场高贵的梦而已,历史撰述被重新置于特定的社会背景之下来评价。

二、折中于记载与研究之间

1912年,中华民国肇建,清王朝逊位,延续了两千年之久的中国王朝体系最终宣告崩溃。但是,历代王朝为前朝编纂正史的做法,却还没有被放弃,1914年袁世凯政府正式成立清史馆,聘请前清东三省巡阅使赵尔巽为馆长,开始纂修清史。仿效历代正史的纂修办法,先在全国范围内征集史料,同时也创造了一个新例,在全国范围内征集体例方案,从中筛选斟酌。经过仔细考虑之后,纂修者们认为既然是最后一部正史,那么沿用历代正史的体例,是最好的选择,因此,决定按照《明史》的体例,根据清王朝的特色,将条目略加增设和删汰。

史馆开局不错,效率也高,但是,两年之后,袁世凯政府垮台,张勋复辟,又倒台,清史馆无人问津,经费来源没有着落。在这种情况下,史馆近乎瘫痪状态。1921年,赵尔巽找当年的老部下张作霖寻求支持,使得史馆重新开始运作起来。1927年北伐军节节胜利,年已八旬的赵尔巽自知去日无多,因此,下定决心将"清史"出版,是为《清史稿》。

南京国民政府成立之后,接收故宫和清史馆,组织专门委员会对《清史稿》进行审查,最终以《清史稿》对孙中山等人不敬为由,加以查禁。国民党败退台湾之后,也曾计划重修清史,与大陆的共产党争正统,但最终没能实现。与此同时,大陆方面也有重修清史的意向,但没有采取实际行动。最近获得政府资助,成立了"清史编纂委员会",重修清史。

关于新修清史的定位,包括"新修清史是不是二十四史的延续?""是修史书还是史著?"学者们分成两派意见,一派主张新修清史属于记载历史,应该延续历代正史,一派则认为新清史是研究历史,该另起炉灶。① 编纂委员会最后折中二者,一方面定位为接续历代正史,记载一代之史。"它应是

---

① 体裁体例小组:《清史编纂体裁体例调研报告》,http://www.historychina.net/cns/QSCXGC/TCTZ/DYHZ/03/23/2004/7832.html,下载于2008年12月。

继承优秀的中国史学传统的最为优秀之作,不仅仅能象征性地、且当之无愧地赓续二十四史,成为出色的'正史'之殿,为延续二千余年的中国独有的纪传体史书的纂修工程,打上最为圆满的句号"。另一方面又按照现代历史研究的实际操作规范来指导写作,反对作者抄录前文,"已有清人传记价值各有不同,应尽量参考,但不得将已有传记加以拼凑、改写。应严格遵守学术规范,杜绝剽窃、拼凑和低水平重复现象"。① 非耳目之所接,不抄录前文,如何记录历史?

关于新修清史的编纂体例,大部分学者主张"采用经过改造、补充和发展(其中包括吸收章节体的长处)的纪传体和新综合体"。新清史实际上是综合了章节体和纪传体的要素。从形式上看,在纪传体的基础之上有"通论",典志部分有"概述",人物传记甚至要求"通过记述人物活动来反映传主所处时代的历史风貌"。在具体纂修过程中,也是以"研究"为基础,而以"编纂"为承载,"编纂类项目建立在研究类项目的基础上,最终形成新修《清史》"。即使在纪传体特色最为浓厚的"典志"和"传"中,折中色彩也很浓厚。以"典志"为例,既要"继承志书重在记述朝章国典的传统,也兼顾诸多社会生活领域的实态,力求制度与实态相统一"。可以说,新清史试图折中历史记载与历史研究,"我们新修《清史》,主要采用了传统史书的传统体裁,发挥其包含量大的优点,从各个方面反映清代历史内容,体现历史发展演变的丰富性和多样性。同时,我们又考虑到20世纪以来盛行的章节体的长处,就在于它能表现历史发展的大趋势,揭示历史的规律,可以对历史进行连续性的、立体式的、有重点的编写"。②

从写作模式来看,记载和研究,是对史料的不同利用方式,既矛盾又统一。前者以"抄录"为主,鼓励"汇编",而后者提倡"一家之言",百花齐放。新清史的纂修原则大体是以研究为基础,强调要编纂"资料长编",要做"考异",以保证编纂质量,在写作体例上将"记载部分"与"研究部分"分开。是在现代学术条件下的一种有益的历史写作尝试。

西方流行的"剑桥史"模式,成书于众手,是求全性通史的一个代表。

---

① 《2004 年度国家清史纂修工程项目招标、立项计划和说明》,载国家清史编纂委员会项目中心编:《国家清史工程项目招标及申报指南》(2004 年 6 月 18 日,北京)。第 28 页。http://kyc.zjnu.net.cn/news/20040806/zn.doc,下载于 2008 年 12 月。

② 戴逸:《贯穿清史的一条主线——新修〈清史·通纪〉内容要旨》,http://www.historychina.net/cns/QSCXGC/CXSM/XZGQSCXSY/10/14/2005/7823.html,下载于 2008 年 12 月。

剑桥大学出版社邀请各方面的专家,面向普通读者,提供学术界最新的研究成果,各章节并不要求在观点上统一,与时俱进,不断重修。意识到通与全难以两全,于是求全,《剑桥古代史》第十四卷的主编们在前言中表达了这样安排的好处:"我们希望这一卷反映已有的研究成果,在此基础之上,希望可以对此一时期丰富的材料和不同的研究方法有所介绍。作为成书于众手的作品,不可能提供一家之言,我们也不指望消除不同意见或者侧重点。与此相反,书成于众手具有明显的价值。尤其是没有哪一个学者会对6世纪的不列颠和埃及同样熟悉,也不会对圣徒和异教首领有同样的感受,因此需要广泛的作者对各专门领域提供深入的介绍。而且,意见不同、方法各异乃是现代学术的特征;如果说这一卷有什么错误的话,毋宁说是过于统一,而不是过于分散。"

在现代史学作品体系中,求通,则一人独撰或几人合作,求全则成于众手。《剑桥古代史》的这种编辑方法,在集中反映学术界主流看法,按照主流观点叙述历史的同时,兼顾史料综述和学术综述。这种编纂方式所产生的史书,在某种程度上就是工具书,相当于叙述体的百科全书,主要在于方便读者浏览、检索;在图书编目系统中,剑桥史也确实属于工具书。"剑桥史"是西方学者折中西方传统记载与现代历史研究模式的产物。

第三节 现代历史写作

一、论文的缘起

从记载到研究,深刻地影响了历史写作的形式,史学论文取代编年史、纪传体成为历史学家发表研究成果的主要方式。

在中国学术史上,要找寻和追溯论文的渊源,首先可以关注笔记,以及它后来的发展形式——札记,它们可以说是现代学术论文的前身。据《汉语大词典》,札记是"读书时摘记的要点、心得或随笔记事等文字,古称小木简为札,故称……亦指记录读书时的心得、体会"。在古代,札记往往是历史研究的最终产品,也是体现史学研究成果的主要体裁。在现代,札记更多地被视为半成品,是导向历史学术论文的中继站。

学术论文"是某一学术课题在实验性、理论性或观测性上具有新的科学研究成果,或创新见解和知识的科学记录;或是某种已知原理应用于实际中取得新进展的科学总结,用以提供学术会议上宣读、交流或讨论;或在学术刊物上发表;或作其他用途的书面文件。学术论文应提供新的科技信息,其内容应有所发现,有所发明,有所创造,有所前进,而不是重复、模仿、抄袭前人的工作"。[①] 因此,学术论文是作者对某个专门题目进行的系统性创新性研究成果或者应用,其写作的直接目的,是为了发表和宣读。要发表,就得有发表场所;要宣读,就得有适宜的场合和合适的听众。这个发表的场所,就是刊物;而宣读的场合,就是学术会议。刊物的读者和会议的参加者和听众,往往并不是普通人群,而是指向一个特定的群体——科学家共同体。

所谓科学家共同体,就是从事于某一特定研究领域的研究工作的科学家群体。他们可以组织成学会,定期举办学术会议,进行交流,还可以创办和拥有发表论文的园地——刊物;为了指明他们的研究方向,也越来越多地利用基金的力量,组织课题,来解决所谓"学术前沿性"问题。从这个角度来看,论文的基本功能是交流,通过交流获得认同性,通过交流获得"一致意见",通过交流获得"方向感",获得"真实知识"和"科学发现"。因此,学术论文的产生,归根结底,源自于一个独特学术群体的形成,旨在进行学术交流的群体,它在现代西方率先出现。这种学术群体种类繁多,各国皇家学会历史最为悠久。

中国的学术论文先于科学家共同体产生,因为,它是以引入式方式出现的,是直接引进西方论文的结果,从而也不必遵循西方那样的发展模式。引入式发生方式,提醒我们去考察引入者。最早的传播者当然是传教士,他们在明末清初,曾经大规模地向中国士人传播新的天文、历法、地理学等知识,他们所著文章,可以算作中国最早的现代学术论文了。及于近代,现代期刊杂志产生,早期的报刊多为传教士所创办,所刊发的现代学术论文自然多关于宗教。在带来宗教研究论文的同时,也带来了介绍西洋自然科学的论文。其中也包括宗教史、自然科学史论文,是中国最早的现代史学论文。

中国现代史学论文,不仅是读书的结果,更是历史学家研究历史问题的结论。为了解决某一特定问题,历史学家不仅需要阅读书籍,还需要进行实

---

① 国家标准局 1986 年 5 月 5 日批准的《科学技术报告、学位论文和学术论文的编写格式(中华人民共和国国家标准)》,UDC. 001. 81. GB7713—87. http://www.bioon.net/Archive_view.asp?boardID=18&ID=47112。下载于 2005 年 5 月。

地考察,借鉴其他学科的研究成果,对这个问题进行全方位研究。因此,傅斯年先生在《历史语言研究所工作之旨趣》中总结道:"我们不是读书的人,我们只是上穷碧落下黄泉,动手动脚找东西!"齐思和先生在反思近百年史学的时候,更将现代史学称之为"专题研究"。"近世西洋史学是建设在专题研究之上的。专门研究,是要依据史料,从专题研究做起的。"①

史学论文,只是历史学家最为常见的发表研究成果的方式,此外,有历史专著、教材和通俗读物。在中国古代,图书分类中的史部,门类繁多,例如,清代《四库全书》中史部分十四类,包括:正史类、编年类、纪事本末类、别史类、杂史类、诏令奏议类、传记类、史钞类、载记类、时令类、地理类、职官类、政书类、目录类、史评类。今天常见的历史写作体裁大致可以包括如下一些:回忆录、自传、传记、表谱、书评、调查报告、发掘报告、纪念文章、笔记、历史文学、学术论文、专著,等等。

二、学术规范

既然学术论文是为了交流,让同行们阅读,那么为了交流的写作,就得遵循交流的规范。规范往往并不是唯一的,因为这些规范主要是由出版者根据编辑的需要提出来的,因此,不同的出版者,可以形成不同的规范。而且,规范也是随着时代而变化着的,并没有固定不变的规范。然而不论规范如何变化,其根本属性——统一性却是一以贯之的。规范一旦确定,就针对所有的稿件,没有例外。

目前,国内出版发行业迅猛发展,各种学术成果以几何级数增长。在这种背景之下,也出现了一些抄袭、剽窃的现象。针对这些现象,就有了"学术打假"。在打假的过程中,似乎越来越多的评论者认为,防止此类现象发生的有力武器就是制定出一整套学术规范,做到"有法可依"。沈弘为译本《MLA 文体手册和学术出版指南》所写序言说:"近年来,《中华读书报》上时常有关于学界发生剽窃、抄袭事件的报道,以及有关学术规范的讨论。不少作者在提到我国学术界失序问题时,都异口同声地指出,造成这种情况的一个核心问题是我们缺乏一部能够为绝大多数学者、编辑和出版商所接受的学术法则。"

最近,《高等学校哲学社会科学研究学术规范(试行)》出台,对学术引

---

① 齐思和:《晚清史学的发展》,载氏著《中国史探研》,河北教育出版社2000年版,第681页。

文、成果、评价等方面做出相应规定。下面试引述其主要具体规定：

（七）引文应以原始文献和第一手资料为原则。凡引用他人观点、方案、资料、数据等，无论曾否发表，无论是纸质或电子版，均应详加注释。凡转引文献资料，应如实说明。

（八）学术论著应合理使用引文。对已有学术成果的介绍、评论、引用和注释，应力求客观、公允、准确。伪注、伪造、篡改文献和数据等，均属学术不端行为。

（九）不得以任何方式抄袭、剽窃或侵吞他人学术成果。

（十一）应充分尊重和借鉴已有的学术成果，注重调查研究，在全面掌握相关研究资料和学术信息的基础上……力求论证缜密，表达准确。

（十二）学术成果文本应规范使用中国语言文字、标点符号、数字及外国语言文字。

（十三）学术成果不应重复发表。另有约定再次发表时，应注明出处。

（十四）学术成果的署名应实事求是。署名者应对该项成果承担相应的学术责任、道义责任和法律责任。

（十五）凡接受合法资助的研究项目，其最终成果应与资助申请和立项通知相一致；若需修改，应事先与资助方协商，并征得其同意。

（十六）研究成果发表时，应以适当方式向提供过指导、建议、帮助或资助的个人或机构致谢。

（二十二）学术批评应该以学术为中心，以文本为依据，以理服人。批评者应正当行使学术批评的权利，并承担相应的责任。被批评者有反批评的权利，但不得对批评者压制或报复。①

三、论文写作技巧

关于论文写作的书籍为数不少，尤其是以大学生为对象的指导手册。以下列举书籍是常见的写作参考书。

---

① 教育部社会科学委员会：《高等学校哲学社会科学研究学术规范（试行）》，引自"学术批评网"，http://www.acriticism.com/article.asp? Newsid=6089&type=1000。下载于 2005 年 5 月。

1. 王力等主编《怎样写学术论文》，北京大学出版社1981年版。这本小册子由北京大学多个院系的著名老学者执笔完成。这些短小精悍的文章都是他们指导学生写作论文的经验总结。

2. 林庆彰著《学术论文写作指引》，万卷楼图书公司1996年版。

3. 《文史知识》编辑部编，《学史入门》，中华书局1988年版。这部书汇集了《文史知识》上发表的文章，历史学研究中各研究方向几乎都有专门的讨论，而且多是作者的经验之谈。

4. 赵光贤著《中国历史研究法》，中国青年出版社1988年版。这部书是赵光贤教授为研究生讲课的讲义，还包括相关短文若干篇。该书按照写作论文的程序进行组织，从读书、收集材料、选题目到完成论文。

5. 朱青生著《十九札》，广西师范大学出版社2001年版，讲述学术研究的原理与操作程序。

下面按照论文写作步骤顺序，综合时贤论述，稍加介绍。

1. 论文的开始，是题目。论文的题目虽然是第一个要面对的问题，但是，一般来说却是最后确定下来的。作者往往按捺不住激动，定下一个大致的题目，表达心中的写作主题和目标。但是，当写作的漫长之路终结的时候，这个原先拟定的题目往往就不太合适了。文章的写作历程，将作者带到了更为明确、更加合适的终点。这时，就要更改原定的题目。题目虽然具有暂时性，但是却是最需要加以深入推敲的，尤其是在这个信息爆炸的年代，怎样在无限多个题目之中脱颖而出，吸引住读者的眼睛，不是一件容易的事。

2. 大纲。写作是否需要大纲，应该视各人的习惯而定，由于学生写作，都要求在较短的时间之内完成，容易形成"一气呵成"型论文。但是，一般来说，学生们都比较缺乏论文写作经验，对特定写作对象，也不能长期钻研，因此，在写作的过程中，容易跑题，至少是枝蔓丛生。针对这种特殊情形，建议学生写论文的时候，最好有提纲。提纲可以是开放性的，随时根据新材料、新观点加以调整。大纲一般包括三个部分：问题的提出、主体论述以及结论。设计大纲的时候，要注意篇幅安排。至于写作的顺序，可以是编年体的，按照时间的先后、事情的经过来谋篇布局，也可以是纪事本末体，分门别类，加以论述。至于其他编排结构类型，还有很多，如按照重要性、按照空间顺序、按照从一般到特殊的演绎路径、或者按照从特殊到一般的过程来进行，都是可行的。

3. 草稿。草稿很重要，但是，随着电脑写作的普及，草稿的意义逐渐被淡化，因为，草稿基本上要被最后的定稿所取代。初稿应该早点着手，不要等到资料收齐了再开始。因为只有在写作的过程中，才会真正知道还需要哪些材料。如果动笔太晚，往往会没有时间去收集和分析那些实际上特别有用的材料了。最初的草稿往往更多地体现作者的感觉，观点较多，较为发散，而最后一稿观点鲜明，论述紧凑，逻辑递进，呈线性发展。

草稿又可以从以下几个方面操作：

（1）论文的第一个部分，通常是导言性质的论述，引出话题，交代学术动态，说明写作的意义，表明自己的观点。正规的学术论文，在导言中还要交代文章的结构安排。导言，往往揭示文章的主题，而且由于是文章的开篇，因此，要给予特别的注意。写文章的行话是"龙头、凤尾、猪肚子"。"龙头"就是问题的提出，要简明扼要、切中要害，能够一下子就抓住读者的注意力。一般要将自己解决问题的立场、角度和结论鲜明地提出来，越具体越好。

（2）段落。每段要有多长，并无严格的限定。总的来讲，不要太长。根据一般的段落格式，开头是该段落的主要论点，接下来是证明，最后是衔接句，向下一个段落和论点自然过渡。在写作过程中，要不断问自己，这一段到底要说明什么，以及是否说清楚了。

（3）句子。句子不宜过长。翻译其他语种的材料时，最好是按照中文的句法来翻译，因为面对的是中国读者。后现代主义兴起之后，在行文中间用破折号和括号的现象，日益增多。这不是一个好习惯，因为，读者的注意力往往被引开了，在阅读的过程中，出现了中断。

（4）结论。结论是对全文的总结，以简单的语言，将主要观点重新表述一遍，通过与已有研究相比较，对观点进行提升，点明其广泛意义。不仅与更为宏大的命题、进一步的研究工作联系起来，还留有余味，令读者回味。

（5）引文。对于历史学术论文来说，引文非常重要，它往往关系到论点的说服力。因此，在引文的时候，一定要反复斟酌引文与论点之间的相关性。不要过于依赖引文，因为，引文只能表明而不能证明，证明要靠自己的论述。引文过长过多，会给读者留下不好的印象，以为作者没有自己的观点，不自信，过分依赖于他人。要对引文进行分级处理，哪些引文比较权威，相关性最大，是可以优先引证的。这样的话，在篇幅有限的情形之下，可以轻松地决定引文的取舍。如果引文过长，可以单独分段，无须另加引号；当引文较为分散，可以用自己的话转述。引文的用途完全可以与原作者的意图不同，但是，切忌断章取义，因为引文必须准确。

（6）注释。注释的功能有多重，类型繁多。最常见的注释类型就是注明出处。其他的功能包括交代相关作者的观点；提供进一步的说明和证明。这种说明和证明，与文章的正文有关联，但是关系并不一定非常密切，如果放入正文，容易给读者留下枝蔓感，因此有必要放在注释中加以处理。注释要符合格式，主要是要统一。可以在页下注（脚注）和文后注（尾注）两种大的注释体例中选取一种，选择哪一种完全要依据出版商的要求而定。① 参考文献的引用方式也有国家标准，国家标准局 1987 年 5 月 5 日批准《文后参考文献著录规则（中华人民共和国国家标准）》UDC. 025. 32. GB7714—87。

（7）修改。修改往往涉及方方面面，从措辞到文章的观点。但是，与写作初稿所应注意的侧重点略有不同。大体说来，要更加注意拼写和文风，关注描写与分析之间的平衡，梳理逻辑分析的清晰度，对引文进行核对，对细节进行推敲。对于学术论文的写作而言，修改往往要比写作初稿更为重要。因此，可以将稿件搁置一段时间，然后进行修改，如果能够找到几个合适的读者和批评者，征求意见，那就更好了。诚如钟文典教授所言："修改文章，主要是改正错误，补充不足，删节枝蔓，润饰文字和核对史料几件事……文章初稿写成以后，把它暂时藏于卷箧，继续读点书，听取同行们的意见，反思进行思考和修订、补充，力求把文章写得扎实一些，是非常必要的。"②

阅读书目：

兰克著，施子愉译：《兰克〈教皇史选〉》，商务印书馆 1962 年版。

---

① 据在美国担任教授的汪荣祖说：（在美国）写文章的时候，他们要求的格式非常严格。文章的格式，比如像注脚，注的形式一点都不能马虎，如作者、书目、页码、出版年代，都注的非常详细，可是你又不能烦琐，如你的文章要引人家的东西，怎样引法，要明白而且简洁。讲起来这些跟内容是无关的，可是养成这个学术习惯很重要，所以后来我们写文章，注脚注释都是非常合格的。美国芝加哥大学出了一个标准手册，就是写文章要遵守的规则，你一定要按照手册的要求去写作，不然的话，编辑一定要你改。林华、晓涛：《汪荣祖教授访谈录》，载《史学史研究》2004 年第 1 期，第 14 页。

② 钟文典：《史学论文写作谈》，载《广西师范大学学报（哲学社会科学版）》1996 年第 1 期，第 97 页。

刘知幾:《史通》。可以采用赵吕甫校注:《史通新校注》,上海古籍出版社1978年版。

王力等著:《怎样写学术论文》,北京大学出版社1981年版。

张世林编:《学林春秋》之初编、二编、三编,朝华出版社1999年版。

第九章
传统中的史学

第一节 传统与史学

一、静态传统与动态传统

传统,在古代汉语中是一个"动宾词组",指"帝王、学说等世代相传"①。所谓"古之有国者,承祧传统为重";"古帝王相传,统为重、嗣为轻"。"传""统"分别使用,可以最为清楚地表现出这一词汇还不是一个名词。在现代汉语里,它则变成了一个名词。"世代相传的具有特点的风俗、道德、思想、作风、艺术、制度等社会因素"②。现代汉语中"传统"的释义与英文中对应词汇"Tradition"(源自拉丁语动词"tradeo",传递)恰好一致。据第10版《韦氏学院词典》(*Merriam-Webster's Collegiate Dictionary*),传统指"继承而来的、既定的、或者习惯的思维、活动或行为模式。"也指"社会态度、习俗和制度方面的文化延续。"

"世代相传"的传统强调的是"延续性",绵延久远的稳定性因素,在时间属性上,属于"长时段"的范畴,反映了历史中的"惯性"。但传统也始终处在变化之中,通过"传"而成"统"。"传"就是从一个载体到另一个不同的载体,从上一代人到下一代人,"统"就是接受者承受所传过来的东西,使之成为正统。所传的东西成百上千,其中出于特定时刻的历史需要,而被特定群体加以接受的特定"所传东西"才会被认可为"正统"。因此,传统具有

---

① 《汉语大词典》第1卷,上海辞书出版社1986年版,第1625页。
② 《现代汉语大词典》,汉语大词典出版社2000年版,第301页。

两重性,一是延续性,一是可变动性。它们可以分别被称为"静态传统"和"动态传统"。

动态的传统,以两种方式改变,一是无意识的自然性改变。二战之后兴起的"代沟"理论,就是对这种自然性变动力量的恰当阐释。玛格丽特·米德在《文化与承诺:一项有关代沟问题的研究》中说,从文化的代际传递来讲,先后存在过三种不同的文化传递模式。"前喻文化,是指晚辈主要向长辈学习;并喻文化,是指晚辈和长辈的学习都发生在同辈人之间;而后喻文化则是指长辈反过来向晚辈学习。"①另外一种属于有意识的变革。在19世纪末写作的《孔子改制考》中,康有为提出了"托古改制"理论,揭示传统发生变动的通常模式。他认为,六经并不是周公等人所传承下来的,而是孔子出于改变制度的需要,依托于周公而造出来的。而儒家所尊奉的古文经学,则主要是西汉末年在整理国家图书的时候,由刘向、刘歆父子伪造的。康有为的这种托古改制理论,被北京大学哲学系楼宇烈教授用现代话语阐释过,他说:"从作为让传统为现时代服务的'古为今用'的一种探索来讲,是否对今人也还有一定的启示呢?传统是包袱还是财富,是阻力还是动力,问题不在传统本身,而在于现时人是否善于驾驭传统,能否巧妙地促使传统实现自我更新而适应时代。"②正是在这种"善于驾驭传统"、促使"传统实现自我更新",导致了对传统的有意识变动。

如果要观察动态的传统,一方面要探究传播者,研究他要传播怎样的东西,又是如何去传播的;另一方面要关注接受者,他(她)们为什么要接受,又是如何接受的。传播者与接受者之间,固然最终通过协作完成传统的传递,但是,在这一传递过程之中,他们是对立统一地存在着的,他们之间对立统一的具体状况,制约着传播的结果。很难从总体上说传播者与接受者哪一方更为重要,在不同时期,不同的时代境遇,其重要性不同,需要历史地分析。

二、史学传统

历史学是研究过去的学问,关注延续性与变迁,关注传统,反过来,传统

---

① 玛格丽特·米德著,周晓虹、周怡译:《文化与承诺:一项有关代沟问题的研究》,河北人民出版社1987年版,第27页。

② 楼宇烈:《借古为今乎?恋古非今乎?——〈康有为学术著作选〉编后》,http://www.guoxue.com/discord/louyl/026.htm,下载于2005年4月。

似乎也被认为依赖历史叙事而得以保存。《元史》卷一五六《董文炳传》记载了南宋灭亡之时,传主在临安代理留事,力主接收宋代历史记录,理由是:"国可灭,史不可没。宋十六主,有天下三百余年。其太史所记,具在史馆,宜悉收以备典礼。"

现代历史学的历史,不过三百余年,历史写作的历史,十倍于此。人类口头传述历史的历史,则更为久远,不可确知其缘起,大抵与人类历史相伴随。有了历史传述,就会在代际之间,形成史学之传统。因此,在口传历史的活动中,开始了最早的史学传统。

迨文字肇兴,书写发展到一定程度,书面记录开始传载历史,历史写作出现,在此过程之中,形成历史书写的传统,史学传统又多了一个渊源。记录是记忆的延伸,可以包容更多的人与事,丰富历史记载的内容。

站在21世纪,面对全球化的趋势,不同民族、不同地域的不同历史,冲击着视觉和听觉,刺激着读者、听众的心智。在这些纷繁的地方传统之中,可有统一的史学传统?司马迁、司马光、希罗多德、修昔底德、利奥波德·冯·兰克、陈寅恪、雅克·勒高夫……这些古今中外出身不同的历史学家们,都被认为是优秀的历史学家,说明我们在使用某种普遍的评价标准,一种超越了国界的标准。这个标准的背后,就是史学家的统一话语和传统。1995年,法国历史学家拉杜里教授来北京访问,发表演说。开门见山地说:

> 我之所以来到这里,是因为我们虽然属于不同的国家和不同的文化,但我们却操同一种语言,即同一种独一无二的史学方法论的语言,这表明,知识是没有国界的。我认为,这一点是重要的。因为,我们都以名副其实的、普遍有效的科学方法研究文献,所以,我再说一遍,无论在巴黎还是在北京,我们使用的是同一种方法论语言,就此而言,我们都是学者。我们对文献进行考证和对比,有时还使用计量方法……我们从事的不是,或者说很少是以一种揭示规律的法则研究科学,而是以普遍的方法进行个案研究的科学,其成果主要是弄清通常具有个别性质的一些因果关系。①

同样,从另外一个角度,我的一位同事也曾经表达过类似的看法。当我

---

① 埃马纽埃尔·勒鲁瓦拉杜里著,许明龙译:《法国和欧洲的史学研究近况》,载《史学理论研究》1995年第4期,第115页。

这个世界史研究者主张用国学的方法治西学的时候,我的这位中国史同事就问我,什么是国学的方法,这一百年来,哪有国学的方法?全是西学的方法了。从反思、批评的角度,彭永捷指出了类似现象:"中国从事人文学术研究和教育的知识分子队伍规模庞大,学术成果众多。然而,在这众多成果之中,有多少是摆脱了对外国学术的模仿和套用,是属于真正的学术创新?在今日最有影响力的中青年人文学者中,又有几人不是凭借着快速移植西方理论和西方话语的伎俩闯天下?"①

与全球化趋势相伴随的,是世界的多极化;与普世文化价值的传播同时兴起的,还有文化寻根与文化多元主义。在此背景之下,普遍性信念受到了挑战,追求统一性的尝试,受到质疑。李猛评说美国学者杜赞奇的作品的时候说:"分层的历史是没有办法黏合的历史。我们和经历历史的人们一样,只能面对一些历史的碎片,而没有一块拼合了所有故事的大历史。基于这个现实,观看历史也许只能采用近视的办法,它让我们看得细一些、慢一些、少一些、模糊一些。"②世界文化不仅由地方文化构成,也自成为一个整体,它从不同文化之间的对立与交流中呈现。正是通过不同文化体系之间的交流,克服地域文化的狭隘性,多种文化自觉地共享普遍性文化。本章所说的传统史学,正是从这个层面上来言说的。

不同地域的史学史研究,由于语言、史料和文化交流的限制,曾经长期各说各话。20世纪之后,一些以"他者"作为参照物的史学史作品出现了。这些作品的作者在看待传统的时候,主要着眼于相对于"他者"而言的史学传统独特性。例如,史学家李宗侗先生认为,中国古代史学具有如下非常独特的地方:③

1. 有累世不断之史籍;

2. 有专掌记注之史官;

3. 正统的观念;

4. 书法:"以记载陈迹之历史为惩劝作用者,此中国史学之特点,因此影响及于史迹之失真,亦中国史学之弊也。"

---

① 彭永捷:"国学,我们能期待什么?"载《人民论坛》2006年第4期。http://people.com.cn/GB/paper85/16890/1483959.html,下载于2007年8月。

② 李猛:拯救谁的历史? http://www.hist.pku.edu.cn/club/dispbbs.asp?boardID=2&ID=8373&page=1,下载于2005年4月。

③ 李宗侗:《中国史学史》,中国友谊出版社1984年版,第218页。

5. 尊王与攘夷。

这是偏重于史学实践的例子,从历史思想方面的类似总结,也有一些。例如,北京师范大学的吴怀祺教授认为,从中国史学思想史的发展过程上看,与世界其他国家的史学思想相比,至少有这样几个观点是可以提出来的。一是通变的史学思想;二是历史借鉴的思想;三是经世致用的史学思想;四是历史编纂学的二重性主张。①

北京师范大学的瞿林东教授总结的中国史学的特点有如下几点:②

1. 深刻的历史意识。

2. 恢廓的历史视野和鲜明的时代精神。

3. 丰富的内容和多样的形式相结合。

4. 求实与经世的一致。

5. 继承与创新的统一。

6. 理论·文采·考据。

1995年夏季,在德国比勒菲尔德大学召开的"历史文化比较研究"国际讨论会上,彼得·伯克发表长文《西方历史思想的十大特点》,彼得·伯克总结的西方历史思想的十大特点为:

1. 强调历史发展或进步的观念。易言之,即历史认识的"线形发展"观念。

2. 与进步的观念有联系但又有所区别的是西方的历史的观念。

3. 这种历史的观念是整个西方思想和概念的组成部分,通常用"历史主义"这一词来加以描绘。

4. 集体的作用在西方史学中得到了异乎寻常的重视。

5. 注意认识论和历史知识论的问题。

6. 将历史的解释放在"因果关系"上考虑。

7. 追求所谓"客观性"。

8. 对历史作定量的研究。

9. 在文学形式和内容上都有其特点。

---

① 吴怀祺:《中国史学思想史》,安徽人民出版社1996年版,第368页。
② 瞿林东:《中国史学散论》,湖南教育出版社1992年版。类似的总结作品还有不少,参见张桂萍:《近50年来国内关于史学传统的研究》,载《史学月刊》2003年第8期,第113—119页。

10. 时间和空间概念都有其特点。①

如果将上述两位学者所总结的两种史学传统,放在一起对观,不少"中国的""西方的"特征,是相同的,属于共同拥有的特征。与此同时,也有越来越多的史学史家试图着眼于全世界,通过比较来总结出整个史学的传统。在伯义德(Kelly Boyd)主编的《历史学家和历史作品百科全书》(Kelly, Boyd, *Encyclopedia of Historians and Historical Writing*, London: Fitzroy Dearborn, 1999)的绪言里,编者说:"这部百科全书之所以独特,是因为它超越了西方历史教条,去包括来自其他文化和传统的作者。"华裔美国学者汪荣祖教授的《史传通说》,试图打通东西方史学,以西方史学观念印证东方史学实践和观念。由伊格尔斯和王晴佳主编的《现代史学全球史》(Iggers, G. C. eds., *A Global History of Modern Historiography*, Harlow: Pearson Education Limited, 2008)是最新的尝试。

随着交流的增加,越来越多源自于不同文化背景的作者研究着同样的研究对象,他们组成了一个世界性学术共同体,开展学术对话。他们之间可能因个人、文化不同而形成巨大的观点差别,但是,他们都在从事历史学研究。从这个学术现实出发,总结出普世的史学传统,不仅必要而且可能。

三、史学传统三重奏

因为载体不同历史作品可以分为:口头历史传述和历史写作。作为对历史的人为传达,它们都包括三个要素,"事、文、义"。在总结历史撰述之兴起时,孟子提出了上述三要素说。"王者之迹熄而《诗》亡,《诗》亡然后《春秋》作,晋之《乘》,楚之《梼杌》,鲁之《春秋》,一也:其事则齐桓、晋文,其文则史。孔子曰:'其义则丘窃取之矣。'"②

从逻辑上讲,史事是历史作品产生的存在性前提,历史作品的内容应该是对史事的反映,二者似乎有先后之别。但是从知识论的角度来看,史事无法离开历史作品而独立存在,也就是说,没有被记录下来的史事,我们至多可以推测其发生,至于其如何发生,则难以直接知晓。因此,历史作品是史事的文化载体,没有历史作品,则史事湮灭。

---

① 彼得·伯克著,王晴佳译:《西方历史思想的十大特点》,载《史学理论研究》1997年第1期,第70—78页。

② 杨伯峻译注:《孟子译注》之8·21,中华书局1960年版,第192页。

由于历史变迁,不同时代、不同文化对史事的关注重点不尽相同。大体说来,纪功业一直就是历史作品的主要内容,史事之骨干。具体而言,则有时代与地区的差异。从最初的"国之大事,唯祀与戎",到现代重视社会、经济的作用等。这是史事的大致演变线索。

广义的史文包括对史事的记忆和记载,狭义的史文指书面记载。为了便于记诵,本为诗体,历史内容有限,但灵活多变。其后出现了散文体裁,拓展历史记忆的广度和深度,迅速取代诗体成为正宗。为了便于保存和传播,各种物质技术不断得到改进,从镂刻于金石,书之于竹帛,到纸张出现,印刷术发明。而现代电子技术的引入,再一次带来了书写方式的巨大变化。史文,随体裁与风格而变。就体裁而言,先有编年、通史,而后有断代、纪传和纪事本末体。就风格而言,追求文省事增。至于考证,本附丽记载而行,由于具有"欲其详"的偏好,渐次独立,发展为现代学术论文。

史义,是记录者的褒贬判断,反映了作者的价值观。最初充满对远古"黄金时代"的憧憬和向往,与循环论并时而存。及于近代,进步观取而代之,为探询历史演化之动因,乃有历史哲学之兴起。在历史学成为科学之后,出于对史学认识论的反思,遂有分析的历史哲学兴起,而将前一种历史哲学称为"思辨的历史哲学"。

史事、史文与史义之间的关系变动不居,较为复杂,不同时代、不同主张的作者对此有不同的认识。至于它们如何互动,不同作者如何具体利用它们,尚待深入研究。本篇仅对它们各自演变的历史略作梳理。

第二节 史事的传统

史事是历史学的记述对象和研究对象,但并非所有史事都能够被记载、被研究,而主要是那些作者选择的史事。"西方史学之父"希罗多德记述"人类的功业",所录内容多为奇风异俗,而以希腊人和异邦人之间的冲突为叙述主线。为了实现所记录的内容为史事,是确实发生过的,他采取了独特的工作程式。在他之前,远有史诗流传,如《荷马史诗》,近有散文叙事家(logographeus)。散文叙事家追求历史真实,但是在实现历史真实的操作方法上没有根本性改进,无法取信于人。而希罗多德则根据"历史纪念物"或者"历史遗留物"来搜集史料,探询这些遗留物所凝结的历史故事,发掘它们所纪念的史事。从而确保所记录的史事是确实发生过的,至少被当地人认为是确实发生过的。为了搜集史料,他去了解这些历史遗留物,为此到处游历,通过亲眼目睹来确保这些历史遗留物的真实性。正是这一套工作原则和程式,使得他超迈前贤,将历史写作确立为对"确实发生的史事"的记录,从而发明了西方历史学。

一代人之后,修昔底德批判地继承了希罗多德的工作原理,而有质的改进。一方面,他将历史写作的内容做了明确的限定,集中于描写改变希腊世界的伯罗奔尼撒战争,而将其他内政活动作为战争的准备,纳入到历史叙事之中,创作了纪事本末体或者专题史的最初的典范。另一方面,他的写作目标不限于记录历史发生,而是真实地记录历史发生。为此,他同样运用亲眼目睹的原则,不过不是像希罗多德那样亲眼所见历史遗留物,而是自己亲身经历,或者其他亲身经历者的亲眼所见。为了做到这一点,他也要尽量游历,多方打听。

此后战争成为希腊历史写作的绝对主题,外交作为战争的必要补充,也大量充斥于史著之间。色诺芬写作了《万人远征记》,还续接修昔底德写作了《希腊史》;波利比乌写作了《罗马史》;等等。公元2世纪的时候,学者普鲁塔克从反面指出,历史就是对战争的记录。他说,有无数牺牲的战斗、宏大的列阵和围城,应该留给历史学家去写作。①

进入罗马时代,战争的主题之外增加了和平。战争是带来和平的手段,和平的维系要靠内政,统治者们通过提议、辩论和表决、通过法律,通过行政、司法等部门执行各项内政政策。因此,靠武力赢得的战争果实,最终要依赖法律加以保障。在古罗马史家看来,战争与和平,都是人力所致,因此,历史写作最终在于揭示历史人物的德行。

基督教兴起之后,战争被视为人类的主要灾难之一,它不是和平的保障,而是上帝对人类的惩罚,其结局也是上帝意志的体现,上帝决定了战争。既然战争是对人的惩罚,为了赢得战争,人类必须忏悔,虔诚祈祷,通过展示虔信获得上帝的喜悦,得到上帝的保护,从而赢取战争的胜利,或者改变战争的结局。如此一来,战争与和平更加有机地联系在一起。和平来自于心灵,最终来自于上帝,统治者的职责就是教化民众,传播信仰,实现上帝的和平。战争与和平,一正一反,都是上帝意志的体现,都是通往永生的道路,而

---

① 李隆国:《"非撰史,乃作传"解》,载《北大史学》(第12期),北京大学出版社2007年版,第225—252页。

虔信是获得永生的关键性德行。

文艺复兴之后,复兴古典成为风尚,古典历史写作模式再次大规模地影响历史学家。复兴后的内政与战争叙事以俗史的名义重新出现,逐渐与中世纪表现虔信的圣史并列为史事的两大部分。启蒙运动之后,随着社会的变迁,历史写作的内容又逐渐过渡为以经济、社会为主,而宗教、政治等各自为专门。它们都以民族国家的兴起为核心。随着民主化进程的推进,普通民众作为集体取代个人成为论述的重点,从下而上的历史开始与从上而下的历史相互补充,对历史的整体性研究日益受到史家关注。

中国古代史事也是以彰显帝王德行来纪功业。但是其具体内容略有不同。在汉代,就已经确立了历史写作的对象是"帝王言行","古之王者世有史官。君举必书,所以慎言行,昭法式也。左史记言,右史记事,事为《春秋》,言为《尚书》,帝王靡不同之"。司马迁说自己的工作内容是记录"明圣盛德"和"功臣世家贤大夫之业"。到了唐代,集体修史,使得王朝历史的方方面面都被记录在案,"太史掌建邦之六典、八法、八则,以诏王治;小史掌邦国之志,定世系,辨昭穆;内史掌王之八柄,策命而贰之;外史掌王之外令及四方之志,三皇、五帝之书;御史掌邦国都鄙万民之治令,以赞冢宰。此则天子之史,凡有五焉。诸侯亦各有国史,分掌其职"。① 与此相应,在图书分类法中,史籍也独立为史部,扩充为十三类。"班固以《史记》附《春秋》,今开其事类,凡十三种,别为史部。"

到清代,《四库全书》馆臣将史部书籍分为十五类,都以记录朝廷历史的"正史"为核心。"正史体尊,义与经配……首曰正史,大纲也;次曰编年,曰别史,曰杂史,曰诏令奏议,曰传记,曰史钞,皆参考纪传者也;曰时令,曰地理,曰职官,曰政书,曰目录,皆参考诸志者也;曰史评,参考论赞者也"。② 依据这些史书对阅读正史的功用,将它们纳入正史体系。

进入民国之后,学习西方和日本的历史写作,于是有改造传统历史写作的呼声。因为正史"知有朝廷而不知有国家,知有个人而不知有群体",因此,要提倡"民史",写作民族国家历史逐渐成为大势所趋。马克思主义史学兴起之后,更加强调人民群众的历史作用,人民群众是历史的创造者,帝王将相的王朝史让位于人民史。

---

① 《隋书》卷三十三《经籍志二》。
② 《四库全书总目》卷四十五《史部总叙》。

虽然东西方古代史家所录史事都以帝王将相、圣人为主,但是由于作者不同,而搜集史料的方式各异,工作方式有别。中国古代史官编修王朝历史,尤其自唐代设官局修史,"天下遗闻古事"都有专门的保存递送制度,集中到史馆。而史官的工作也多半身在史局中完成。他们坐拥书城,"板凳要坐十年冷"。可以说他们所修的史书基本上是"坐"出来的。而他们的西方同行,充分拓展个人见闻,广泛游历,四处打听,搜集史料。"为此应该具有战士加良好公民的意识,对于军事指挥有了解,在军营里待过;观看过军士们,见识过他们被操练,被指导;了解武器和装备;知道集合,知道前进,知道阵势,知道骑兵,也要知道冲锋和包围的意思。总而言之,对我们来说,他不应该在家里蹲着,而主要靠别人转述"。① 可以说,他们的史著都是"走"出来的。

第三节　口传与历史记忆

一、古代之口述历史

最早的历史记忆,自然是口耳相传,依靠声音,借助于人的记诵,传承下来。为了便于记忆,一般采取有韵之体。在各民族进入文明时代,采用历史书写之前,传说风行,创世传说、英雄史诗、迁徙故事,传诵不绝。在中国有关于五帝的传说。司马迁曾经见证过这种传说的广泛性,他在《五帝本纪第一·太史公曰》中说:"余尝西至空桐,北过涿鹿,东渐于海,南浮江淮矣,至,长老皆各往往称黄帝、尧、舜之处,风教固殊焉。"似乎年纪大的长老是历史传说的主要讲述者,这一风习,在现代民间说唱艺人的实践中可以得到印证。被誉为"活着的荷马"的柯尔克孜族艺人居索普·玛玛依,从 8 岁到 16 岁,背诵完了 8 部《玛纳斯》,但是,他的父亲告诫他:"40 岁以前千万不要在众人面前演唱史诗,因为《玛纳斯》是神圣的,年轻时演唱会招来不祥。"②神圣的历史传说,要由长老来讲述。

儒家教授弟子,本重口说,王充在《论衡》卷二十七《定贤篇》中说儒者

---

① 琉善:《论撰史·2》。我这里是直译,更为文雅的译法,参见缪灵珠译文,载《缪灵珠美学译文集》第一卷,人民大学出版社 1998 年版,第 202 页。
② 郎樱:《"活着的荷马"居索普·玛玛依》,载《中国民族》2001 年第 3 期,第 15—18 页。

"传先师之业,习口说以教"。他将儒者传道授业比喻为邮递员送信:"传学不妄一言,先师古语,到今具存。"秦焚书,儒家经典依赖口传,得以保存。

不唯儒家师徒口说以教,诸子百家,大抵如此。《孟子·滕文公》说:"处士横议,杨朱、墨翟之言盈天下。天下之言,不归杨,则归墨。"在论争的过程中,儒家发展了周末为末世、口说风行的观念。"及末世,口说流行"。末世观反映了时人的忧患意识,春秋战国不必为末世,但是,诸子百家都想振兴天下,改革现状,因此都依据历史传说,来"托古改制"。《韩非子·五蠹第四十九》说:"孔子、墨子,俱道尧舜,而取舍不同,皆自谓真尧舜。"如果有典有册,书面记录俱在,韩非子恐怕不会提出这样的质疑了。

中国之外的古代世界,也盛行口传。古代印度的吠陀经典,是用于礼拜仪式中的颂唱,尤其讲究吐音准确,由婆罗门所独掌。在此基础之上,受到佛教经义刺激和启发的奥义讲解,原本为口传,奥义者,贴近大师而坐之意,与闻秘义也。而佛教典籍的早期集结,也是依赖口传。佛陀悟道之后,传教靠口传,教义流传靠口传。著名的《四阿含》,就是由"多闻第一"的阿难首先诵出,然后由诸位师兄弟相互诵读,统一折中。即便《四阿含》结集之后,仍然采取师徒口耳相传的形式,没有马上记载下来。据说阿难听到一个比丘诵《法句偈》:"若人生百岁,不见水老鹤,不如生一日,而得睹见之。"阿难纠正说:"原文应该是'若人生百岁,不解生灭法,不如生一日,而得了解之'。"这个比丘回去告诉他的师父,师父回答说:"阿难老朽,言多错谬,不可信矣。汝今但当如前而诵。"①

至于印度历史传说《摩诃婆罗多》,以诗的形式吟唱印度古代历史传说。以婆罗多族大战的故事为主线,全方位地讲述印度古代历史,是印度古人在没有书写习惯的条件下记述历史和保存文化的一种特殊手段。黄宝生先生说:"史诗内容的传说性主要是指诗中的人物和事件,诗中提供的社会和文化背景并非完全虚构。《摩诃婆罗多》的成书年代处在印度从原始部落社会转化为国家社会的时代,也是从吠陀时期的婆罗门教转化为史诗时期的新婆罗门教(即印度教)的时代。《摩诃婆罗多》中提供的种姓制度、宗教礼仪、律法伦理和风俗习惯都是当时社会的真实写照。而且,史诗作者依据他们所处的时代,在这部史诗中充分表达了他们的宗教哲学思想和社会

---

① 中国佛教文化研究所编《长阿含经》之《总序》,宗教文化出版社1999年版,第2页。

理念。"①

　　古风时代的爱琴海地区,口头传诵孕生了两部大史诗《伊利亚特》《奥德赛》。"史诗的来源是迈锡尼时代依赖代代相传的口头传诵,而史诗的中心主题则是特洛伊战争;迈锡尼时代的社会经济、政治制度,能围绕故事主题而与之结合的,则随着故事流传下来(例如'人间王'之'王'),否则经过几个世纪,一一被人遗忘了。"②史诗之外,希腊古代的智者们,开教场授徒,教授辩论技巧,讨论各种哲学问题。苏格拉底,在喜剧诗人阿里斯脱芬的笔下,也是一个吊在空中,与一班弟子讨论测量虱子跳跃距离的"智者",人们去学习,也是迫于债务,想寻求诡辩之术,在法庭上获胜。希罗多德在大会上诵读《历史》,尔后逐渐书面化。

　　进入中世纪以后,在12世纪文艺复兴之前,口传的权威性与书面记载不相上下。近年来的研究表明,书面证据尽管不像以前想象的那样薄弱,但是口传更为普遍。③ 现存众多的法律文书,都保留了宣读的格式,照录了大量方言,尤其是地名、人名,以便不通拉丁文的普通百姓听懂。11世纪一段有关土地归属争议的记述出现在一份拉丁文《福音书》抄件中,以古英语写成。里面提到一位母亲的证言:"'塞恩们,这里坐着我的女眷罗伊夫莱德(Loefflaed),我死后将土地、金器、衣物以及一切东西赠予她。'然后她对塞恩们说:'像塞恩那样行事,当着所有好人的面,将我的话转述,告诉他们我将土地和所有物赠给了谁,而不是我的儿子;请他们作个见证'。"④至于像《罗兰之歌》《贝奥武夫》《尼贝龙根之歌》等英雄史诗,也广为流传。

　　口述在古代世界的重要性由一个极端的例子可以表现出来。周厉王三十四年,严格禁止国人发言,效果明显,厉王很高兴,对召公说:"吾能弭谤矣,乃不敢言。"召公回答时强调了让民众自由表达的重要性和积极意义,"防民之口,甚于防水……故为水者决之使导,为民者宣之使言"。但是没有引起厉王的重视。三年后,周朝民众发动反叛,周厉王出逃。

　　有趣的是,厉王出走之后,周朝开始召公、周公二相共同执政,号曰"共

---

① 黄宝生:《〈摩诃婆罗多〉译后记》,载《外国文学评论》2003年第3期,第75—80页。
② 日知:《荷马史诗若干问题》,载《历史教学》1962年第9期,第24—32页。
③ Geary, Patrick J., Oral History, Memory and Written Tradition: Land, Language and Memory in Europe 700-1100, in *Transactions of the Royal Historical Society*, 6th Ser., Vol. 9, (1999), pp. 169-184.
④ Donoghue, Daniel *Old English Literature: A Short Introduction*, Blackwell, 2004, pp. 1-2.

和",也就是从这一年开始,中国书面记载的确切纪年开始了。不唯如此,书面历史记载的权威性,借助于官府,逐渐压过了口传。孔子的史论本来口耳相传,逐渐被书面记述《左传》所取代。"鲁君子左丘明,惧弟子人人异端,各安其意,失其真。故因孔子《史记》,具论其语,成《左氏春秋》"。在这一话语权的争夺之中,口传似乎同时具有秘传的重要性和不可靠性。西汉初年的司马迁周游天下,接触到的传闻很多,但是,他主要依赖于六艺、古文,进行取舍。"总之,不离古文者近是。"此后,口传的地位进一步下降,几乎等同于巷陌之论,道听途说,属于末世现象,"及末世,口说流行"。

在书面历史记录盛行之后,口说受到忽视和排挤,但还是顽强地通过各种途径表明其活力。朱熹讲学的内容,被后人集结刊刻,仍保留了对话的形式,以及大量方言,黄榦在《朱子语类·序言》中说,可以使读者:"如侍谦间,承謦欬也。历千载而如会一堂。"在中国古代,口说还通过掌故、地理、传记、小说等形式,得以保存。唐代李冲昭所著《南岳小录》,讲述衡山名胜古迹、历史掌故,《四库全书总目》说他:"访灵迹,遍阅古碑及衡山图经,《湘中记》,仍致诘于师资长者、岳下耆年,或得一事,旋置箧笥,撮而直书,总成一卷。"因为它"足资掌故",所以"宜征据"。这些传说或者"备考核",或者"广见闻",辗转影响到权威性历史写作。司马光著《资治通鉴》的时候,就曾经"旁采小说"。但是大规模地重视并收集、整理口传证据,主要发生在19世纪以后。

二、民俗口述历史

在人类历史上,以某种语言为媒介的成熟书写文化,经常遭遇以口传为载体的异语言文化。受到前者的影响,口传在保持其原有形态的同时,也吸收书写的技巧和信息,形成了丰富多彩的少数民族、土著民的口述历史文化。

中国境内少数民族众多,讲述古史的英雄史诗也非常多,著名的有北方三大史诗:蒙古族的《江格尔》、柯尔克孜族的《玛纳斯》、藏族的《格萨尔》。这些史诗长期采取口传的方式,由演唱艺人演唱。先后被记录、整理、出版。《江格尔》是卫拉特蒙古人自15世纪开始吟唱的英雄史诗,围绕战争、婚姻、朋友三大主题,以英雄、未婚妻、恶魔、家乡四元结构思维方式,讲述江格尔汗联合洪古尔等其他英雄们,一道创建、保卫宝木巴王国的故事。史诗分为若干部(或章回),每部各有一位英雄作为主人公,相对独立。演唱史诗的艺人,被称为江格尔奇。当蒙古王公贵族举行驱魔仪式、欢度佳节的时候,邀请江格尔奇在夜间说唱《江格尔》。

改革开放之初,新疆还有演唱《江格尔》的民间艺人110位。据朝戈金调查,现在的江格尔奇很少有机会给大家演唱,有些江格尔奇是"说"而非"唱"了,主要从事业余讲述活动,艺术水准也参差不齐,除了有些固定的"程式片语"较为熟悉外,其他部分结结巴巴,有些甚至改念书本。①

口传记忆的原始性,要弱于现场性,口传活史诗与一定的仪式相联系,与听众的文化生活密切相关。说唱艺人往往与听众互动。据巴图那生调查,1926年,奥尔洛郭加甫王带着妹妹访问哈拉夏尔汗的时候,哈拉夏尔汗举办江格尔说唱。说唱过程中,王公的一位官吏问江格尔奇胡里巴尔·巴雅尔:"江格尔一伙抽烟不抽?"他在一处恰当的地方插了一段:"在百灵那样漂亮的烟斗里,装上无数包磨碎的烟,在他们喷出的烟雾里,水鸟找不到沼泽,山鸟找不到食。"刚说完,特音喇嘛又问:"江格尔一伙有没有寺庙,念不念经?"巴雅尔回答说:"还没有说到那儿,你稍等一下。"接着就往下说了。过了一会儿,他才说道:"道勒布之子道克欣·夏拉公角得(领头念经的喇嘛)大声念经,震得大殿中央的柱子晃晃悠悠。懂得经的喇嘛兴高采烈,不懂经的喇嘛忙蒙耳朵,品行正的弟子兴致勃勃,品行差的弟子慌作一团。喇嘛司仪责怪大家,其他的喇嘛嘀嘀咕咕。"②

南方边疆地区少数民族众多,各民族都流传着民族源流史诗,如《彝族源流》等。讲述天地创造、神人谱系,民族迁徙,立足之争,群体分支,宗族姓氏等等。许多重大的历史事件和历史人物,因为关涉民族源流,其故事也得以广泛流传,在滇中等地流传着许多关于"蛮王"孟获的故事,包括祭祀他弟弟孟节的庙宇,银坑山豪猪洞孟获所绘壁画等。③

调查这些传说的研究人员发现,"关于孟获的故事,在西南许多民族中都有传说,多少受《三国演义》的影响,而加上地方色彩,其故迹历历可指,都未必有确据。"④从民间文化的角度来观察,孟获作为滇中西部彝族的祖

---

① 朝戈金:《破解江格尔奇记忆之迷》,载《中国民族》2001年第3期,第24—26页。
② 加·巴图那生著,王清译:《〈江格尔传〉在和布克赛尔流传情况调查》,载《民族文学研究》1984年第1期,第42—54页。
③ 张琼口述,张福采录:《〈蛮王〉孟获》,载张福著:《彝族古代文化史》,云南教育出版社1999年版,第547—552页。
④ 陈本明、傅永祥编著:《昭通彝族史探》,云南民族出版社2001年版,第325页。

先和民族英雄,被指认为许多现存历史故迹的作者,融入到口述历史传说之中,成为彝族人民性格特征的典型体现,从而成为彝族地方文化、民族认同的一部分。

近年来,借助于生物多样性研究,联合国倡导"文化环保",保护人类文化遗产,于1989年提出《保护民间创作建议书》,在2003年更缔结了《保护非物质文化遗产公约》,推动对各种民间濒危文化的保护,其中包括对"口头传说和表述,包括作为非物质文化遗产媒介的语言"。这样做的根本考量在于,"非物质文化遗产是密切人与人之间的关系以及他们之间进行交流和了解的要素,它的作用是不可估量的"。《公约》第一条指出:"各个群体和团体随着其所处环境、与自然界的相互关系和历史条件的变化不断使这种代代相传的非物质文化遗产得到创新,同时使他们自己具有一种认同感和历史感,从而促进了文化多样性和人类的创造力。"①

三、口述史学

虽然口述历史一直受到历史学家的重视,但是作为历史记忆方式,保存史实原貌的能力大不如书面记载。从口述材料发展为口述史学,主要得益于采录口述的技术进步:录音机、摄像机等。"近几十年来,随着新科技特别是交通、通讯的发展,录音机、摄像机、电脑等新技术手段的使用,使得口述资料的记录有了方便而可靠的手段。因此,口述历史最初在美国,接着在西方各国迅速兴起,在史学的某些领域取得了相当可观的学术成就,已经形成为一门专业性很强的独立的学科。并在社会学、文学和其他人文学科中得到了广泛的运用。"②

一般来说,口述史学开始于1948年美国哥伦比亚大学设立的"哥伦比亚口述史部"(Oral History Office)。该所创始人,新闻记者讷文思(Allen Nevins,1890—1971)注重各领域精英的个人影响和作用,关注学术圈之外精英们的阅读偏好和历史偏好,"捕捉人们的思想和情绪,人们的感受如何,以及对于经历的认识"③。为此有意识地结合文件,从美国风云人物口

---

① 《保护非物质文化遗产公约》,"中国非物质文化遗产网"(http://www.ihchina.cn/inc/detail.jsp? info_id=50),下载于2007年8月。

② 杨立文著:《口述历史刍议》,载《纵横》2002年第8期,第1页。

③ Middlekauff, Robert, Telling the Story of the Civil War: Allan Nevins as a Narrative Historian, *The Huntington Library Quarterly*, Vol. 56, No. 1 (Winter, 1993), pp. 67—81.

中获取他们参与政治、经济、文化活动的相关回忆。他本人的长篇回忆录，就储存在该研究所。1967年美国口述历史协会成立，1973年《口述历史评论》创刊，同年，英国也成立了口述历史学会，出版《口述历史》刊物，2004年12月，"首届中华口述史高级论坛暨历史学科建设会议"在扬州大学召开，成立了"中国现代文化学会口述历史专业委员会"，对外称"中华口述历史研究会"。为了纪念抗日战争胜利60周年，2005年浙江省档案馆、江苏常熟市档案馆等开始征集口述档案史料。目前，"口述历史档案采集标准"，正在由宁夏回族自治区档案馆承担制定。

除了技术进步之外，历史学自身的某些变化也有力地促进了口述史学的广泛传播。20世纪以来，历史学关注的对象，从偏重于帝王将相的政治史，向同等关注普通群众的社会史过渡，越来越多的普通人被纳入到研究者的视野之内。教育方面的限制，约束了普通人书面表达自我的能力，而书面出版物的高度选择性，也使得普通人难以进入其中。相反，通过口头访谈，他们往往可以更加平实地表达自己，更少润色地回忆经历的重大事件。研究对象的这一表达特征，提供史料的独特渠道，极大地鼓励了历史学家实践口述史学。

口述史学是"以录音、访谈方式收集口述记忆以及具有历史意义的个人观点[①]"。"好记性不如烂笔头"，缺乏书面材料尤其是日记支撑的回忆，可靠吗？虽然史学家经常记录个人见闻，但是其可信性也一直备受质疑。早在两千多年前，修昔底德就曾说过："在叙事方面，我绝不是一拿到什么材料就写下来，我甚至不敢相信自己的观察就一定可靠。我所记载的，一部分是根据我亲身的经历，一部分是根据其他目击其事的人向我提供的材料。这些材料的确凿性，我总是尽可能用最严格、最仔细的方法检验过的。然而，即使费尽了心力，真实情况也还是不容易获得的：不同的目击者，对于同一个事件会有许多不同的说法，因为他们或者偏袒这一边，或者偏袒那一边，而记忆也不一定完全可靠。"[②]

口述史学兴起之后，也面临着同样的方法论难题，口述历史与媒体节目中的新闻采访和访谈是什么关系？新闻采访的原则与口述访谈差不多，要

[①] 唐纳德·里奇著，王芝芝、姚力译：《大家来做口述历史》，当代中国出版社2006年版，第2页。

[②] 修昔底德著，徐松岩、黄贤全译：《伯罗奔尼撒战争史》，第14页。

在事先进行大量的准备工作,采访过程中要充分尊重受访者,尽量不要随便打断对方的讲话,充分理解和尊重对方的情感,等等。但是,在实际操作之中,大不相同。记者所面对的往往是突发事件,没有准备,而制作新闻不仅要快速及时,更要吸引读者,引起读者关心,不仅要事实,还要新鲜和重要。因此,"无论是在香港、台湾、英国还是美国,假新闻随处可见……专登谣言的报刊,无所不在的狗仔队都已是司空见惯的了"①。至于时下流行的名人访谈节目,制作目的不仅在于吸引读者,更在于让观众感受到名人的精神,得到激励。例如2005年中央电视台对"艺术人生——成龙"节目的总结是:"'艺术人生'为您倾力打造成龙五种表情:对待亲情、对待爱情、对待家庭、对待金钱、对待生命,一声叹息,五十岁男人的人生感悟。"②

因此,不少历史学家都倾向于将口述访谈与新闻访谈区别开来。美国记者米勒的《开诚布公:哈里·杜鲁门的口述传记》,让许多学者倍感困惑,因为他引用了许多杜鲁门的话,这些话从不见于其他场合。当他出席口述史学会年会的时候,遭到了一些同行的质疑,他辩解说:"我并不认为自己是口述史家,他们也不认可我。在会上他们蔑视我,盘问我,因为我不知道口述史的操作规范——我认为我自己更像记者——我冒犯了他们。"③

历史学家的口述访谈是一种史料的采集方式,访谈者必须恪守采集史料的两个基本原则,首先是尽量保留关于每次访谈的"历史",以便能够被核对。包括工作时间表,记录"各项访谈的受访者、访谈者、时数、日期、使用哪类录音带、是否做抄本、是否开放研究、是否提供微缩胶卷等等。访谈的档案应当包括:所有搜集来的受访者传记资料、安排访谈的信件、访谈的内容简介、访谈所讨论的各种题材和经常出现的人物。档案内还须附有授权证书(受访者让渡契约书),以及访谈的设限说明。为方便参考,应注明拷贝的保存机构和图书馆"④。

其次是尽可能忠实地将访谈的内容保存下来,并将录音存放到档案馆加以永久保留。由于录音带的保存期较短,因此,要采取一些必要的辅助手

---

① 杨澜:《我问故我在:杨澜访谈录》之《序》,学林出版社1999年版,第5页。
② 李淼淼:"对话、历史与权力——解析名人访谈节目",《今传媒》2007年第7期,http://www.jinchuanmei.com/jcm/Article_Show.asp? ArticleID = 1053,下载于2007年8月。
③ Morrissey, Charles T., Oral History and the Boundaries of Fiction, in The Public Historian, Vol. 7, No. 2. (Spring, 1985), pp. 41-46.
④ 唐纳德·里奇著,王芝芝、姚力译:《大家来做口述历史:实务指南》,第48页。

段协助这些声音的保存。可以数字化,制作成 CD,或者制作成抄本。在制作成抄本的过程中,"为维护口头资源的原始性,整理出来的文字要保持问答的形式不变,对受访记录决不能做任何形式的插增和删改";①或者与受访者反复核对,以便符合他们的原意,因此后期处理的时间较为漫长。许雪姬等人采访王世庆,于 2000 年完成初稿,然后交给王先生校阅,次年返还。此后由于再确认,增添以及配照片等问题又再访谈王先生 5 次,"访稿及附录前后大改了 6 次,小修更是不计其数"。②

即便如此,口述史学也很难做到准确反映历史真实。在调查老舍之死的口述历史过程中,傅光明发现有三位自称是老舍尸体的打捞者,他们的叙述并不相同,其中,"只有一个可能真实,或者三个都不真实,绝对不可能三个都真实,因为那样就会在同一时间和同一地点捞起三个老舍"。③ 这一难题启发和刺激历史学家改变思路,将研究重点从利用口述材料重建史实转移到探究口述者如何创造历史。"过去 25 年间口述史最为显著的变化是认为:记忆的不可靠不应该成为难题,而是可用于历史解释和重建的资源。"④分析历史事件如何被人们记忆,说明人们如何构建历史。

口述,是人类记忆过去的最为常见的方式,也是延续时期最长的传统,属于史学传统的"长时段"。虽然口述总是处在变动之中,口述不断地与现实保持一致,反复地被再创造;但是口头传述过去的方式,也非常结构化,具有较强的共时性色彩。口述与书面,往往互相影响,口述的某些内容会被书面化,而书面的某些内容也会被口述化。口述与书面共同构成了人类记忆过去的两种重要方式。

第四节 史文传统

历史学家通过叙事书面记录历史的结果,就是狭义的史文。所谓叙事,就是"由说者向听者讲述某些真实的或者虚构的事件,或者系列事件。在

---

① 傅光明著:《口述历史下的老舍之死》,山东画报出版社 2007 年版,第 153 页。
② 许雪姬等访问,丘慧君记录:《王世庆先生访问纪录》,近代史研究所 2003 年版,第 vi—vii 页。
③ 傅光明著:《口述历史下的老舍之死》,第 98 页。
④ Thomson, Alistair, Fifty Years On: An Introductional Perspective on Oral Hisotry, in *The Journal of American History*, Vol. 85, No. 2(Sep., 1998), pp. 581-595.

讲述的过程中,事件有取舍、有安排"。由于有所取舍和安排,史文便不仅仅是对历史事实的书面反映,还包括历史学家的编辑。因此,任何史文,都包括辞章与考据。不同的历史学家,偏好不同,创作的史文也不尽相同。一般说来,合格的历史学家,优先考虑史实的保存,在此基础之上,会在辞章方面多加斟酌,以便行远。时代不同,文风不同,不同史文被接受的程度也不尽相同。

一、古代史文与考据

在《史记》卷一百三十《太史公自序》中,司马迁记录了父亲司马谈的临终遗言:"自获麟以来四百有余岁,而诸侯相兼,史记放绝。今汉兴,海内一统,明主贤君忠臣死义之士,余为太史而弗论载,废天下之史文,余甚惧焉,汝其念哉!"随后司马迁祖述先人,整齐故事,写成《史记》。

司马迁的史文,被称为"实录"。班固在《汉书》卷六十二《司马迁传》中说:"善序事理,辨而不华,质而不俚,其文直,其事核,不虚美,不隐恶,故谓之实录。"从此史文实录成为传统。北魏时期的史官高允说:"夫史籍者,帝王之实录,将来之炯戒,今之所以观往,后之所以知今。"①

随着国家管理机器日趋于复杂,国事活动日增,史料日多,南北朝之后,史官修史制度发生改变,集体修史模式成长起来。史馆修国史,征调多名史官进行,包括修史官和监修官,按照程序,按部就班。广泛征集各种史料,对史料考核、取舍、编排,修成正史。"正史"源自于晋代荀勖的"国史",据《新唐书》卷五十八《艺文志》记载,南北朝时期梁代的阮孝绪著有《正史削繁》。到了唐代,正史是指代对司马迁和班固的仿效。一般说来,正史是官局修史程序的最终环节。在它之前,有两个环节,第一,起居注和时政记等纯记载性史书;第二,"实录",是后一朝(帝王)修纂前朝(帝王)的非常正式的史书,也是正史的前身,直接为正史做准备。

史官所面对的,是大量的文献材料,"天下遗文古事靡不毕集太史公"。司马迁"䌷金匮石室之书……据《左氏》《国语》,采《世本》《战国策》,述《楚汉春秋》,接其后事,讫于大汉"。② 在抄录旧闻的基础之上,增添个人见闻,加以润色。

---

① 《魏书》卷四十八《高允传》。
② 《汉书》卷六十二《司马迁传》。

材料丰富,史源广泛,可资比较参证的证据就多了起来,考据学随之发展起来。中国史学家很早就摸索出来了一套汇集诸家记录,进行比较考证的方法。当朝廷命令裴松之注《三国志》的时候,他对陈寿的史文作了补遗,对史实进行了考证,对观点进行了商榷:"其寿所不载,事宜存录者,则罔不毕取以补其阙。或同说一事而辞有乖杂,或出事本异,疑不能判,并皆抄内以备异闻。若乃纰缪显然,言不附理,则随违校正以惩其妄。其时事当否、及寿之小失,颇以愚意有所论辩。"①

通过考证而后撰述实录,司马光的《资治通鉴》,号称典范。四库馆臣称誉道:"网罗宏富、体大思精,为前古所未有,而名物训诂,浩博奥衍,亦非浅学所能通。"而要取得这样的学术价值,主要得力于"长编"修史程序:编丛目、长编、考异、定稿。第一步是体例方面的讨论,确定丛目的标准是:"删削冗长,举撮机要,取善可为法,恶可为戒者,为编年一书。"根据实录将事目标出之后,"将新旧《唐书》纪志传及统纪补录,并诸家传记小说,以至诸人文集,稍干时事者,皆须依年月,注所出篇卷于逐事之下。……过多不害"。第二个环节是依据丛目,将所有相关史料全部附录于下,制成长编。"其修长编时,请据事目下所该新旧纪志传及杂史小说文集,尽检出一阅。其中事同文异者,则请择一明白详备者录之;彼此互有详略,则请左右采获,错综诠次,自用文辞修正之,一如《左传》叙事之体也。此并作大字写。若彼此年月事迹有相违戾不同者,则请选择一证据分明,情理近于得实者,修入正文,余者注于其下,仍为叙述所以取此舍彼之意。……或诗赋有所讥讽,诏诰有所戒谕,妖异有所警戒,诙谐有所补益,并告存之。大抵长编宁失于繁,无失于略,千万!"②在这些分工者的劳动基础之上,主编者司马光的工作就是作考异并定稿。长编方法,作为有中国特色的历史叙事操作规范,至今仍然具有强大的生命力。

为了校正史实,方便阅读,清代学者有意识地广泛收集材料,校勘正史。王鸣盛在《十七史商榷·自序》中说:"既校始读,亦随读随校,购借善本,再三雠勘(正史),又搜罗偏霸杂史,稗官野乘,山经地志,谱牒簿录,以及诸子百家,小说笔记,诗文别集,释老异教,旁及于钟鼎尊彝之款识,山林冢墓祀

---

① 《上三国志注表》。
② 顾栋高:《温国文正公年谱》卷五,第75—77页,北京爱如生数字化技术研究中心研制:中国基本古籍库。

庙伽蓝碑碣断阙之文,尽取以供佐证,参伍错综,比物连类,以互相检照。"

在长达千余年的考证实践中,中国古代史家形成了"收全史料,考证辩难"的传统。相较之下,除了苏维托尼乌等极少数史家,西方古代史家普遍依赖于个人见闻,不爱利用档案材料,史源不广。进入中世纪之后,情形有所变化,教会作为撰史者,与私家修史,有所不同。教士或者修道士修纂的史书,类似于半官方史书,代表了教会的立场,依靠教会提供写作材料和史料来源,史书多"成于众手"。中古史书,大体可以分成两大类,数量最为庞大的是圣徒传和帝王纪传,前者旨在传播教义,提供仿效的楷模;后者主要是歌功颂德。另一大类型是编年史,多成于众手,以"接力"方式,一个接一个地续写下去。著名的《盎格鲁-撒克逊编年史》和法国圣德尼修道院的《大编年史》,都延续了好几个世纪。

由于教规的限制,修士的活动范围不能超出修院的范围,所见有限,他们主要依靠"闻"和"历史记录"来编纂史书。"闻"主要来自于修院的负责人,他们可以因公出差,积累见闻,或者是记录到访的各级教士、贵族、乃至王侯的言论。在中世纪那相对封闭的世界里,人员流动的几率并不高,对教育也并不重视,图书资料的收集、储备非常可怜。在这种环境之中,历史学家们所依赖的历史记录来源更为有限,考证较少,历史考据能力较低。以讹传讹的情形屡见不鲜,见闻之中,不乏"奇迹",使得中世纪历史叙事的可信度非常低。

在这种历史写作状况下,西方史家们主要以"眼见为实"作为考据标准,根据史料的"原始性"确定其价值。及于近代,兰克等人将这一原则普遍化,批判当时抄录二手史料,陈陈相因的陋习,身体力行,提倡搜集原始材料,从此档案成为史料的根本,史文的基石。

"撰述欲其简,考证欲其烦"。四库馆臣总结的这一历史写作原理,不仅适用于中国,而且也基本上符合西方的史文实际。为了确保史文的准确性,中国古代史家尽可能地收全史料,广征博引;西方同行除了恪守"亲眼目睹"的原始性原则之外,也是广泛搜集目击者的证言,比较考证。虽然考证欲其烦,但是,古代的考证一直以准确记录为最终目的,多属文献学成果。而现代考证,却基本上独立成文,是为"历史论文"。

写作原理相通,但是东西方古代历史学家所写成的史文却各有格式。大体而言,中国史文将叙事与评论分开,司马迁的《史记》就是如此,以后成为传统。在官局修史之后,叙事部分往往由专门的历史学家写成,而评论部分往往由监修官负责。这个良好的习惯由第一代史馆监修官魏徵所开创,"《隋史》序论,皆征所作"。而西方的史文一般是二者不分的。

二、辞　章

"文胜质则史",古代史学,从属于修辞文章之学,讲究遣词造句,谋篇布局,中西方史文都是由言和行两大内容组成,除了有类似于中国史书中的言说之外,中古西欧备载布道辞、忏悔和祈祷。而在古典西方,言说的主体由演讲构成。这些演说模拟各种场景下的政治军事思考和对策,一大部分是历史学家根据场景需要,依据演讲格式,精心拟制的。号称"科学史学之父"的修昔底德的作品未曾杀青,第八卷肯定是草稿,证据之一就是没有演说词,只有演说词的大意和演说效果。对于演说词的写作,作者说:"有些演说辞是我亲耳听到的,有些是通过各种渠道得到的。无论如何,单凭一个人的记忆是很难逐字逐句记载下来的。我的习惯是这样的:一方面使演说者说出我认为各种场合所要求说的话,另一方面当然要尽可能保持实际所讲的话的大意。"①

至于叙事部分,行文结构是否合理,详略是否得当,遣词造句是否适宜,都是专门之学。普鲁塔克曾经以批评希罗多德为例,从反面表明了历史学家措辞的重要性。他指出,希罗多德的作品故意贬低希腊人,表现在 8 种书写方式中:1. 当可以用温和一些的词汇批评别人时,却采用严厉的词汇,这表明作者明显在借别人的不幸取乐,缺乏善意。2. 某事并非可信,但是因为其切合主题(可以贬抑某人),因此挤出地方来容纳之,这即是好说人坏话。3. 虽然机会合适,但是漏载可信之好事,则为居心不良。4. 当存在多种说法的时候,不应该选择可信度少的不那么好的说法,否则居心不良。5. 对某事有共识,但是原因和动机不明,作者偏好更不可信的那一种,甚至有可能是在发掘高尚行为的不可靠的不良动机,居心不良。6. 某项功业完成,但说那不过是凭好运气或者靠金钱等手段获得的,居心不良。7. 遮遮掩掩地谴责,以类似于"我不信这个说法,但是其他人都相信"的方式劝诱读者相信某种谴责,居心不良。8. 以肯定次要性事迹、否定重要事迹的方式使得自己的谴责更为可信,是为居心不良。②

---

① 修昔底德著,徐松岩、黄贤全译:《伯罗奔尼撒战争史》,第 14 页。
② Anthony, Bowen, *Plutarch: The Malice of Herodotus*. 6, Warminster: Aris & Philips Ltd., 1992.

讲究措辞的极端例子,是中国古代历史写作中的一字之褒贬。讲究褒贬的历史写作书法源自于鲁国的史官,经过孔子的总结之后,形成了典范性作品《春秋》三传。即所谓"文成数万,其指数千"。其典型事例包括:"吴楚之君自称王,而《春秋》贬之曰'子';践土之会,实召周天子,而《春秋》讳之曰'天王狩于河阳'。"这种笔削方式如此深奥,以致"子夏之徒不能赞一辞"。

抛开极端的例子不说,一般而言,古代史家对于辞章的讲求,主要在于消解"文省"与"事增"之间的张力,达到"尚简"的目的。伴随中国古代王朝设馆局修史,史源扩充,需要记录的史事不断增加,史书的内容随之不断扩充,而为了满足阅读的需要,必须对篇幅有所限制,为此需要"尚简"。到了唐代,这一矛盾开始尖锐起来,敏锐的刘知幾从理论上将它总结为"文省事增",并主张删汰占据篇幅较多的史表。

这一时期的史学家在编纂史书的过程中,也在默默地贯彻某些压缩篇幅的办法,以致出现了删除过分的现象。当时的封爵制分为实封和虚封两种类型,西魏、北周的实封郡县五等爵,一般都带有"开国"两字。但是今本《周书》所载,往往省去其"开国"字样,以至是否为实封含糊不清。高敏教授经过对比碑铭所记,发现"今本《周书》中无'开国'字样的封爵,本来都是有'开国'字样的,是唐人令狐德棻不明北魏后期以来的'开国五等'之制而误省造成的"。"这种删其所不当删、省其所不当省的做法,不仅影响了对西魏、北周与东魏、北齐封爵制的准则的理解,而且带来了不明其属于实封还是虚封的混乱,也给东魏、北齐时的食干制蒙上了迷雾"。①

及至宋代,文省事增的压力使得司马光"删削冗长,举撮机要",将战国以来1362年历史浓缩于294卷的篇幅之中。中国古代的史钞体裁,主要是为了应对这一压力而兴起的。与此类似,在古典西方,大部头的作品,几乎都有摘要本行世。罗马史家李维所著长达140多卷的《罗马建城以来史》,备受重视,即便如此,绝大部分篇幅散佚,只能通过摘要流传下来。在中世纪,由于模仿《福音书》,听众的文化水平低,加之史源有限,中世纪史书写作流行尚简之风。

---

① 高敏著:《西魏、北周与东魏、北齐的封爵制探讨》和《从〈北史〉关于西魏、北周和东魏、北齐封爵制的记载看〈北史〉的删削不当》,均载氏著:《魏晋南北朝史发微》,中华书局2005年版,第220—244、339—352页。

虽然现代史学家深受修辞熏陶,但是,从学术研究精神的角度,主张仿效科学论文,将历史撰述与文学撰述区别开来,历史学家不是文章家。历史文章是"整理史料"的结果,旨在如实地说明事情的真相,分析制度的产生和演变,网罗一切史料,分门别类,条辨历代沿革。为了做到有根有据,注释繁多。"职业历史学家和看历史书籍的读者公众都认为,渊博的学识和优秀的写作是互不相容的……我们职业历史学家(当然也有某些例外)往往对任何趋近于有风格——我指的是良好风格——的东西都抱怀疑态度。另一方面,公众的美学感觉——至少如讲生意经的出版家(我所知道的出版家中很少有完全不讲生意经的)所理解的那样——常常被碍事的学术证据激怒,他们坚持,譬如说,把脚注删除或者至少是移到后面去,这样,那些愿意看它们的人可以到那里去查阅,至于会给这些人造成什么样的不方便就不去管了"。①

到20世纪后半叶,文学与历史学的关系再次复杂起来。"在研究知识的历史学家那里,实证主义假设似乎经历着自然的死亡,描述实际发生仅仅被视为故事的一部分;另外一部分就是记录、现实与作者们的感觉、认知、叙事相互影响的方式。"②历史作品不仅被当做史事的记载,一种客观的如实说明和证明,而且被视为一种文化意义上的创作,主观构造的"文学作品"。为了争取读者,说服读者,史家是通过特定话语的选择,使用特定的比喻类型,组织行文。词汇与话语、话语与思想、思想与现实之间的复杂关系,再次成为作品分析的重点。

第五节 史义传统

史书不仅要如实地记录过去的事情,也要对历史经验加以总结,提供榜样或反面教材,令读者获得教益,缘此而生义。"义则丘窃取之矣",孔子以鲁《春秋》作为蓝本,发明了许多史义,传给学生,成为中国古代史义之正宗。孔子所开创的儒家史义,代有变更,但总的来讲,以辨上下等级、每人都

---

① 斯开勒:《历史精神的体现者:弗莱德利克·威廉·迈特兰》,载何新等译:《美国历史协会主席演讲集(1949—1960)》,商务印书馆1963年版,第54页。

② Stock, Brian, History, Literature, and Medieval Textuality, *Yale French Studies*, No. 70, Images of Power Medieval History/Discourse/Literature(1986), pp. 7-17.

尽自己的责任和义务、维持既定统治秩序为核心。就是所谓君君、臣臣、父父、子子,后来发展为"三纲五常"。

司马谈、司马迁父子在记录历史的同时,也想效法孔子,总结历史发展规律,成一家之言。"以拾遗补艺,成一家之言,厥协六经异传,整齐百家杂语,藏之名山,副在京师,俟后世圣人君子。"太史公要表达的历史之义,效法于《春秋》,但又略有不同。与其载之空言,莫若见之事之深切且著名者也。发凡起例,为"正史"体裁规定了写作体例:本纪:"网罗天下放失旧闻,王迹所兴,原始察终,见盛观衰,论考之行事,略推三代,录秦汉,上记轩辕,下至于兹,著十二本纪,既科条之矣。"史表:"并时异世,年差不明,作十表"。书:"礼乐损益,律历改易,兵权山川鬼神,天人之际,承弊通变,作八书"。世家:"二十八宿环北辰,三十辐共一毂,运行无穷,辅拂股肱之臣配焉,忠信行道,以奉主上,作三十世家"。列传:"扶义俶傥,不令己失时,立功名于天下,作七十列传。"(《史记》卷一百三十《太史公自序》)构成一个价值等级体系。

古代历史学家在行文中要总结的"义",主要在于两个方面:历史变迁之道与阐扬圣人的道统。如同《隋书》卷三十三《经籍志》所总结的那样,"书美以彰善,记恶以垂戒,范围神化,昭明令德,穷圣人之至赜,详一代之亹亹"。

但是,这种从历史演变中得出的"要"和"本",却不一定是当世统治者和儒家所需要的"义"。《史记》行文中的"义",颇受后人批评。班彪和班固父子在《汉书》卷六十二《司马迁传》中评论说:"其是非颇缪于圣人:论大道则先黄老而后六经;序游侠则退处士而进奸雄;述货殖则崇势利而羞贫贱。此其所蔽也。"但是,在《后汉书》卷四十《班固传》中,班固行文中的"义"也受到后继者的批评。"然其议论常排死节,否正直,而不叙杀身成仁之为美。"直到宋代,司马迁所秉持的"义"才得到统治者的认可。宋英宗在为《资治通鉴》撰写序言的时候说:"惟其是非不缪于圣人,褒贬出于至当。"司马迁翻身了。

唐代设官局修史,从制度上正式将负责记录史事的历史学家,与负责"历史之义"的监修官区别开来,由不同的人员承担。除了日常管理事务,监修官还决定着历史写作的体例,"明立科条,审定区域"。具体说来,包括三个方面,一是决定纪事范围,"年有断限";二是掌握史事的取舍原则;三是在大是大非的问题上把关,负责论赞的写作或审订。

古代希腊罗马也从维系社会的伦理道德角度,探讨史文之"义"。他们以为道德与功业成正比,国家兴衰源自于道德。李维说:"在我看来,每个人都应当密切地注意这些问题:曾有过什么样的生活,什么样的道德;通过哪些人和哪些内政与军事的技能,形成帝国及其权威;纲纪逐渐废弛,道德随着心灵而滑坡,最后开始倾覆,直至今日,我们既不能忍受罪恶,也不能忍受原本能忍受的补救措施。"①而生于罗马帝制建立之初的塔西佗,记录"充满了灾难的历史",更重视伦理道德对于人心的影响,既哀叹当时元老阶层对皇帝的献媚和无耻,又同情他们在专制帝制下经历的不幸遭遇,歌颂忠诚、刚毅不屈,和视死如归的气节。②

在中世纪,基督教的道德标准取代古典美德原则,成为新的时代之"义",历史之义随之而变。除了维护世俗统治的那一套强调等级、服从的"义"之外,基督教的宗教色彩,使得它超越了仅以世俗成败论英雄的范畴,超越"窃珠者贼,窃国者雄",或多或少地避免了媚俗的习气。从理论上讲,中世纪教会史家应该完全以信、爱、望作为评价历史人物和事件的标准,但是,在以人事为核心的历史叙事里面,这些抽象的标准往往转化为具体的世俗标准:对教会的态度是否友善。如果对教会偏爱有加,特别是能够慷慨大方,那么世俗领主在史书中的形象往往就比较正面化,反之亦然。中世纪精明强干的国王,积极扩张自己权力,侵犯大地主的利益,教会自然也是受害者,他们往往会遭到史家的贬斥,如英王亨利二世。

与古代史学不同,中世纪的教会总是以穷人的教会自居,关注这些普通百姓。与此相对应,中世纪的历史书写中,经常出现穷人的身影,可以说,正是在中世纪,普通人作为教会、圣徒的见证者,第一次登上了历史叙事的舞台,成为积极的角色。

是非观对于实录的强大控制和影响,经过文艺复兴之后,没有稍减。在启蒙时代,传统的史之学逐渐专业化,发展成为系统的探讨,这就是历史哲学。在古典的美德观、中世纪的上帝意志观之外,兴起了理性史观。伏尔泰认为人类历史上有四个"文化技艺臻于完美的时代",其中第四个时代"被人称为路易十四时代。可能这是四个时代中最接近尽善尽美之境的时

---

① 李维著,张强等译:《建城以来史·前言》卷一,世纪出版集团2005年版,第21页。译文稍有改动。
② 塔西佗著,王以铸、崔妙因译:《历史》第2—3节,商务印书馆1981年版。

代……总的说来，人类的理性这时已臻成熟。健全的哲学在这个时代才为人所知"。① 但是启蒙时代历史哲学的新变化，更多地体现在评价的标准和内容上，诚如大史学家汤因比所言，上帝不见了，基督教会被取代了，但是选民被定格于"欧洲"，尤其是西欧列强。启蒙时期，历史学家们出于现实的需要，基于哲学思考所得出的是非，组织历史材料，历史写作同样处在特定是非观的牢固掌控之下。

19世纪现代职业化史学兴起之后，是非与实录的关系，得到了根本性的改变。总的趋势是实录越来越具有独立的价值，它试图摆脱是非的约束和影响，变成一门价值中立的"科学"。甚至有些史家对于是非的科学化也充满了神奇的幻想，他们以为是非似乎也可以褪去其个人色彩，变成放之四海而皆准的客观标准，使之从干扰实录的主观因素，转化为协助实录实现的辅助手段。美国进步史学的兴起，使得这一理想沦落为"高贵的梦"，20世纪70年代以来，史学史家揭示出，历史学家借助于特定的话语选择，有意无意地展示其意识形态立场，历史之义再次受到关注，分析的历史哲学介入。

阅读书目：

埃马纽埃尔·勒鲁瓦·拉杜里著，许明龙译：《法国和欧洲的史学研究近况》，载《史学理论研究》1995年第4期。

顾栋高编，刘胜光点校：《司马温公年谱》，中州古籍出版社1987年版。

乔治·古奇著，耿淡如译：《十九世纪历史学与历史学家》，商务印书馆1989年版。

J. W. 汤普逊：《历史著作史》，商务印书馆1992年版。

李宗侗：《中国史学史》，中国友谊出版社1984年版。

饶宗颐：《中国史学上之正统论》，上海远东出版社1996年版。

汪荣祖：《史传通说：中西史学之比较》，中华书局1989年版。

---

① 伏尔泰著，吴模信等译：《路易十四时代》，商务印书馆1982年版，第7—8页。

第十章
历史是什么?
——思辨的历史哲学

1948年,英国牛津大学教授奥克肖特发表演讲《历史哲学》时指出,在英国大学本科课程体系之中,没有"历史哲学",这是因为历史哲学难做,要求在历史学和哲学方面都有一定的经验,需要长期的学术准备;而且历史哲学的成果往往是尝试性的,作为知识具有不稳定性,不适合于本科学生。① 也就在这个时候,总结历史发展规律的历史哲学开始式微,而分析历史知识性质的历史哲学兴起。1978年,在总结史学趋势的时候,巴勒克拉夫说:"根据当前的迹象,我们也可以推测到未来的历史学撰写者对那种宏大的、包罗万象的结构会抱有戒心,他们宁可从分析各种概念和问题开始,自下而上地进行自己的工作。"② 这些有意识地反思自己工作的历史学家,成为"蹩脚的"哲学家。

作为一个专门术语,"历史哲学"源自于18世纪法国大学者伏尔泰,1765年他发表《历史哲学》一书,援引某些自然规律,从世界范围讨论各种古代精神现象的起源。此一时期,从一般性角度对历史进行研究的历史哲学,作为历史科学的代名词,凭借对历史进程的抽象和总结,试图取代传统历史撰写。至19世纪,历史学通过整理史料成为科学,试图与历史哲学划清界限。今天,历史哲学包括两个分支,第一是对被看做一个整体的人类过去提供一种解释。从人类历史之中提取一个概念或者原则,足以阐释历史

---

① Ockeshott, Michael, The Philosophy of History (1948), in *What's History? and Other Essays*, ed. by Luke O'Sullivan, Exeter: Imprint Academic, 2004, pp. 203-205.
② 杰弗里·巴勒克拉夫著,杨豫译:《当代史学主要趋势》,北京大学出版社2006年版,第213页。

进程中所有重大变革的发展方向,发现历史演变的法则。思考历史是否有意义地演变,其进程符合于某种普遍秩序或设计,其动力又源自于何方?这种类型的系统思考被称为思辨的历史哲学,或被称为"质的历史哲学",在中国又被称为历史理论。第二是对历史学的系统反思,思考历史知识是否属于一种独特的认知活动,历史学家如何进行研究工作,其工作性质是什么,等等,被称为分析的历史哲学,或者"形式的"历史哲学,在中国又被称为史学理论。这一章专门讲述第一类历史哲学,而分析的历史哲学留待下章讲论。

第一节 思辨的历史哲学的缘起

一、古代历史作品中的历史哲学

虽然伏尔泰第一个明确使用"历史哲学"指代一种新型的历史撰述,但是在他之前,有许多史家或思想家追求过对历史的哲学思考,甚至形成了体系性的历史哲学思想。早在公元前 7 世纪,古希腊的赫西俄德(Hesiod)就曾经提到过人类先后出现过五个种族:黄金种族、白银种族、青铜种族、英雄种族和黑铁种族。黄金种族像神灵般生活,没有不幸,死后转化为人类的守护者。白银种族远不如前辈那么优秀,成熟期非常短暂,由于愚昧无知而使悲伤始终与之相伴。青铜种族身体强壮,喜爱暴力,使用青铜武器,心如铁石,令人望而生畏,因为黑死病而灭亡。英雄种族则是半神种族,高贵公正,嗜好杀戮。而作者所处的时代生活着黑铁种族,"人们白天没完没了地劳累烦恼,夜晚不断地死去。善恶交织,父子关系不能融洽,主客之间不能相待以礼,朋友之间、兄弟之间也将不能如以前那样亲密友善"。不敬畏神灵,唯力是务。妒忌、粗鲁和乐于作恶,加上一副令人讨厌的面孔,将一直跟随着所有罪恶的人们。①

但是,总的来说,古典时代并没有产生什么系统的历史哲学解说。那时流行的看法,认为历史学是对所发生事件的记录,不需要进行思辨。亚里士多德通过比较史诗与历史记录,得出结论:"诗人的职责不在于描述已经发生的事,而在于描述可能发生的事,即根据可然或必然的原则可能发生的

---

① 赫西俄德著,张竹明、蒋平译:《工作与时日》,商务印书馆1991年版,第4—7页。

事。历史学家和诗人的区别不在于是否用格律文写作,而在于前者记述已经发生的事,后者描述可能发生的事。所以,诗是一种比历史更富有哲学性、更严肃的艺术,因为诗倾向于表现带普遍性的事,而历史却倾向于记载具体的事件。"①而且由于主流古典史学记录所见所闻,属于当代史,没有必要超越见闻所及,对历史的变迁进行系统思考。对历史进程的哲学思考,较为稀少。

在古代中国,对于历史进程的思索,则有较多的尝试。汉代的历史学家们最早对历史进程进行了有意识的系统探索。司马迁自己说:"仆窃不逊,近自托于无能之辞,网罗天下放失旧闻,考之行事,稽其成败兴坏之理,凡百三十篇,亦欲以究天人之际,通古今之变,成一家之言。"司马迁受到经学的巨大影响,认为每个朝代都应吸取前代教训,有所变易。他认为,夏代质朴(忠),而其弊端是少礼节(野)。有鉴于此,殷商就改弦易辙,讲究虔诚肃穆(敬),而其弊在于迷信(鬼)。周朝就强调等级秩序(文),然而也有弊端,那就是世态炎凉(僿)。根据这么一种历史演化,司马迁证明汉家制度得"天统":"故救僿莫若以忠。三王之道若循环,终而复始。周秦之间,可谓文敝矣。秦政不改,反酷刑法,岂不缪乎?故汉兴,承敝易变,使人不倦,得天统矣。"(《史记·高祖本纪·太史公曰》)至于这些王朝为什么会上台,为什么垮台,司马迁的思考不够深入,最后只能通过比较古代创业之艰难,与汉代建国之迅速,将汉代的肇建归结为天意。虞夏积善累功数十年,殷周行仁义十余代人,秦国用力,一百多年,才统一天下。而楚汉兴起,仅仅五年,广有天下,只能是出自天命!

司马迁对历代兴亡之道的总结,开创了一种传统,此后历代王朝都要组织人力从事此类有意识的历史反思活动。两百年后,班固更从理论上总结了历史学家为什么要对历史进程进行深刻反思。他说:"史官,历记成败存亡祸福古今之道,然后知秉要执本。"通过记录各种各样具体的历史事件,从中总结出一些简要的根本性原则,可以左右社会存在和历史变化。

到司马光编订《资治通鉴》的时候,更提出了历代兴亡的一个普遍演进模式。他说:"夫国之治乱,尽在人君,人君之道有一,其德有三,其才有五。"这个人君之道就是"用人",三德包括"仁"——兴教化、修政治、养百姓、利万物。呼吁统治者要搞精神文明建设,政治清明,统治温和,让老百姓

---

① 亚里士多德著,陈中梅译注:《诗艺》,商务印书馆1996年版,第81页。

富裕,生态正常。"明"——知道义、识安危、别贤愚、辨是非。希望最高统治者要认清形势,知晓有关大是大非的原则,居安思危。"武"——惟道所在,断之不疑,奸不能惑,佞不能移。主张领导不仅要有魄力,还得有"道",知道关于社会的一些抽象的道理和原则,有理想追求。这三种素质的不同结合,决定着王朝的政治命运,"三者皆备,则国治强,阙一则衰,阙二则危,皆无一焉则亡"。

具体到朝代兴亡的历程,司马光归纳为五个阶段,每个阶段的动力在于君主的不同才能。他说:"何谓人君之才五:曰创业、曰守成、曰陵夷、曰中兴、曰乱亡。创业者,智勇冠一时者也;……守成者,中才能自修者也;……陵夷者,中才不自修者也;……中兴者,才过人而善自强者也;……乱亡者,下愚不可移者也。"最后他强调这套朝代兴亡模式是放之四海而皆准的,"夫道有失得,故政有治乱,德有高下,故功有大小,才有美恶,故世有兴衰,上自生民之初,下逮天地之末,有国家者,虽变化万端,不外是矣!"(《稽古录》卷十六)

司马光纯粹是从政治的角度着眼的,甚至可以说仅仅从人君的角度来考察历史演进之道,算得上是"人君决定论"了。正是这一历史哲学体系,使得《资治通鉴》做到了体大思精,凸显其整体感,做到形散而神不散。四库馆臣既称《通鉴》"网罗宏富,体大思精,前古之所未有"。又称它"文繁义博,贯穿最难。"其实,《通鉴》有其体系化的王朝兴亡模式,贯穿不难。

二、西方中世纪的历史哲学

公元1世纪基督教兴起,与罗马帝国一道成长起来。严格来讲,作为一种宗教,基督教并不关心人类历史的进程,但是,在阐释、注解《圣经》的过程中,经学家们还是提出了关于历史的系统认识,尤其是七个时代、四大帝国的理论。

1. 七个时代的理论

在《创世记》中,上帝用六天的时间创造了世界,在第七天休息。六天创世隐藏着人类历史的命运,第七天,则是末日审判,人类历史终结。公元5世纪初,奥古斯丁在《上帝之城》的结尾处说:"如果我们把在《圣经》中看到的'日'理解为指一段时间的时代,那么这个安息日的性质会向我们更加清晰地显示,因为到那时就可以看出安息日是这些时代中的第七个时代了。第一日是第一个时代,从亚当延伸到大洪水;第二日从大洪水延伸到亚伯拉罕。第二个时代与第一个时代的相等不是时间长度上的,而是世代数量上的;因为每个时代各有十个世代。从亚伯拉罕一直到基督降临,如使徒马太所计算的那样,共有三个时代,每个时代各有十四个世代。这三个时代中的第一个是从亚伯拉罕延伸到大卫,第二个是从大卫延伸到巴比伦之俘,第三个是从巴比伦之俘到基督道成肉身。这样,一共有五个时代。现在是第六个时代,但无法知道这个时代有多少个世代,在这个时代之后,上帝将要安息。"第七日结束之后,将会迎来第八日,"主日是第八日,是永久的日子"。[①]

后来的历史学家在叙述教会历史、人类历史的时候,大体上遵循上述框架结构,而更加具体地分配年月。公元 7 世纪的大学者比德,在计时方面是个权威,根据他的计算,人类历史的具体进程如下:

(1)从亚当到诺亚,婴儿期。据希伯莱文《圣经》,为十代 1656 年,这是蒙昧期,对人类自身的历史缺乏记忆。

(2)从诺亚到亚伯拉罕为儿童期;分别为十代 292 年,语言发明期。

(3)从亚伯拉罕到大卫是少年期;十四代 942 年,人类开始加快繁衍。

(4)从大卫到巴比伦之俘为青年期;包括十七代 473 年,开始选立国王,出现王国治理。

(5)从巴比伦之俘到耶稣降生为成年期;凡十四代 589 年。这是一个犹太民族邪恶的时代。

(6)将是世界走向终结的时代,不知何时终结,但将是快乐的终结。

至于第七个时代和第八个时代,比德也是只知其大概,而不知其究竟。[②]

由于基督教会将人类历史的意义视为从堕落到拯救,因此,归根结底,人类的历史就是上帝选民的历史,世界历史被约化为基督教会历史,包括基督徒及其前身犹太人。在漫长的中世纪,论述基督教会史,或者说世界历史,人类历史的史书,大体遵循七个时代或八个时代的历史进程说。如弗莱辛主教奥托(Otto of Freising, c. 1114—1158)在《世界编年史》或者《双城史》中,依次讲述这八个时代。到 17 世纪后半叶,法国梅奥主教薄絮埃

---

① 奥古斯丁著,王晓朝译:《上帝之城》,人民出版社 2006 年版,第 1160—1161 页。专名译法略有改动。

② Venerable Bede, The World Chronicle, in *Bede: The Reckoning of Time*, trans. by Faith Wallis, Livepool University Press, 1999, ch. 66.

(Jacques Benigne Bossuet,1627—1704)撰写的《世界历史讲话》(*Discours sur l'histoire universelle*),还基本保持这个框架,在纳入俗史的基础之上将第五个时期一分为二。第五个时期,圣殿完成,罗慕路斯建立罗马;第六个时期,居鲁士的兴起(巴比伦之俘的结束);西庇阿征服迦太基;第七个时期,耶稣降生。[1]

2. 四大帝国理论

不仅仅存在上帝的忠实信徒,还存在各种异教徒、异端,尤其是在基督教兴起之前,存在过许多非基督教国家,它们构成了俗世历史的主角,如何总结这一部分历史呢?随着基督教的逐渐传播,被公开承认,皇帝改宗基督教,到4世纪末被立为国教,基督教会的一些神学家开始为俗世帝国辩护,认为罗马帝国似乎与先前的帝国不同,她似乎是上帝所垂青的,也将会进一步扩张,走向美好未来。但是,在410年,罗马城被哥特人征服,异教徒开始攻击教会,认为帝国的象征——罗马城之所以被征服,源自于以基督教为国教。为了应对这一挑战,奥古斯丁开始起草《上帝之城》。他认为,由于原罪,俗世之城由傲慢所主宰,犯下各种不敬之罪,通过各种灾难,上帝给他们指示真理,让他们改弦易辙;对于基督徒来说,他们的未来在天上,而不是在人间,转折点就是末日审判。

奥古斯丁的回答,使得俗世帝国的命运基本上与拯救无关。但是,作为人类的暂时居留之所,神学家们还是得关注俗世帝国的历史与未来。主要的历史模式是四个帝国先后更替的说法:巴比伦、波斯、马其顿和罗马帝国。其理论依据源自于《旧约·但以理书》中先知但以理对异象的解释。巴比伦王尼布甲尼撒做了一个怪梦,梦见一个巨大的人像站在自己面前,这个人像的头是金子质地的,胸部和臂膀是银质地的,肚腹和腰是青铜做的,而腿是铁质的,脚则是半铁半泥的。突然有一块非人所造的巨石砸向巨人,将其击碎,那块石头随之变成大山充满天下。神学家们以为这个巨人,隐喻着俗世王国,从头到脚,暗示它们的更迭,不同的质地,预示着它们各自的强大程度。尼布甲尼撒王所控制的巴比伦王朝是那个金头,在他之后兴起的米底和波斯帝国,不及巴比伦的威势;第三个铜质的王国将代之掌管天下,这是

---

[1] Bossuet, Jacques Benigne, *An Introduction to*, or *A Short Concerning Universal History*. London:1728-1729, p. vii. Eighteenth Century Collection Online. Gale Group. http://galenet.galegroup.com/ECCO.

亚历山大所开创的马其顿帝国。希腊语优美动听,与铜号所吹奏的声音相似,故为铜质地。而最厉害的王国将是第四个,黑铁质地最硬,这就是罗马帝国。

至于半铁半泥的脚,不同时期,解释不尽相同。公元4世纪末的神学家哲罗姆认为这预示着罗马帝国当前的状况:"起初并无任何强过罗马的统治王朝,在这最后的日子里,无物较她更为脆弱,因为在内外战争中,我们都在祈求蛮族的协助。"①在中世纪,它们是对蛮族国家的隐喻。近代物理学家牛顿,在评注《但以理书》的时候,还是坚持着这种看法,他说:"然后许多北方民族入侵,分裂为许多更小的王国。"②无论注经学者如何不同地解释这双脚,他们一致认为,那块石头,就是处女玛利亚所生的人子,耶稣,通过自己的受难,毁灭俗世帝国,指出一条新路,当他再次降临的时候,将建立一个上帝之国,永不破灭。耶稣降生改变人类历史。

三、历史哲学的兴起

文艺复兴之后,以城邦、地域和王朝为主题的历史写作蔚然兴起,据艾里克·阔库瑞尼(Eric Cochrane)的不完全统计,在十五六世纪,仅意大利就有645位历史学家。他们写作的历史书,多半模仿古典史书,或者延续中世纪流行的编年史,重在记录军政大事,和教俗重要人物的更替。对各地历史大人物与历史大事件的记录增加,也提出了撰写宏观历史的任务。如何从诸多零散的历史记录之中,总结出一般的历史;尤其是在进行历史教育的时候,如何把握历史整体,讲述历史进程。在书写此类普遍历史(universal history)的时候,基督教会历史模式,仍然属于主流话语,其代表人物就是法国的梅奥主教薄絮埃。为了教育王储道方(Daufin),薄絮埃编订了《世界历史讲话》,并于1681年发表。

在薄絮埃看来,普遍史基于国别史的材料,根据一个统一的计划,收集、安排、合理对比和编排,用更加简洁的方式,揭示历史的普遍趋势。在永恒的宗教延续中,发现上帝的轨则,在世俗帝国的演进中,反思其背后的控制力

---

① St. Jerome, *Commentary on Daniel*, trans. by Gleason L. Archer, Baker Book House, 1958. pp. 15-157.

② Newton, Isaac, *Observations upon the Prophecies of Daniel, and the Apocalypse of St. John*, ed. by Benj. Smith, Boston: Indypublish.Com, 2006, p.15.

量。以罗马史为例,罗马因为战争而兴起,外敌的存在使得他们自我约束,他们爱国、守法。衰亡之时,他们追逐私利,崇尚暴力。内战随之而起,弱肉强食,国家走向专制。这是内部因素。从外部来看,蛮族进来,种族通婚导致爱国精神模糊,党派蜂起,而穷人数量增加,人心思变,中间等级孱弱,野心家们乘机而起。"但是,要记住,缔造帝国和瓦解帝国的这些特定因素,依赖于神启的神秘律令。"

上帝掌握一切,驱动人类,通过向人启示智慧或者放任人们的无知,依据永恒的正义,做出裁决。"因此,上帝主宰万民,别再讨论机遇,或者命运,或者拿它们掩饰我们的无知。对于我们的谋划而言是偶然的,却出于上帝一贯的计划……缺乏对整体的了解,我们只能在特定事件中发现机遇和异常……总之,不管愿意与否,凡人力总是在实现自己目的之外的目的,唯有上帝知晓如何实现这个目的;因此,如果仅仅考虑独特原因,任何事物都是偶然发生的,但它们都属于一个统一的进程。"[1]

上帝通过大人物的成功与失败,来显示自己的意志,但这绝不是说"成者为王、败者为寇",使得历史书仅仅为胜利者证言,而是根据永恒的道德规则来进行评判,德行有亏,可以得意于一时,但是最终必遭报应。法兰西民族的第一位天主教国王克洛维固然备受薄絮埃推崇,但是对于他晚年杀戮同宗诸王,薄絮埃进行了严厉指责。在6世纪的历史学家都尔的主教格雷戈里看来,克洛维在上帝眼里是个义人,所以让他扩充财富和疆土。薄絮埃对此深感意外,因为,他认为克洛维所为不仅有悖于基督徒的行为准则,而且还违背了人性。

与此同时,不少学者在探索人类历史的发展规则。意大利那不勒斯人维科(Giambattista Vico,1668—1744)曾经出版过《新科学》,根据一些公理原则,论述人类各种知识的起源,认知体系的建立。虽然目前学术界在重新发现维科,但在当时,他的《新科学》却反响冷淡,维科生前曾印刷过两版,几乎无人问津,去世那年的新版本同样遭到读者冷遇。当时影响最为广泛的,是伏尔泰的《历史哲学》。

伏尔泰是阿鲁厄(Francois Marie Arouet,1694—1778)的笔名,因为各种

---

[1] Bossuet, Jacques Benigne, *An Universal History, From the Creation of the World, to the Empire of Charlemagne*, London: 1778, pp. 509-518. Eighteenth Century Collections Online. Gale Group. http://galenet.galegroup.com/servlet/ECCO.

原因在英国、普鲁士长期停留,分别受到牛顿和莱布尼茨的影响,晚年定居于日内瓦。在当时他受欢迎的程度,历史学家爱德华·吉本有切身体会。他说:"我有幸见到了当代最特出的人物。是一位诗人、一位历史学家、一位哲学家,写有散文和韵文的各种著作三十个四开本,往往写得出色,而且始终都是引人入胜的。还需我再说出伏尔泰的名字吗?"①1765年伏尔泰发表《历史哲学》(*La Philosophie de l'histoire*)。

伏尔泰认为传统史书不忍卒读,用途不大。究其根源,在于史书连篇累牍地记录一些具体的时间和人名。他认为只有调查特定事件背后的前因后果,才能真正了解历史真相,了解一个细微历史事件的真正意义,和对于历史的影响。所以"论事必须从大处着眼","这样研究历史,就可以上下古今尽收眼底,而不至陷于扑朔迷离"。进而了解一个时代的特点,"把杂乱无章的东西构成整幅连贯清晰的图画……从这些事件中整理出人类精神的历史"。

为了梳理人类精神的历史,需要对历史进行哲学思考。当时的"哲学"就是通过类比,发现一致性,发现特殊性与普遍性之间的内在联系,从而预测未来。历史哲学是历史、数学和哲学的结合,历史提供事实,数学提供度量,哲学提供共性,三者相辅相成。

伏尔泰笔下的古代历史主要是宗教进化的历史,如同自然规律一样自然。他关照整个世界,阐述人种的不同,国家的演化步骤,以及宗教的起源和演化阶段,破除基督教基于《旧约》,以犹太人为中心的历史叙事。伏尔泰从地球的角度来观察这段历史,将目光首先朝向东方,因为那里是一切艺术的摇篮。东方发展甚早,但是进步却微乎其微。随着地球自东向西转动,世界一步步走向文明,从东方国家到西方国家。随着查理曼的上台,历史进入现代。查理曼复兴文化,使得欧洲在蛮族入侵之后,开始恢复文明,发展艺术。但是蛮性的锈蚀过于顽固,而且随后的年代还要使这种蛮性有增无减。到12世纪,废除奴隶制,启发民智、醇和民风的文艺,开始有所复兴。但是最卑劣、最荒谬的迷信扼杀了这棵萌芽。13、14世纪,在意大利美丽的商业城市,富裕和自由最后激发了人们的天才,从此西方工业兴起、扩张,为自己开辟一条到达东半球尽端的通途。随着这条航道,伏尔泰再次将印度、中国和日本纳入到他的世界历史之中。

---

① 爱德华·吉本著,戴子钦译:《吉本自传》,第70页。

通过比较，伏尔泰发现："有三样东西不断影响着人们的思想，那就是：气候、政治和宗教。这个世界的奥秘，只能这样去解释……一切与人性紧密相连的事物在世界各地都是相似的；而一切可能取决于习俗的事物则各不相同，如果相似，那是某种巧合。习俗使世界舞台呈现出多样性；而人性则在世界舞台上表现出一致性"①。总的来看，人口的增加，通晓各种技艺，不受外族征服，不被迫迁徙，便不难从废墟中站起来，并总是会重新兴盛的。这就是伏尔泰对人类历史的总结。

与伏尔泰同时的德国神学家赫德尔（Johann Gottfried von Herder, 1744—1803）也发表了在当时颇有影响的历史哲学——《关于人类历史哲学的思想》（Ideen zur Philosophie der Geschichte der Menscheit, 1784—1791）。与伏尔泰相比，赫德尔的思考更加思辨一些，三大卷的历史哲学，只有第三卷是讲述人类历史的，头两卷论述自然与人类的起源，从中总结出一些自然规律，而人也属于自然之一分子，也得遵循这些规律。其中最重要的规则，就是人能根据特定的地理、气候和环境，通过理性活动，取得进步，获得最佳的生存效果。因此，不同的种族，具有不同的"天赋"，人类的历史在自东到西的进化过程中，各个民族基于所处环境，做出独特贡献。越到后来，由于各种影响因子的增加，特定精神的产生原因越复杂，就越需要进行综合分析。

人类的古代历史起源于东方，具体而言，就是两河流域。那里有人类游牧文化下最初的艺术和发明，虽然很快就限于停滞状态。文明逐渐向西发展，腓尼基人贡献了航海和商业活动，而且将政体从专制转向共和；而犹太人在宗教上的贡献最大。随着希腊文明的出现，人类文明的黎明开始，一切伟大的科学和发现，都在这里找到了渊源。勇力、幸运和政策的凑合，带来了罗马的伟大。随后，赫德尔描述了早期基督教的传播，并将这一段历史与中世纪分开。中世纪，是黑暗时代，虽然有地方主教和教士的神圣努力，但是由于罗马教皇的恶劣，正统信仰可以用金钱和代价来换取。"圣彼得可以被利用，倘若没有付费，休想。"②封建奴役和依附枷锁严重限制着人们。阿拉伯人的财富，使得意大利城市依靠贩卖奢侈品，走向富裕，开始文明化，唤醒工业、艺术，甚至农业。但是，奢侈的毒素，使得衰落很快降临；在西班

---

① 伏尔泰著，谢戊申等译：《风俗论》（下册），商务印书馆1997年版，第481页。
② Herder, J G., *Reflections on the Philosophy of the History of Mankind*, trans. by T. O. Churchill, abridged by Frank E. Manuel, Chicago: The University of Chicago Press, 1968, p.316.

牙和阿尔卑斯山之北地区,骑士精神的兴起抵消了这种不利影响,随着异端发展为宗教改革,自由争论,亚里士多德作品的翻译,法律审判之学的发展,城市的成长和地理大发现,"欧洲人开始成为全球制造业主,虽然所处地域最小,却凌驾于其他地域之上。"(第 393 页)

赫德尔歌颂上帝(理性)的智慧,歌颂协作精神,从合力的角度来观察人类历史的变迁。由于欧洲的成功,一切欧洲因素,似乎都在朝着成功的方向用力。哪怕是黑暗的中世纪,教皇等级制的压迫,也为近代欧洲的优势起到了一定的积极作用。他说:"罗马等级制可能是一个必要的枷锁,是为中世纪野蛮民族准备的必要笼头,没有它,欧洲很可能处于专制的压迫之下。二元势力冲突,产生了两者都没有想到的后果,带来了第三种状态,那是科学、有益的活动、和模仿工艺,逐渐导致骑士制和修道主义时代的终结。"(第 398 页)

18 世纪的历史哲学,受到自然科学的激励,试图在人类历史长河中发现类似于自然规律的演化规则。此类历史哲学,不仅作为一种普遍史,而且作为一种历史撰述,甚至具有取代传统历史叙事的野心和自信,标榜这才是科学的历史撰述。"历史写作通常被无聊作家们滥用,通过篇幅浩大而零碎的汇编,玷污了历史学的名声……大量事实只是哲学的基础,人的思维要从特殊上升到普遍,从部分到整体。"[①]正是有了这样的冲动,借助于德国古典哲学,19 世纪涌现了影响更为深远的两大历史哲学家——黑格尔和马克思。

第二节 黑格尔和马克思

一、黑格尔

黑格尔(Georg Wilhelm Friedrich Hegel, 1770—1831),出生于斯图加特城,1788 年保送进图宾根新教神学院学习。1793 年毕业后承诺随时奉召担任神职。1818 年任新开办的柏林大学哲学教席。1822 年开始讲授历史哲学,凡五次。这份讲义于 1837 年出版,题名为《历史哲学》,是根据学生笔

[①] Logan, *Elements of the Philosophy of History*, part 1, Edinburg, 1781, pp. 2-10. Eighteenth Century Collections Online. Gale Group. http://galenet.galegroup.com/servlet/ECCO.

记整理而成的。

黑格尔将历史写作分成三种类型:第一种类型是原始的历史写作,指的是历史记录;第二种类型是反思的历史叙事,指的是史家在文献的基础之上进行的整理,因此史学家会将研究的对象现在化;第三种类型是他自己乐于从事的哲学的历史写作,指的是将历史当做一种哲学思考的对象,将历史视为人类精神活动的世界和结果,这种精神活动就是"理性"。他说,"哲学用以观察历史的唯一的'思想'便是理性这个简单的概念。'理性'是世界的主宰,世界历史因此是一种合理的过程。这一种信念和见识,在历史的领域中是一个假定,但是它在哲学中,便不是一个假定了。思考的认识在哲学中证明:'理性'就是实体,也就是无限的权力。"①

人类历史归根结底就是理性获得自觉的历史。人们认识到理性的存在,并且用他来认识世界,掌握世界的内在奥秘,从而为世界立法获得真正的自由。因此,人类演化的历史就是获得真正自由的历史。"'哲学'所关心的只是'观念'在'世界历史'的明镜中照射出来的光辉。'哲学'离开了社会表层上兴风作浪,永无宁息的种种热情的争斗,从事深刻观察;它所感兴趣的,就是要认识'观念'在实现它自己时所经历的发展过程——这个'自由的观念'就只是'自由'的意识。"(第468页)

按照获得自由的程度,黑格尔将人类历史划分为三个时期:第一阶段,在古代东方只有一个人即专制统治者是自由的。但是这种自由并不是真正的自由,而"只不过是专横、野蛮、混沌的激情,或时而表现为高尚、温和的热情,但那只是自然的偶然性或任意性。所以这一个人只是一个暴君,不是一个自由的人。"(第18页)这个人除了权力之外,对世界的奥秘一无所知,他不知道人的本质是理性的。这段历史,就是从中国到印度的历史。

"历史必须从中华帝国说起"。固然是因为中国古老,更因为中国停留在理性演化开始阶段。"个人敬谨服从,相应地放弃了他的反省和独立。"(第122—127页)虽然从社会秩序的角度来看,中国实属典范,但是没有宪法,个人自由也没有保障。一切都是由上面来指导和监督,几乎等于一种奴隶制度,因此中国人最没有荣誉感,也由此造成了中国人极大的不道德。他们以撒谎著名,随时随地都能撒谎。由于没有精神独立和人格自由,中国人

---

① 黑格尔著,王造时译:《历史哲学》,上海书店出版社1999年版,第9页。以下出自本书的引文,注明页码,不另外注明出处。

迷信，教诲人们遵守确定的事实，而不是对事实发表个人意见和理解。因此，中国人民族性的显著特色是："凡是属于'精神'的一切——在实际上和理论上，绝对没有束缚的伦常、道德、情绪、内在的'宗教'、'科学'和真正的'艺术'——一概都离他们很远。"（第143页）在黑格尔的世界历史体系中，没有中国的一席之地。

历史发展到波斯帝国，精神开始脱离混沌的"自然"状态，自由出现。波斯帝国并不推行统一的政策，把属地造成一个和谐的整体，而是一个种类万殊的个体的集合，允许被统治民族的独立和自由。但是，波斯帝国治下富有自由个性的各种因素只有在希腊人那里才会得到贯彻，从这个角度来看，波斯帝国属于世界历史的一部分，是个"世界历史民族"。

第二阶段，在古代希腊，那里某些人是自由的，但不包括奴隶。但是，他们也并不知道何谓真正的自由。"'自由'的意识首先出现在希腊人中间，所以他们是自由的；但是他们，还有罗马人也是一样，只知道少数人是自由的，而不是人人是自由的。就是柏拉图和亚理斯多德也不知道这个。因为这个缘故，希腊人蓄有奴隶，而他们的整个生活和他们的光辉的自由的维持同奴隶制度是息息相关的；这个事实，一方面，使他们的自由只像昙花一现，另一方面，又使我们人类共有的本性或者人性泯没无余。"（第18—19页）

由于特洛伊战争的需要，自由独立的希腊诸邦空前团结起来，订立法律。但是，人人都有自己的原则，并且要求贯彻这种原则。希波战争刺激希腊人为自由而战，但是这种个人至上的自由，最终导向争霸战争。伯罗奔尼撒战争促进了马其顿帝国建立，并等待罗马人的征服。

罗马人为着统治世界而生，"要使个人在道德生活上为国家牺牲"。国家、政治和权力凌驾在具体的个体之上。代表这个国家的，就是贵族阶级，他们压迫普通人民。当爱国的强烈本能已经满足之后，个人自由与国家意志发生对抗，个人利益开始反对爱国的情感。结果便是"罗马威震四海的主权便成了一个人的私产"。（第320页）只有单一的意志才能统率罗马，并在阿尔卑斯山以北开辟了新的战场。它将变成历史的舞台中心。

第三阶段，在近代世界，承认所有人是自由的。"只有日耳曼各民族在基督教精神中获得了这种认识，那就是人作为人是自由的，精神的自由构成他们最显著的本质。"①通过宗教改革，人人皆可以秉持自信心与上帝交流，获知绝对真理，因信而称义，发现规则，为世界立法，获得真正的自由。因此，"'景象万千、事态纷纭的世界历史'，是'精神'的发展和实现的过程，这是真正的辩神论，真正在历史中证实了上帝"。（第468—469页）

日耳曼人生而自由，注重自己个人的意志，具有野蛮而单纯的性格。全面接受基督教，建立"基督国"。在这个国家里，教会代表精神的东西，国家代表世俗的东西，但是由于封建关系的维系，使得一切都反复无常和不公平，教会自己保护自己，逐渐独立。作为上帝与世人之间的调和因素，将得救外化为世间的生存，鼓动十字军东征。但是东征的结果却是一种否定性的，对外在的追求不能得救。"自我的信赖和自我的活动可以说便是从此开始的。"（第406页）

马丁·路德相信上帝就是人的主观精神，通过信仰，享受自己的根本性存在。通过各种特殊性，反思出普遍性，获得真理，从而否定自己主观方面的特殊性，在认同真理的同时，回复到自己。这样一般人民围绕自由精神的旗帜集合起来，使得世界吸收这个原则，法律、财产、社会道德、征服、宪法等等必须遵守各种普遍的原则，才可以符合"自由意志"的概念而成为"合理的"，"人类靠自己是注定要变成自由的"。（第429页）

与伏尔泰广博的学识和宽容相比，黑格尔显得更加狭隘。他完全以西方历史的发展，作为世界历史的进程，从中抽象出"精神"和"世界历史"，据此来衡量非西方文明，将中国与印度文明都排斥在世界历史之外。非洲和美洲的历史和文明更不在他的视野之内了。在黑格尔的历史哲学的基础之上，马克思将颠倒了的东西，再颠倒过来，从实践的层次上，揭櫫人类历史的进程。

二、卡尔·马克思

卡尔·马克思（Karl Marx，1818—1883），德籍犹太人，大学毕业后本想进入波恩大学当教授。他曾被誉为"唯一现在还活着的真正的哲学家"。②

---

① 沃·考夫曼著，张翼星译：《黑格尔——一种新解说》，北京大学出版社1989年版，第253—254页。

② 中共中央马克思恩格斯列宁斯大林著作编译局编译：《人间的普罗米修斯：回忆马克思恩格斯·Ⅲ》，人民出版社1983年版，第41页。

但是，由于马克思对现实的批判态度，他放弃了在大学当教授的机会，转而参加社会活动，将报刊当做自己的言论阵地，开始接触到具体的社会经济法律活动。一段时期之后，又从"社会舞台退回到书房"。得出用于指导其研究工作的总的结果，他自己表述如下：

> 人们在自己生活的社会生产中发生一定的、必然的、不以他们的意志为转移的关系，即他们的物质生产力的一定发展阶段相适合的生产关系。这些生产关系的总和构成社会的经济结构，即有法律的和政治的上层建筑竖立其上并有一定的社会意识形态与之相适应的现实基础。物质生活的生产方式制约着整个社会生活、政治生活和精神生活的过程。不是人们的意识决定人们的存在，相反，是人们的社会存在决定人们的意识。社会的物质生产力发展到一定阶段，便同它们一直在其中运动的现存生产关系或财产关系（这只是财产关系的法律用语）发生矛盾。于是这些关系便由生产力的发展形式变成生产力的桎梏。那时社会革命的时代就到来了。在考察这些变革时，必须时刻把下面两者区别开来：一种是生产的经济条件方面所发生的物质的、可以用自然科学的精确性指明的变革，一种是人们借以意识到这个冲突并力求把它克服的那些法律的、政治的、宗教的、艺术的或哲学的，简言之，意识形态的形式。我们判断一个人不能以他对自己的看法为依据，同样，我们判断这一个变革时代也不能以它的意识为依据；相反，这个意识必须从物质生活的矛盾中，从社会生产力和生产关系之间的现存冲突中去解释。无论哪一种社会形态，在它所能容纳的全部生产力发挥出来以前，是决不会灭亡的；而新的更高的生产关系，在它的物质存在条件在旧社会的细胞里成熟以前，是决不会出现的。所以人类始终只提出自己能够解决的任务，因为只要仔细考察就可以发现，任务本身，只有在解决它的物质条件已经存在或者至少是在生成过程中的时候，才会产生。大体说来，亚细亚的、古代的、封建的和现代资产阶级的生产方式可以看做是经济的社会形态演进的几个时代。资产阶级的生产关系是社会生产过程的最后一个对抗形式。

马克思的社会历史理论，是与他的社会实践紧密结合的，是为了用来改造社会现实。在伦敦海格特公墓马克思的墓志铭就是："历史上的哲学家总是千方百计以各种各样的方式解释世界，然而更重要的在于改造世界!"恩格斯在《在马克思墓前的讲话》中提道:"马克思首先是一位革命家。以某种方式参加推翻资本主义社会及其所建立的国家制度的事业,参加赖有他才第一次意识到本身地位和要求,意识到本身解放条件的现代无产阶级的解放事业,——这实际上就是他毕生的使命。"也正是从这一现实关怀出发,马克思的社会历史理论成为人类历史上批评不公正社会现实,追求人类自由、平等和幸福的最典型代表,成为现代激进主义理论的基石。

作为关注现实的革命家,马克思之所以要研究历史是为了发现人类社会的规律。他发现资产阶级经济学家通过关注当前,忽略历史,从而将资产阶级社会运作的规则当做永恒的自然规律,"于是资产阶级关系就被当做社会一般的颠扑不破的自然规律偷偷地塞了进来"。因此,为了在资产阶级经济学中杀开一条血路,找到新的出口,就必然要研究历史,从比较的角度来研究现时代和不同的时代,唯其如此,才得以跳出现时代的束缚。他说:"说到生产,总是指在一定社会发展阶段上的生产——社会个人的生产。因而,好象只要一说到生产,我们或者就要把历史发展过程在它的各个阶段上一一加以研究,或者一开始就要声明,我们指的是某个一定的历史时代,例如,是现代资产阶级生产——这种生产事实上是我们研究的本题。可是,生产的一切时代有某些共同标志,共同规定。生产一般是一个抽象,但是只要它真正把共同点提出来,定下来,免得我们重复,它就是一个合理的抽象。不过,这个一般,或者说,经过比较而抽出来的共同点,本身就是有另一些是几个时代共有的,[有些]规定是最新时代和最古时代共有的,没有它们,任何生产都无从设想;如果说最发达语言的有些规律和规定也是最不发达语言所有的,但是构成语言发展的恰恰是有别于这一般和共同点的差别,那么,对生产一般适用的种种规定所以要抽出来,也正是为了不至因见到统一(主体是人,客体是自然,这总是一样的,这里已经出现了统一)就忘记了本质的差别。而忘记这种差别,正是那些证明现存社会关系永存与和谐的现代经济学家的全部智慧所在。"①

---

① 以上所引马克思本人的论述,均出自中共中央马克思恩格斯列宁斯大林著作编译局编译:《政治经济学批判·序言》,人民出版社1976年版,第4—5页。

第三节　现代历史学家的世界历史模式

一、阿诺德·汤因比

汤因比(Arnold J. Toynbee,1889—1975),1911年大学毕业后,成为牛津大学助教,专业兴趣和研究方向是希腊和拜占庭史。1919年作为英国代表团的希腊和土耳其问题顾问,出席巴黎和会。1925—1955年,担任皇家国际事务所指导,主持编订《国际事务概览》。1975年病逝于约克。《历史研究》十二卷代表了汤因比对人类历史的总体看法。这部作品,从20世纪20年代开始酝酿,至1961年出齐,对文明形态史观做了系统阐发。

(1) 历史研究可以令人理解的最小单位乃是一个个的社会整体,而不是民族国家。对于汤因比来说,这个整体的最好体现乃是文明。而一切所谓文明类型的社会的历史,在某种意义上都是平行的和具有同时代性。汤因比借鉴了德国哲学家斯宾格勒的文明成长模型,但是否定了其中所有文明都以同等节奏演化的假定,转而强调文明的兴起可以有不同的模式。①

(2) 文明之所以兴起,源自于"挑战—应战"模式。挑战分为两大类型:环境的和社会内部的。从程度上讲还有三种可能性:挑战过于严厉,以致无法应战,则应战失败,文明衰落;挑战过于轻松,无法应战,文明陷于停滞;挑战的程度不轻不重,正好合适,则应战成功,文明进步。因此,最佳的挑战,就是"适度挑战"。具体而言,有五种形式的挑战,他们分别是:困难地方的刺激、新地方的刺激、打击的刺激、压力的刺激、遭遇不幸的刺激。

(3) 应战成功的文明会成长起来。成长是均衡、挑战、应战、新挑战,如此不断重复而有节奏的过程,激发这种节奏的,乃是来自心灵的因素,以及作为文明成熟标志的那种奋发的气势。社会通过对外完成对于物质方面挑战的应战,征服自然,也进而不断地提升自己的精神气质,达到"自决"的境界。衡量实际进步的尺度,就是要看挑战和应战方面从物质层次过渡到精神层次的程度,这是一种提纯的过程。征服物质挑战之所以重要,乃是在于这种应战所释放出来的能量,足以供战胜精神上的挑战之用。文明只有在

---

① 汤因比:《我的历史观》,载张文杰编《历史的话语:现代西方历史哲学译文集》,广西师范大学出版社2002年版,第198—209页。

"精神"这种内部挑战中,才能赢得决定性的胜利。同时也借此将不同的文明区别开来,使他们各自具有一种特殊的"倾向"或者"社会气质"。

(4) 只有少数人才会成为精神挑战的应战者。他们是具有普罗米修斯禀性的"超人",在感受到这种"奋发气势"之后,将它转化为"创造性"行动,成为社会成长的种子。这些超人要经历"退隐与复出"的经历模式,获得灵感而产生创造力。而广大的群众则是怠慢而无生气的,在应战过程中,只是一知半解地、三心二意地追随他们。

(5) 文明的衰落意味着创造力的消失、社会分化、自决的终结。衰落的原因是精神的、而非物质方面的,是内在的,而非外在的,内在的"疾病"必然先于物质方面的"疾病"而出现。一种文明甚至可能在衰落的深刻痛苦之中,仍然可以享有物质上的福利和繁荣。但是,这种"深秋的温暖"只不过是黄金时代的回光返照。随着衰落而至的乃是"混乱苦难时期":挑战出现了,但是没有应战,原来的富有创造力的少数人变成统治者,社会急剧两极分化,造成阶级战争,进入"大一统帝国时期"。帝国失败之后进入"间歇期",崩溃全面发生,内部无产阶级在逃避无法忍受的现实世界的同时,建立起一个"大一统教会",这个教会往往是接受外来灵感而兴起的。同时,外部的无产阶级作为一种完全消极的力量,组成一个战争团体,为捕食行将死亡的文明的尸体而开始劫掠性的民族大迁徙。

汤因比认为衰落意味着失去控制,意味着自由沦为机械化。自由行动永远是变化之中的、和完全不可预测的,而机械程序则总是单一而有规律的。

(6) 衰落的文明可以自我更新。孕育新社会的子宫乃是代表内部无产阶级的大一统教会,引起新社会诞生的挑战乃是旧社会发生的阶级斗争:大一统教会的创造力足以战胜这一挑战,于是挑战与应战的进程又重新开始。濒死的旧文明的摇篮将成为新文明的故乡,曾经是边疆的地区则又将变为中心地区。

挑战与应战的不断交错,导致文明兴起,也导致文明衰亡,没有一劳永逸的事。一连串富有刺激的挑战总是遇到一连串取得胜利的应战,如此循环往复以至无穷,那么这种演化是否蕴涵着进步,演化的目的是否盲目?汤因比从宗教的角度给予了积极的回答,在文明兴起和衰亡、衰亡之中又促成新文明兴起的同时,某种比它们更为高超的具有一定目的的事业,可能始终在发展之中,而且在神的计划中,文明的失败所造成的苦难给人们带来学识,这种学识可能就是进步的首要条件。

当汤因比出版《历史研究》前三卷的时候,历史学家非常积极地评论了这部作品,对于后面的七大卷,他们的评论却消极得多。在他们看来,汤因比的大厦富丽堂皇,但是一旦用经验事实来衡量,其实是建立在沙丘之上。他们认为,汤因比在做类似于"先知"("智者")的工作,其研究成果缺乏科学性和学术性。对此,汤因比坚决反对,他说:"在调查人类事务的时候,所要做的第一件事,就是探索在多大程度上我们可以用科学的方法发现'法则'、一致性、重复性。"与以往的线形历史观不同,汤因比主张采用树型模型,对不同文明进行横向比较,他说:"比较研究可以应用到整个历史,事实上,这是人文科学的方法。"

汤因比认为研究者不可能摆脱各种分析模式的影响,任何研究者都是利用特定的模式去开展研究的。为此研究者要清楚哪些研究领域需要模式分析,哪些领域却不需要。他说:"前现代与现代史学家的差别在于现代史学家不允许自己意识到头脑中的模式,而薄絮埃、尤西比乌和圣奥古斯丁都清醒地意识到了这一点。如果人无法离开精神模式来思考,那么最好是了解这些模式为何物,没有意识到的模式只是将研究者控制于其中的模式。"①

汤因比当年遭遇的最大质疑,就是以文明为单位开展研究,是否合理,他仅仅依靠20个左右的文明个案,能否足以总结出文明的共通演化规则,等等。这些问题,今天业已不成其为问题了。作为历史学家,汤因比的体系更多地建立在历史经验材料的基础之上,通过对历史上类似现象的联系,沟通古今,从而提出人类的未来设计。然后根据这个新的观念,去通观历史,在世界历史进程中加以证明,得出世界历史的演化规律。在贴近历史经验材料的同时,必然会缺乏黑格尔、斯宾格勒那样浓厚的思辨性,概念的精确性,先验性,和解释体系的稳定性。他的身上,同时体现了历史学家的历史哲学的长处与不足。此后,历史学家们如此精心构建庞大体系的专门性尝试少了,但是,对宏观历史进程的关心,却一点也没有稍减。"年鉴运动"中的许多历史学家,就喜好谈整体,布罗代尔更撰写过《文明史》。

二、布罗代尔

布罗代尔(Fernand Paul Braudel, 1902—1985)1923 年毕业于索邦大学

---

① Toynbee, Arnold, A Study of History: What I Am Trying to Do, in *International Affairs*, Vol. 31, No.1 (Jan., 1955), pp.1-4.

历史系,随后到阿尔及利亚任中学老师。据他自己回忆,在阿尔及利亚的生活,使他跳出法国或者西班牙外交官的立场,从颠倒的立场来看待地中海;与强烈主张引进地理学方法的吕西安·费弗尔通信,又使得他逐渐将注意力从传统的外交史,转向地理史。费弗尔说:"菲利普二世和地中海,好题目。但是为什么不是地中海和菲利普二世?一个更大的题目。因为在菲利普和地中海之间的划分是不平衡的。"①

布罗代尔意识到传统的历史叙事方法难以满足"地中海"这一庞大的题材,为此需要创造一种崭新的历史学。"地中海是'复杂的、庞大的、颇不寻常的',对于它,传统的简单的历史是无济于事的;对于它,单纯就事论事地加以叙述也是无济于事的。"

这个新的历史哲学是优先关注整体的历史哲学,"没有法国史,只有欧洲史,没有欧洲史,只有世界史。"②要获得整体,就要多角度切入,从其他学科来观察历史,地理学、社会学、经济学和集体心理学,不同角度观察到不同的历史层面,组成一个庞大的历史结构。首先是作为地理区域的文明,探索人与环境的互动,以及地理限制带来的文明的边界,挑战和应战,以及文明的顽固性。其次是作为社会的文明。它以等级制社会为基础,群体存在隔阂,各种斗争和发展交替进行。然后又作为经济的文明。人口的限制与被打破,经济的波动与人们的情绪波动,经济增长带来文明的扩散。

最后是作为集体心态的文明。集体无意识是如何默默地形成的,它以宗教为最高表现形式,成为文明的中心问题。在文明内部的选择和排斥,文明之间的交流和排斥中,指向文明的心脏。在事件史中看来至关重要的暴力,从结构来看,毫无意义。被征服者的屈从仅仅是暂时性的,通过保存自我得以延续。"它投降了,也同时保存了自己。"因此,"随着所使用的衡量单位的不同,景致都在发生着变化。正是在不同时标上观察到的各种实在之间的对照、产生的矛盾,才能使得历史辩证法成为可能。"这便是著名的三个时段理论,"长时段"能沟通古今,贯串历史学与其他科学。中时段沟通社会,短时段关心作为个体的人。

根据三个时段的理论,布罗代尔将《菲利普二世时代的地中海和地中

---

① 费尔南·布罗代尔著,吴模信译:《菲利普二世时代的地中海和地中海世界》各版序言,商务印书馆1996年版,第1—16页。

② 费尔南·布罗代尔著,肖昶等译:《文明史》,广西师范大学出版社2003年版,第11页。

海世界》分成三个部分。每部分自成整体,单独阐明一个问题。

第一部分论述一种几乎静止的历史——人同他周围环境的关系史。这是一种缓慢流逝、缓慢演变、经常出现反复和不断重新开始的周期性历史。

在这种静止的历史之上,显现了一种有别于它的、节奏缓慢的历史。人们或许会乐意称之为社会史,亦即群体和集团史,如果这个词语没有脱离其完整的含义。这些深海暗流怎样掀动了地中海的生活,这是我在本书的第二部分需要加以思考的。首先是一次对经济、国家、社会、文明等进行研究,最后是试图显示所有这些根深蒂固的力量在战争这个复杂的范畴内怎样起作用,以便更好地阐明我的历史观。

最后是第三部分,即传统历史的部分,换言之,它不是人类规模的历史,而是个人规模的历史,是事件史。这是表面的骚动,是潮汐在其强有力的运动中激起的波涛,是一种短促迅速和动荡的历史。这是历史中最动人心弦、最富有人情味、也最危险的历史。对这种现在仍燃烧着激情,对这种当时的人在他们和我们同样短暂的生命中亲自感受过、描述过和经历过的历史,我们应持怀疑的态度!为了躲开它的魔法和巫术,我们必须事先弄清楚这些隐蔽的、往往无声无息的巨大水流,而长时期的观察才能揭示它们的流向。

三个层面之间组成特定的结构,彼此变化节奏不同,作用不同,组成以人为中心的宏大历史场景。"因此,我们终于能够把历史分解为几层平面。或者也可以说,我们终于能够在历史的时间中区别出地理时间、社会时间和个人时间。或者不如说,我们终于能够把人分解为一系列人物。……显然,有各种不同的结构,也有各种不同的局势。这些局势和结构的延续时间也各不相同。历史学接受并发现多种阐述。这些阐述在纵的方向从一个时间'台阶'到另一个时间'台阶',在每一级'台阶'上也有横向联系和相互关系。"①

历史学通过研究具体史实,把握历史的全局。随着历史研究的深入,专门化研究的推进,历史研究越来越具体,宏观历史与微观历史之间的张力也

---

① 以上引文均出自布罗代尔著,许明龙译:《菲利普二世时代的地中海和地中海世界》各版序言,商务印书馆1996年版,第1—16页。

越来越大,从个案研究上升到历史全局的压力,也越来越紧迫。从微观上升到宏观,要求更多的思辨性思考。反思历史,思考历史学的工作方式,越来越成为优秀历史学家的工作内容。

第四节 主要分析范畴

考察历史进程的现代历史哲学,大体可以基于从业者的专业特色,分为两大类型:历史学家的历史哲学和哲学家的历史哲学。他们的关注点也略有不同。一般说来,哲学家更多地关心"历史的本质",或者"历史是什么?"而历史学家更多地关心"整体","历史是怎样变化的?"哲学家的历史进程,更多地属于"普遍史",而历史学家的是"世界史"。普遍史与世界史并不尽相同,普遍史侧重发现历史演变的内在法则,放之四海而皆准的法则,发现历史的规律;而世界史的写作固然关注历史进程中的共性和法则,但是,会尽可能地容纳世界历史各个部分的具体性和特殊性,普遍性和特殊性之间具有明显的张力。追求本质,使得哲学家容易成为一元论者,尊重殊相,往往使历史学家成为多元论者。

无论是哲学家还是历史学家,他们都会从事于思辨的历史哲学,尽管每个人的具体理解不尽相同,但都得使用这个特定学科的话语、术语。

(1) 统一性。从哲学上构建人类历史演进的图景,则必须假定人类历史是"整体"或者是"单一的整体",属于"一"。在思维过程中,对人类历史各部分的具相进行舍弃,对于其中普遍的现象进行提取,"秉要执本","总结法则"。舍弃越多,思辨色彩越浓,哲学家本色更重。若保留具相越多,历史学家的本色越重。17世纪科学革命之后,对于统一性、整体性的追寻,一直就是科学的应有之义。马克思强调人类的普遍规律,汤因比坚持人类文明的同时性。

(2) 统一性之结构性体现。通过某种普遍的趋势,重复性的结构,类似的历史现象,等等,统一性体现出来。结构内部要素之间,可以有决定与被决定的关系,例如马克思的社会形态学说;也可以是互动性的,如布罗代尔的"时段"理论。这个普遍的趋势,可以是激进性的,如马克思的共产主义社会,也可以是保守性的,如黑格尔的民族国家观念,福山的自由民主社会,也可以是改良性的,如汤因比的西欧文明危机,等等。

(3) 动力。人类历史的统一性、整体性和结构性,并不排斥人类历史的变动性。恰恰相反,这种特质往往在变动中得以体现。普遍性通过特殊性显示出来,必然性通过偶然性来加以实现。发掘普遍性与特殊性之间的矛盾统一关系,从而把握历史变迁的根源和动力,是历史哲学的关键性环节。

(4)阶段性。动力带来演变,在时间的流逝中,人类历史经历不同的阶段。黑格尔的"圣父之国"到"圣子之国",再到"圣灵之国",马克思的五种社会形态的更迭,汤因比的三代文明的演化,而布罗代尔的历史节奏理论容量最大,也最为复杂,根据不同的标准,有不同的变化节奏,各种历史节奏不尽相同,共同组成奇妙的凑合景观。

(5)意义与未来。任何哲学思考的引发,归根结底都源自于某种终极关怀。是针对社会存在的根本性现实意义而生发的,指明希望之所在,指示未来的发展方向。历史哲学通过揭示历史演变的规律,或者为现实辩护,如黑格尔,证明现代民族国家的合法性,如福山歌颂冷战后格局,维护西方的自由民主制度;或者批判现实,提出革命性改变,如马克思,尝试建立没有剥削和压迫的人类美好社会;或者如汤因比那样,提出自我更新计划,挽救西欧基督教文明的危机。布罗代尔的历史哲学,则充分表达了一位历史学家面对无垠历史整体的个人渺小感。也正是这种现实关怀,最终决定着某个特定历史哲学体系的现实命运。不同的现实,也制约着人们对它的接受。

(6)现实后果。任何历史哲学体系,都蕴涵着对于现实的政策建议。这个未来预期,如果尚未实现,那么,历史哲学将提醒接受者去改造世界,早日促成其实现。因此成为激进的思想流派,给人以启迪。如果业已实现,人类历史已经达到其最终目标,人类的历史就应该终结,因为其存在的根本意义业已实现,因此成为保守派。如果大体实现,但是暂时还存在危机,则是改良派。

由于电子通讯系统的革命性变化,使当今世界范围内的交流已经发生翻天覆地的变化。登上互联网,天涯咫尺,人类第一次有可能同时面对整个人类社会,面对无穷无尽的信息。在这种信息背景之下,实不容许任何"地方主义"的狭隘性。反思人类历史进程的历史哲学处在又一次巨大变革的前夕,历史哲学将从各种不同的中心主义步入关怀整个人类的全球主义新时代。伟大的时代变革呼唤着新的"真正的"历史哲学的诞生,这个即将建立的体系将是有史以来最为无私的历史哲学,也将为所有人类共享。

阅读书目：

奥古斯丁，周士良译：《忏悔录》，商务印书馆1963年版。

布罗代尔著，吴模信译：《菲利普二世时代的地中海和地中海世界》，商务印书馆1996年版。

恩格斯：《费尔巴哈与德国古典哲学的终结》，人民出版社1957年版。

黑格尔著，王造时译：《历史哲学》，三联书店1956年版。

卡尔·雅斯贝斯著，魏楚雄、俞新天译：《历史的起源与目标》，华夏出版社1989年版。

科林武德著，何兆武、张文杰译：《历史的观念》，中国社会科学出版社1986年版。

田汝康、金重远选编：《现代西方史学流派文选》，上海人民出版社1982年版。

第十一章
历史学是什么?
——分析的历史哲学

有历史记载的实践,随后就有如何记载的讨论。在中国古代,此类文章被归入"史评",分为两大类:如何写作历史,及点评史事。四库馆臣认为前者起自于司马迁:"《史记》自为序赞,以著本旨。"唐代刘知幾著《史通》系统讨论相关问题,非"博览精思,不能成帙,"因此作者不多。至于后者,作者众多。在古典时代的西方,历史学家们在写作的过程中,也往往会讨论如何写作,例如修昔底德对于客观真实的追求,以便垂之久远;波利比乌探讨如何表现历史的整体进程。而琉善的《论撰史》颇类似于刘勰的《文心雕龙·史传篇》。进入中世纪之后,史学家们虽然也还讨论撰修史书的意图,多用献辞的形式表现出来,但探讨热情远不如古典时期。

18世纪中叶,随着德国大学历史学教席的设立,现代专业化史学启动,历史学方法,开始成为大学课程。1750年克拉德尼(Chladenius, Erlangen 大学的修辞和诗歌教授)的历史知识理论讲座被认为是现代史学方法讲座的开始。这些讲座的内容各不相同,或者围绕如何批判和阐释史料展开,或者解释历史现象的宏观演化。随着兰克及其广大弟子的实践,兰克的历史学研究模式传播到德国之外的地区,被尊为科学历史学的典范。此一时期对于历史学的反思,主要讨论如何从方法论上科学地研究历史。如果说古典时期历史学反思与文章之学密切相连,处于开放状态,那么此时的方法论探讨,紧随历史研究的实践,反思者主要是专业化色彩浓厚的历史学家,来自其他领域的学者可以发表意见,但是基本上处于边缘地位,直到二战之后,才有改观。

20世纪中叶,从如何研究历史的探讨中,生长出新的主题:"历史知识如何可能",或者说"历史知识是什么",是为"分析的历史哲学"。英国哲学家沃尔什的作品《历史哲学导论》比较经典地界定了分析的历史哲学。他提出,分析的历史哲学包括四大组问题:一、历史学与知识的其他形式,即关于历史思维的本质问题的问题,具体说来,就是历史思维和历史知识是否是一种独特的思维或知识;二、历史学中的真理与事实,也就是探索历史学家如何处理证据;三、历史学的客观性,讨论历史学家的主观性干扰是否存在,又如何存在等问题;四、历史学中的解释,历史学家的解释是否与其他科学家的解释不一样。①

分析的历史哲学,重新将反思历史学的大门开放,成为文学批评、哲学思考以及史学探寻的交叉地带。它叠加在传统的历史研究方法的基础之上,与它展开互动,间接地影响着历史学的实践。

第一节 整理史料与历史学专业化

一、德国大学与现代专业化史学

文艺复兴之后,古典研究大规模兴起,意大利的佛罗伦萨、威尼斯、罗马等地艺术、文学独领风骚;经过宗教改革,法国、比利时和荷兰成为天主教与新教展开拉锯战的地域,大大刺激了利用文艺复兴的成果来整理宗教文献的热情,尤其是利用目录、手稿、版本校勘和语言训诂等辅助手段来考辨文献真伪,史称博学时代。比利时耶稣会学者薄兰德(1596—1665)领导《圣徒传》编纂工作,到处收罗各种有关圣徒的传记和圣徒崇拜的资料,编订目录,考证文本,按照圣徒的纪念日,编订出版最为可靠的圣徒传记。每个文本之前有说明,交代作者和文本的历史价值,并为文本提供详细的注释。第一卷出版于1643年,至今出版了67卷。版本目录之学于是创立。在其他类似文献编纂的过程中,传统历史学辅助学科渐次定型。如马比荣之于古文书学,谢思勒(Andre Du Chesne)之于谱系学,德瓦卢瓦(Adrien De Valois)之于历史地理学,等等。1712年傅协努瓦(P. N. Leglet du Fresnoy,1674—1755)出版两卷本《历史研究方法》(*Methode pour etudier l'histoire*),成为权威性教本,1772年再版时,扩充到15卷。

---

① 沃尔什著,何兆武、张文杰译:《历史哲学导论》,社会科学文献出版社1991年版,第8—17页。专名译法略有改动。

在某种程度上作为对此博学运动的一种反动,法国的启蒙运动,提倡历史科学,主张援引自然科学方法,为现实服务,在宗教主线之外,寻找历史发展的主线,探寻地理、经济、政体、科学等各方面的有机联系和规律,奠定了西方现代关于历史演化的宏大叙事形式。德国历史学家们在接受启蒙史学影响的同时,更多地从个人的角度进行思索,提出独到的看法。在黑格尔看来,德国人偏好反思治史方法,"在我们德国人中间,真是种类万殊。每一位历史家都是别出心裁,有他自己的特别的方法,一般来说,英国人和法国人知道,必须怎样写历史,他们多半站在普遍的或者民族文化的立场上。我们德国人就不是如此,每位作家竭力要发明一种纯属个人的观点。我们不去编著历史,老是劳神苦思,要发现历史应该怎样地编法。"①

哲学思辨、方法论反思和史料考据相结合,大大促进了分析的历史哲学的发展。其中的代表人物就是利奥波德·兰克,他对以费希特为代表的流行史学模式进行了清算。据一份写作于19世纪30年代的讲义手稿——《论史学之性质》可以看出,通过对费希特及其继承人黑格尔的批评,兰克为史学获得其独立价值做出了有力的辩护。② 这些看法后来被总结为历史主义。

兰克认为,尽管费希特喜好历史学,重视历史学的价值和意义,但是,如同当时其他启蒙运动的参与者一样,不过是将历史事件附从于自己的观念,先通过哲学思辨,建立起一个体系,然后往里面填充历史材料,加以论证。从表面上看,这套程序非常重视历史的作用,哲学体系要通过历史来加以证明,但是归根结底,是哲学观念的指挥棒在驱使历史材料,唯有通过证明某种哲学观念,历史学的价值才能得到彰显。这样做的结果,表面上是抬高历史的地位,而其实是将历史视为哲学的奴婢,历史散失了独立性,成为观念的依附品。一旦历史学缺乏自己固有的目标和利益,那么她将无法独立存在,其生命之河亦趋于干涸。

不唯如此,兰克甚至走向了另外一个极端,宣称最为可靠的哲学包含于哲学史中。真正的哲学,来自于对哲学史的研究,只有掌握了哲学的整个历史,才能知道作为历史现象的哲学是什么。同样,在历史研究中,首要的法

---

① 黑格尔著,王造时译:《历史哲学》,第4页。
② Ranke, Leopold, *The Theory and Practice of History*, ed. By George Iggers. New York: Irvington Pub, 1983, pp. 33-46.

则是通过对特定存在——包括特定的条件和特定的状态——的研究,才有可能真正认识无限性、普遍性,和来自上帝的永恒性。"不需要证明永恒容身于个体之中,这是工作的宗教基础。"历史学同情于个体,坚持特殊利益的真确性,哪怕它是个具体的错误,这个错误中也分享上帝的真理性。像费希特等人所惯于从事的那样,从众所周知开始演绎,得出来的将是直觉性知识。唯有通过精确的研究、一步一步的理解,通过史料分析,才有可能接近整体。

因此,要纯粹地热爱真理。对那些业已发生的事物,怀有尊重,尊重它们的存在和价值,不轻视、不妄改。在此基础之上,进行文献式透彻研究至为必要。每个研究者都有希望避免偏见,保持谦卑,获得研究上的成功。是否成功的决定性因素不在于个人的禀赋,而在于他是否努力。

如果建立了事件的前后序列,历史学家的基本目标便已达到,这个序列内部自然就有联系存在。兰克认为,当时流行的实证主义十分荒唐,它试图从历史研究中发现某种万验的灵药,永恒的法则,如认为"自私或者权力欲是一切事物的推动力"等等。他说:"至关重要的是,尽可能精确地调查真实资料,判定我们是否可以发现真正的动机所在。唯有这条道路无法引领我们走得更远之时,才可以推断。不要以为如此便会限制自由的考察,不,史料越多,越精确,则成果愈富,我们的工作表达才会更加自由……唯有立足于直接的、无法否认的真实之中,自由之花才会盛开……我们的实证主义是史料性的……哪里事实自己开口,哪里纯粹的属文就足以展现联系,而不必高谈阔论。"

对于历史上的功过是非,要采取不偏不倚的态度。他说:"我们的任务是透彻其根基,纯客观性地去描述。"历史上肯定会有进步与倒退两种趋向,历史学家必须公正地面对双方。对斗争双方进行理论上的判断,并非历史学的任务,因为历史学家们知道,斗争是由上帝的意志所决定的,毋庸凡夫俗子置喙。

最终历史学家可以通过历史研究,达到了哲学研究的目标。如果哲学是她本应该是的东西,如果历史学研究达到足够的清晰和完备,那么二者将完全一致,通过具体的历史性研究,来接触到真正的哲学、整体。兰克乐观地预言:历史研究将哲学精神贯注于其主题之中,用历史研究的艺术赋予该主题以生命力,用诗歌那样的魅力加以再创造——不是创造新东西,而是对所掌握和理解了的真实特性加以反映。如果能够这样的话,历史学将以自己独特的方式将科学与艺术同时结合起来。

兰克不仅是个具有反思精神的理论家,更是多产作家。1834—1836年《教皇史》的出版,使他在欧洲范围内知名。这部作品也典型地体现了兰克的史学特色。首先,大量利用了新史料、新发现。他批评坊间流行的现代史,绝大多数依凭已被利用的史料,坚持"如果不是发现了尚未被利用的材料,就没有机会写作"。① 写作《教皇史》的新史料主要包括48份外交报告。兰克综合新旧史料,深入考证,如实直书。

其次,不偏不党的态度。他说:"一个意大利人或者罗马人,天主教徒可能用与我完全不同的情绪处理这个主题。竭力表达个人的尊崇,或者个人的憎恶,他可能会赋予其作品独特的、灿烂的色彩;在许多方面他可能更加精心,更加教会化,更加地方化。在这些方面,远非一位新教徒,北方德国佬,期望能与之相提并论。但他更加冷静地去考虑教皇权威;一开始就抛弃基于党同或者敌视的过分表达;而表达某种欧洲的情绪。对于纯教义细节,我们不表真正的同情;与此相反,我们的立场提供对历史更为纯粹而更少党派性的新观察。"

再次,对历史变迁的深刻洞察。天主教会总是宣称其教义符合原始基督教教义,是万世一系的嫡传,强调基督教历史的统一性。兰克则洞察到了基督教会潜在的变迁。他说:"我们可能感觉到教会那未中断的稳定性,但是我们不应允许自己被这种相似性所误导。事实上,与不同的王朝一样,不同时期的教皇具有很大差别。对于我们这些远观的人来说,正是这些变迁成为最有意思的主题。"

最后,兰克的评判艺术。兰克被称誉为客观主义的典范,但是,客观并不等于中立,而是有自己的立场和评判。《教皇史》的根本观点是支持教俗分离,实现"恺撒的归恺撒,上帝的归上帝。""所有这一切都足以表明一种普遍的趋势……教俗关系必须彻底地重新加以塑造。"兰克并不是没有评判标准的老好人,而是充满深度的思索者,对笔下每个教皇的根本性成败有深刻的同情。对教皇的个人努力与时势之间的互动有着深刻的揭示。诚如德罗伊森所言:"从较高的观点观察宗教改革的历史,从改革的思想,从赞

---

① Ranke, Leopold von, *History of the Popes*, trans. by Mrs. Foster, London: G. Bell & Sons, 1913. p. xviii.

成与反对者,从改革者之间的斗争看当时五十年的发展。"①

《教皇史》出版之后,很快就有了法译本和英译本,1834年罗马教会曾经审查法译本,1937年又审查德文原本,并通过决议,将它列入禁书目录。虽然被称誉为"现代科学史学之父",兰克也主张不偏不倚,但是他的研究并没有真正做到客观公正。如何做到,还有待后来者的进一步探究。

二、阿克顿勋爵与价值判断的公正化

阿克顿被誉为那个时代最博学的人,具有现代历史学家中最伟大的头脑,但是却没有留下专著。这就是有名的"阿克顿现象"。阿诺德·汤因比认为,阿克顿是时代精神的一个奇特牺牲品。历史学家们不断挖掘新资料,进行越来越专门狭窄的研究,是他那个时代的风尚,正是这种风尚窒息了阿克顿,使他变成了一名才华虚掷的编年史编辑。②

没有专著,阿克顿却留下了数量可观的笔记、书评和文章。这些成果足以反映他在历史研究方法上的独特信念。阿克顿虽然非常佩服以兰克为代表的老一辈历史学家们,但也不认为他们不可超越。他说:"以往历代史学家的学识与才华我们难以企及,然而他们并非不可逾越。我们有能力比他们更超然、更冷静和更公正,有能力从那些去掉虚饰的真实文献中学会带着同情心看待过去,带着对更美好事物的坚定期望展望未来。"(第29页)

做到更加超然和公正,需要从两个方面着手。第一,历史批判的方法更加严格。为了保证文献批评结论可靠,阿克顿将历史批评方法总结为更加严格的三个步骤。"所谓批判者,就是这样一种人,当他把视线投向一段有趣的陈述时,他是从怀疑它开始的。在他的权威没有对三个步骤表示认可之前,他是不会放弃怀疑态度的。首先他要询问,他所看到的句子,是否就是原作者所写下的句子。因为转述者、编者和编者之上官方的或滥用权力的审查官,可能在文字上玩弄花招,对原文做了不少篡改。如果这些人没有过失,也有可能作者本人重写了著作,你可以去查第一稿,找出后来的改动。其次要询问的是,作者从何处获得信息。如果来自过去的一个作者,这可以

---

① 德罗伊森著,耶尔恩·吕森、胡昌智编选,胡昌智译:《历史知识理论》,北京大学出版社2006年版,第97页。

② 格特鲁德·希梅尔法伯:《阿克顿:生平与学说》,载阿克顿著、侯健、范亚峰译:《自由与权力——阿克顿勋爵论说文集》,商务印书馆2001年版,第14页。以下引文不另出注,仅附页码于文后。爱德华·卡尔也曾讨论过"阿克顿现象",参见氏著:《历史是什么?》,第11页。

得到查证,但仍要对后者提出相同的质询。如果源自未刊文稿,必须追溯它们的来源。第三有关作者的性格、社会地位、家世和可能的动机,也必须予以探究;从'批判'一词的另一个恰当的含义说,较之于苦役式、常常是机械地追寻文字来源的工作,这就是所谓高层次的批判。"(第17页)

第二,将价值评判标准客观化、统一化。阿克顿认为历史批评的根本原则,是必须恪守不偏不倚的道德原则,为此提出创建历史伦理学,相信只要根据亘古不变的良知、保持足够诚实的态度、克服个人偏好,历史学家们完全可以取得一致意见。"只要历史学保持至高的尊严、严格的自律、审慎的超然姿态和对司法事务的缄默,她便可以高居于纷争之上,形成一个公认的审判庭,对所有人一视同仁。如果人们真正诚实,只根据明确的道德而不是教义做出判断,那么基督教徒和异教徒就会用相同的语言来描述尤里安;天主教徒和新教徒就会用同样的语言来描述路德,辉格党人和托利党人就会用同样的语言来描述华盛顿,法国和德国的爱国者也会以同样的语言来描述拿破仑。"(第19页)

阿克顿知道,档案史料的公布速度越来越快,等待历史学家去发掘的档案史料更加繁多,因此历史学家只能预期,一代人有一代人之史。这也符合现代社会的根本特征——日新月异,唯其如此,历史学家必须提供最新最好的研究成果。怀着如此美好的期望,1896年阿克顿勋爵接受剑桥大学出版社的邀请,主编《剑桥现代史》,提供反映最新成果的权威性历史表述。在规划报告中,他提出具体的目标:"我们不必发表意见,也不辩护。……(我们的作者)对滑铁卢事件的描述,应该让法国人、英国人、德国人乃至荷兰人都满意;不检核作者名单,没有人能猜到到底是牛津主教执笔,还是费尔邦,贾斯克,李贝曼,或者哈里森执笔。"[1]

三、专业化历史研究范式

传统史学记录个人见闻,保存史事,见闻之外,依赖于其他作家和作品,转相抄录,补充自己的记载。现代史学凭借专门化研究,在史料的基础上,向读者揭示更加细密或者更加宏观的过去,发表自己对历史的看法。十八九世纪历史学家们在古今张力之间追求新的历史知识,展示了前所未有的探

---

[1] *The Cambridge Modern History: An Account of Its Origin, Authorship and Production*, Cambridge University Press, 1907, pp. 9-10.

索性和丰富性,也达成了相当的共识,凸现出现代史学史的发展主线:利用原始材料客观公正地揭示历史的真实演变。

客观公正地揭示历史真实,体现在"整理史料"之中。这个时代是大规模整理史料的年代,深入到档案馆、图书馆、收藏家那里,不断地挖掘出新的原始史料,整理后出版原文或者摘录。兰克利用研讨班训练后备力量挖掘档案和新史料,有效地满足了那个时代的史学需要,成为时代弄潮儿。而他主张的"如实直书",更是表述史料整理成果的最佳方式。兰克的历史学认知模式,反映了在现代史学史的长时段里,广大普通史学家的基本工作假定:

(1) 历史是客观地发生过的;

(2) 历史可以通过史料加以反映出来;

(3) 依靠史料批判加以反映,如果批判技巧得当,就可以得到真实的史实;

(4) 如果保持不偏不倚,出于对真理的热爱,历史学家可以正确地解释这些史料,如实描述历史真实,揭示历史演化的真实过程。

如果研究对象是现代史,古今之间的界限并不是很明显。倘若研究古代史,研究对象距离历史学家的时空远隔,古今之间的张力加大,如何避免历史学家自身的价值偏好干预历史研究过程,就越成为问题。是更多地考虑今天的立场,还是警惕将历史"现代化",历史学家往往选择后者。法国历史学家库朗日(Fustel de Coulanges,1830—1889)说:"我们必须使自己强迫接受的第一条规则,就是排除一切先入之见,一切主观的思想方法。这是困难的事情,这种愿望也许不可能实现;但是,我们越接近目标,我们越有希望认识和了解古人的可能。最好的研究古代的历史学家就是那个最能忘掉自己,忘掉自己个人的思想和自己所处的那个时代的历史学家。"[①]

步入20世纪之后,大规模整理史料的进程接近尾声,基本史实业已确定。在此基础之上,如何利用史料解释或者理解历史进程,越来越重要。历史研究归根结底也是主观见之于客观的实践活动,不仅仅是史料在借历史学家的嘴说话,历史学家也在借史料说话。对这一现象的关注程度增加,探讨日多,直接导致历史学家们反思作为社会研究的历史学。

[①] 沈炼之:《法国历史学家库朗日著作选译》,载《杭州大学学报》第11卷第1期(1981年3月),第127页。

第二节　作为社会科学的历史学

一、美国的进步史学

　　史料作为历史学的直接研究对象,被用来研究历史学的间接对象:过去的社会,通过史料把握过去的社会,就超出了狭义的整理史料的范围之外。如何利用零散的史料,个别的史实,来构建对于历史的整体理解,需要利用各种概念、范畴去分析历史中的社会。早在19世纪末,兰普雷希特就区分了新旧史学,认为旧史学立足于个别心理,而新史学奠基于社会心理。① 他发扬布克哈特文化史学的遗绪,调查各民族文化的演化阶段。20世纪初期,历史学家们援引各种新兴社会科学,利用史料,解释过去社会。美国的"新史学"尤其具有代表性。

　　新史学最重要的理论发言人是鲁滨逊(James Harvey Robinson, 1863—1936)。1911年鲁滨逊将自己的论文集结出版,定名为《新史学》。受到达尔文进化论的巨大影响,鲁滨逊认为人类历史是一个联系的有机体。横向上各种因素互相影响,纵向上一个阶段与另一个阶段不同,而又彼此存在着继承与突破的关系,要调查这些关系,解剖历史有机体,需要借鉴其他社会科学领域的工具和成果,关注于"制度"及其演变,满足今天人们的需要。② 1929年当选为美国历史学家协会主席时发表主席演讲——"历史学的诸条新路",他不无得意地回顾了自1911年以来的19年间,他的学说已经从当年引起仇视到今天成为常识的历程。

　　大约与此同时,弗雷德里克·特纳(Frederick Turner, 1861—1932)不仅关注美国本土历史的独特性,更反思历史知识是否真实。这位威斯康星大学的教授并不那么关心美国制度的欧洲渊源,他的问题是:美国的制度难道不是美国人为适应新定居地的环境而设计和创造出来的吗?在学生卡尔·贝克尔(Carl Berker, 1873—1945)的眼中,站在讲台上的特纳,对教科书上的事实和说法总是充满了疑问,"难道事实真的是这样的吗?"

---

① Lamprecht, K., *What is History? Five Lectures on the Modern Science of History*, Transl. by E. A. Andrews, New York: The MacMillan Company, 1905. p.3.
② 鲁滨逊著,齐思和等译:《新史学》,商务印书馆1964年版,第3-20页。

秉持怀疑主义态度,特纳发现历史必须经常重写。他说:

这是通常的道理:每个时代都要重新研究它的历史,而且带着那个时代精神所决定的兴趣去研究。每个时代都有必要用新的情况所提供的观点,去重新考虑至少某一段的历史。这些情况所显示出来的各种力量的影响和意义,是不曾被上一代史学家充分了解的。毫无疑问,每个研究者和作家都要受他们生活的那个时代的影响。这一事实虽然使历史学家易于具有偏见,但在处理问题时,给他提供了新的手段和新的洞察力……那些主张历史只是努力确切地叙述事情的本来面目和谈论事实的人们面临着困难。这些困难在于他们所阐述的事实不是建立在一定条件下的坚实基础之上的,它是处在变化不定的潮流之中,而它本身也是这种潮流的一部分。这种潮流就是当时错综复杂的相互起作用的各种影响,之所以成为具有重要意义的事实是因为它同当代植根更深的各种运动有着各种联系。这些运动是逐渐发展的,而且常常是许多年过去了,才能看出事实的真实情况,才能判断它在历史学家著作中应有的地位。①

特纳将历史事实与历史解释明确地区别开来,强调历史解释固然可以代有变化,但是原始史料的查找、史实的考订却是必须要扎实而全面。这是因为"无论如何主观地重写,过去却是真实地存在过的……一个时代的真实事件是不会再变了,变化的只是我们的理解"。新解释与史料考订之间的巨大张力使得特纳成为有名的文债公,答允的稿约总是因为对于广泛史实的精确探究而无法如期完成。

重新解释历史,旨在造福于人民,美国的进步史学勃然兴起。查尔斯·比尔德(Charles Beard,1874—1948)1913年发表《美国宪法的经济学解释》,完全让史料自己说话,特别是让麦迪逊说话:宪法是经济利益集团意志的产物。保守主义者批评这部书不过是一部宣传品,对此,比尔德很是气愤,他说:"这根本同现实争论没有任何关系",但是对于那些崇拜者,比尔德也会委婉地说明:"为什么历史像只被人拖住尾巴的猫,去向那它本不愿意去的地方呢?如果有一个人具有不同的社会观念,用同样的材料,将会写

---

① F.J.特纳:《美国历史中的社会力量》,载杨生茂编:《美国历史学家特纳及其学派》,商务印书馆1983年版,第87—105页。

出完全具有相反效果的作品。"①1933年他当选为美国历史学家协会主席时的演说题目就是:《写历史是一种信仰》。

1931年贝克尔当选为美国历史学家协会主席,他的演讲题目为:《人人都是他自己的历史学家》。他说,既然历史知识是一种对所做事情的记忆,这种记忆既包括自由意志,也反映周围的环境压力,要之是以现在为中心的,通过这种方式,记忆可以被转化为"准现在"(special present),因此历史不过是社会记忆的人为延伸,是对已经消逝的事件的一种想象的重建。基于这种考虑,贝克尔得出结论:普通人比历史学家强,历史学家迟早要让历史知识适应普通人的需要。待在无人翻阅的书本里的历史,在世上是没有什么作用的。在世上有作用和在历史过程中发生影响的历史,才是活历史,这种历史无论真伪都将扩大和丰富集体的"准现在",即普通人的准现在。因此,把历史看做已过去的现实的一种浓缩的、不完备的表述,一种经过重新设计、加以染色来迎合利用它的人的所记得的事情的不稳定形式,并不一定会损害历史的价值和尊严。②

美国的新史学和进步史学,试图借助于当时正在兴起的各种社会科学,通过开掘历史发展的整体性(特定历史阶段历史现象之间的内在联系)和历史发展的进化线索,一方面拓展历史学研究的领域,另一方面回应现实的呼唤,强化历史学对于社会的用途。他们将历史解释与历史史实区分开来,在不废历史考据的同时,站在特定的立场之上,本着社会进步的信念,用历史研究来为社会的美好未来服务,为社会进步尽到自己的一份力量。

二、研究人文的历史学

历史研究通过史料来研究过去,不仅要理解过去的社会,还要理解过去的人和现在的人。人是具有自由意志的,并以复杂的精神活动而与其他生物区别开来,作为人文科学之一的历史学,具有独特的知识特性。

狄尔泰(Wilhelm Dilthey,1833—1911)对这种独特性有系统阐发。他认为,任何对于"人"的认识之所以可能,是基于其历史,通过回忆对象过去

---

① Eric, Goldman, "The Origins of Beard's Economic Interpretation of the Constitution", in *Journal of the History of Ideas*, Vol.13, No.2 (Apr., 1952), pp.234-249.
② 卡尔·贝克尔:《人人都是自己的历史学家》,载田汝康、金重远选编:《现代西方史学流派文选》,上海人民出版社1982年版,第259—280页。

的行为，人们才有可能对该对象进行认识。这一特性使得包括历史、哲学、经济学在内的非自然科学属于"精神科学"，可以细分为历史的和系统的两大类型，前者侧重于描绘和解释个别对象、个别事件以及它们的相互关系，如历史科学；系统学科则根据一般规律阐述和解释其主题，如经济学、政治学等等。① 作为精神科学，它们都具有自然科学所不具有的四个特征：(1)它们研究的对象自身含有目的性；(2)这些对象具有进行评价和价值判断的能力；(3)这些对象能创造规范、规则和原则进行自我约束，包括道德规则、交通规则等等；(4)这些对象还都具有历史性，记忆产生的累积效果会影响这些对象自身的思想。作为研究人的精神活动及其产品的科学，这些学科的独特之处在于其研究对象——人的精神活动——与自然界不一样，人是具有目的性的、可以进行价值判断，为自己创造一些规范，并通过记忆实现自我认识。

狄尔泰认为，由于精神科学的研究对象的这些独特之处，决定了它们应该采用与自然科学不同的方法——理解。所谓"理解"就是对人们所说或所写内容的把握。而精神之间的理解乃是一种重新体验。"也就是'我'在'你'之中的重新发现"，"我们理解人类的生活、历史以及所有人类心灵之隐秘的深处，因为我们经验了这些变迁和结果，并因而意识到这样一种结构，它囊括了所有激情、苦难以及人类的命运。"人类精神不仅可以理解精神，而且也能理解精神所创造出来的东西，包括历史记载，文学作品、残留的文物等等。因此，理解包括三个层面上的交流：(1)外部过程，领会语词或符号。(2)对意义的领会，理解表达式所表达的观念和感情。(3)对人们心灵的渗透。

对于古典哲学而言，先验综合判断是永恒的，其结构一致，表现为公理公例，不证自明。但是狄尔泰认为，人类认识并不存在任何固定的基础，任何先天综合判断都是历史地形成的，因时因地而不一样。任何认识的前提假设（先验性判断）都是相对性的，每个时代都有自己独特的认识前提假设，独特的先验性判断。先验判断与特定认识之间的关系不再是前者决定后者，而是彼此影响，互为循环。例如，为了理解句子，我们必须理解词语，反过来，只有通过对句子的理解，我们才能恰当地理解词语；又如，为了了解

---

① 威廉·狄尔泰著，艾彦、逸飞译：《历史中的意义》，中国城市出版社2001年版，第4页。相关论述还参考了 H.P. 里克曼著，殷晓蓉、吴晓明译：《狄尔泰》，中国社会科学出版社1989年版。

一个社会集团,我们必须了解组成这个集团的个人,然而这些个人的本质又为其作为集团的一部分这一事实所规定。因此理解既综合又具体。

狄尔泰的理论,通过意大利史学家克罗齐而进一步史学化。克罗齐(Benedetto Croce,1866—1952)说:"一切真历史都是当代史。"在他看来,历史可以分为两种,一种是简单地按照先后顺序记录的编年史,另一种就是真历史,他在行文中为了方便,径直称为"历史"。这二者的差别,有如下一些:历史是活的编年史,编年史是死的历史;历史是当前的历史,编年史是过去的历史;历史主要是一种思想活动,编年史主要是一种意志活动。当一切历史不再是思想而是通过抽象文字被记录时,就变成了编年史,虽然它们一度具体生动。他说:"历史脱离了活凭证"就会变成编年史,那么活凭证是什么呢?"生活"。生活将历史变成了当前的,从而变成了真历史。例如,"当我所处的历史时期的文化发展向我提出有关希腊文明和柏拉图哲学或某种阿提卡风俗问题时,那个问题跟我的生活的关系,就和我所从事的一点工作、或我所沉溺的爱情、或威胁我的某种危险的历史跟我的关系是一样的。我用同样的焦虑去考查它,我同样感到不快,直到把它解决为止。在这种情形下,希腊生活对我就是当前的;它诱惑我、吸引我、折磨我,就像一个人看见了敌人、看见了心爱的人,或看见了他所为之担惊受怕的心爱的儿子时的情形一样。"[1]而历史研究中正统的语言文字考据之学,只不过是在研究死历史时所采用的方法。

克罗齐的历史哲学因为柯林武德的介绍而影响广泛。柯林武德(R. G. Collingwood, 1889—1943)从牛津大学毕业之后,留在剑桥任教,开始了职业考古学家的生涯。柯林武德认为思考历史哲学必须具备双重身份:不仅仅是一位历史学家,而且还是一位哲学家。

在收集鉴定出土文物的时候,这位考古学家发现体验和感悟文物制造者的思想对于理解文物至关重要,于是乎"一切历史都是思想史"。他说:"史学的确切研究对象乃是思想,并非是被思想的事物而是思想本身。"考古学家固然要通过文物重现历史,但是,这种重现是体验文物制造者、定制者的思想,他们为什么要制造这些文物,为何如此安排这些文物?等等。文物不会自动开口说话,因此,提问是获得答案的关键所在,倘若不能提出正确的问题,任何文物都不可能展现其奥秘。对于历史学家而言,工作程序应

---

[1] 克罗齐著,傅任敢译:《历史学的理论与实际》,商务印书馆1982年版,第3页。

该是:问正确的问题,利用各种方式使得证据显示历史学家想要知道的信息,发现文物制造者的心思,知晓文物被制造出来的目的。如此一来,过去并没有死亡,而是通过历史学家的重新思考而活生生地存在着。人类的认识就是这样在思想(行为动机)——思想的结果(文物)——重新思考(透过文物发掘原初的思想)之间不断地循环往复下去。思想与感觉不同,是进行理性的批判,必须使用并且也适用于"批判原则"。

柯林武德认为,迄今为止的认识论的基石要么是建立在神学假定之上,要么是建立在数学或者科学的假定之上,对于历史学实践的反思却证明这些认识论假定是不够的,它们并不能涵盖历史学的研究对象和认识方式,因为它们无法肯定历史知识的合理性,在这种认识论前提之下,历史知识成为不可能。历史学是关于所作所为的科学,回答有关人类在过去所作所为的问题。历史事件是有限的、数量庞大,也无法通过观察和实验来感知。"过去已经消失,我们关于过去的观念决不可能像我们证实科学的假说那样来证实。""历史学的程序或方法根本上就在于解释证据。"①以往的认识论都无法解决历史知识如何可能的问题,它们可以解决作为普遍性范畴的"人"的原理,但是却无法为合理地理解某一特定的个人的特定行为提供认识平台。因此,认识论需要新突破,需要反思针对"特殊性"进行的研究。因此,他预言,人类认识论的下一个哲学基石将是"特殊性认识",也就是"历史性认识"。历史认识无法科学,那是按照传统的"科学"标准来衡量的结果。而对于社会的研究、对于人的精神的研究的发展,迫切需要突破传统的"科学"标准。如果认识论研究不能最终有利于解决"个体"的独特问题,那么这种研究就没有作用和意义。

在这些哲学家们将历史个体纳入反思范畴的时候,法国的历史学家们则在尝试将个体和结构结合起来,加以考察。

三、年鉴运动

年鉴运动源自于一份杂志《年鉴:社会经济史评论》,它是由法国斯特拉斯堡大学的两位学者:马克·布洛赫和吕西安·费弗尔(Lucien Febvre,1878—1956)于1929年所创办的。当英国史学史家彼得·伯克预计年鉴学

---

① 柯林武德著,何兆武、张文杰译:《历史的观念》,中国社会科学出版社1986年版,第32—38页。

派将盛极而衰的时候,勒高夫回答说,年鉴运动只是一个运动而已,没有自己固定的流派和教条,它始终是开放性的、探索性的。① 在年鉴运动登场了近30年之后,英国历史学家乔治·古奇还没有看出来,这是一个崭新的运动。在1954年,他写道:"关于法国早期政治与社会制度的热烈争论,原由古朗治和弗拉赫开始,而现在则遵循更坚实的路线,由费迪南·洛、马克·布洛赫、帕蒂-迪塔伊、阿尔方和福蒂埃继续进行着。……布罗德尔的百科全书式的著作:《腓力二世时代的地中海与地中海世界》既是一部社会学概论,又是一部政治记事之作。"②

获知历史的整体,一直就是历史学家们的追求。"博闻强记"是对古代历史学家的要求,现代的博古学家以独特的方式收集历史的整体。而专业化史学,在强调深度时或多或少地牺牲广度。莫米格里阿诺说:"现在很难碰见博古学家了。你必须到意大利或者法国,在阴冷的屋子里听老人絮叨……博古学家是专业化时代的牺牲品。"③而年鉴运动却始终以总体史为目标。"在力所能及的条件下我把自己的研究扩展到全世界,使之'世界化'。"④对历史全方位地关注,一切过去皆可成为研究对象,在年鉴运动的提倡和实践中,成为现实。1993年法国学者莫里斯·阿居隆在北京大学讲演时说:"如果说必须让人们懂得,历史是一个整体,人的个人生活和集体生活有多少侧面,历史就应该有多少专栏、多少研究题目,那么,这一点已经做到了。"⑤

为了实现总体史,需要进行学科交叉。布罗代尔以王者的口气,宣布打破一切学科之间的"围墙",致力于创造一个科学大花园,人文科学的共同

---

① Tancer,Josef,*The History of Innovation and Revolt*:*Interview with Jacques Le Goff*, trans. by Phil Azzie, http://www.eurozine.com/articles/2003-09-05-goff-en.html. 下载于2008年1月。也参见雅克·勒高夫著,刘文立译:《〈年鉴〉运动与西方史学的回归》,载《史学理论研究》1990年第1期,第123—129页。

② 乔治·古奇著,耿淡如译:《十九世纪历史学与历史学家》上册,商务印书馆1989年版,第20—21页。

③ Momigliano, Arnaldo, *The Classical Foundations of Modern Historiography*, Berkley: University of California, 1990, p.54.

④ 费尔南·布罗代尔著,顾良,施康强译:《15至18世纪的物质文明、经济和资本主义》,生活·读书·新知三联书店2002年版,第22页。

⑤ 莫里斯·阿居隆著,许明龙译:《二十世纪的法国史学》,载《史学理论研究》1995年第1期,第84—91页。

市场。一切方法都可以用来研究历史,历史本身也会修正这些方法。

引入其他学科的新方法,必定打破传统的古今界限。在《法国乡村史》中,布洛赫批评了前辈学者库朗日迷恋起源的偏好,提出放宽视野,"从今到古倒读历史",以便更好地理解过去的文献。"为了说明过去,人们必须看一看现在,或者至少也该先看一看离现在最近的一段过去。"这会让历史学现代化,但只要历史学家意识到这样做的危险性就行了。"谁看到了陷阱,就不会往里掉。"①打破古今界限的努力最终在布罗代尔手中,凝结成了关于历史不同要素不同演变节奏的历史时间观——长时段、中时段和短时段,也为总体观察历史提供了便利的分析范畴。保罗·利科称誉这一发现乃是法国史学界对于历史认识论最杰出的贡献之一。②

年鉴运动的开放性,源自于对历史学的基本假定:一种研究人的历史学。布洛赫认为历史学知识是不可能具有绝对确定性的,但是,历史学的魅力也正在于此。自然科学的发展表明,科学业已不再是古典科学的概念了,确定性本身被证明不过是"度"的问题,亘古不易的定律对于自然科学界也不能通行无阻了。在这种认识论背景之下,历史学知识固然不确定,但会使研究不断更新,因为创新,历史学家更有理由从事历史研究。历史学家的任务在于不断地拓展历史学的深度和广度,使得历史学更加人性化。

四、折中于古今之间

对"今"的重视,使得历史学家们重新思考古今关系。卡尔(Edward Carr,1892—1982)1961年在美国剑桥大学作演讲,以中庸之道,对英美世界流行的史学思潮进行了广泛的综合,在坚持历史学进步的前提之下,重新诠释历史事实,强调历史事实本身离不开历史学家的干预,研究者与研究对象之间应该平等互助。"历史学家跟他的事实之间的关系是平等的、有来有往的关系。……这种相互之间的作用,也由于历史学家是现在的一部分而事实却是属于过去的,便把现在和过去之间的相互作用包括进去了。历史学家和历史事实是相互需要的。没有事实的历史学家是无根之木,是没有用处的;没有历史学家的事实则是一潭死水,毫无意义。因此,我对'历史

---

① 马克·布洛赫著,徐中先等译:《法国农村史》,商务印书馆1991年版,第4—7页。
② 保罗·利科著,王建华译:《法国史学对史学理论的贡献》,上海社会科学院出版社1992年版,第40页。

学是什么?'这个问题的第一个答复便是:历史学是历史学家跟他的事实之间相互作用的连续不断的过程,是现在跟过去之间的永无止境的问答交谈。"①

历史学与历史事实的互动,是以古今社会的互动为前提的。"历史是个社会进程,个人是作为社会的人在这进程中从事工作……历史学家跟他的事实之间的相互交往的进程……并不是一些抽象孤立的个人之间的对话,而是今天的社会跟昨天的社会之间的对话……只有借助于现在,我们才能理解过去;也只有借助于过去,我们才能充分理解现在。使人理解过去的社会,使人增加掌握现在社会的能力,这就是历史学的双重作用。"(第57页)

古今交融的历史学应该面向未来,增强与其他学科的认同和理解,促进社会进步。"促进对科学家们与历史学家们之间的目标的同一性的更深刻理解。……科学家们、社会科学家们以及历史学家们都在从事同一研究的不同部门的工作;研究人及其环境,研究人对于环境的影响以及环境对于人的影响。这项研究的目标是相同的:增加人对于他的环境的理解以及对于环境的控制能力。"(第92页)因此"好的历史学家,不管他们想不想到这一点,他们都要确信将来"。(第117页)

爱德华·卡尔的历史思想通俗易懂、折中调和而不失乐观,成为一个时代的总结。其实,就在他发表演说之后一年,美国科学家托马斯·库恩发表了《科学革命的结构》,开始颠覆科学史,对史学思想界也产生了深远的影响。

第三节　作为文学的历史学

一、范式革命

1958—1959年,美国物理学家托马斯·库恩(Thomas Kuhn, 1922—1996)到普林斯顿大学"行为科学高等研究中心"访学,深受刺激。他回忆说:"那一年我是在主要由社会科学家所组成的共同体中度过的,这使我面对着这些社会科学家共同体与我所受训练的自然科学家共同体之间差别的

---

① 爱德华·卡尔著,吴柱存译:《历史是什么?》,第28页。以下引文仅注明页码,不另出注。

问题,而这些问题是我所未曾预料过的。尤其令我震惊的是,社会科学家关于正当的科学问题与方法的本质,在看法上具有明显的差异。我的历史知识和学识使我怀疑,自然科学家是否比他们的社会科学家同事们对这些问题的解答更坚实或更持久。然而不知怎的,天文学、物理学、化学或生物学的实践者对其中的基本问题通常并没有展开争论,而今日在比方说心理学家或社会学家中间对这些问题的争论则似乎已习以为常了。力图找出这种差异的来源,使我认识到此后我称之为'范式'的东西在科学研究中所起的作用。"①

在教授物理学史的过程中,库恩有机会接触大量的近代科学革命时期鲜为人知的史料,通过阅读这些史料,他发现教科书中的科学史简单化而且片面。在科学革命发生之前,原来有如此之多发展良好的科学猜测和流派,但是,在科学史叙事中,历史被简化为进步与障碍之间进行斗争的过程,那些被战胜的流派被贬斥为落后势力,而历史发展就是通过胜利者克服这些落后势力而得以实现,逐步走向今天占据统治地位的一套科学系统。从这个角度观察,历史研究、科学史叙事的目的,似乎只是为了表明今天的科学现状是必然发生的单线进化,是"胜利者"从它自身的角度来观察"战败者"的单视角历史。这种史实与叙事之间的不一致,引起库恩的反思。

他认为,这是"科学范式"使然:某些经典作品通过教科书控制着一群科学家,使得他们下意识地接受了这些经典作品的前提、假设、方法和结论,在此基础上开展工作,修修补补,以增进这些经典作品的适用范围和解释能力。

信奉某一科学经典作品的科学家们,取得相当程度的一致认识,组成"科学家共同体",由他们所控制的科学研究状态被称为"常规科学"。如果不存在这样的经典作品和科学家共同体,那么就会在根本性问题上缺乏共识,形成多种流派纷争的局面。由于对那些根本性问题的假设不同,这些流派之间甚至无法沟通和对话,它们之间往往是绝对否定和彼此谩骂,这种科学研究局面,被称之为"前常规科学"状态。一旦某种范式确立,科学变为常规科学之后,科学家们便在经典作品的指引下开展研究,不断地制造出更为精密的实验仪器和更加先进的设备,得出更加精确的结论和推论。

---

① 托马斯·库恩著,金吾伦、胡新和译:《科学革命的结构》之《序》,北京大学出版社2003年版,第4页。

随着常规科学的逐步发展,越来越多新发现的现象无法由既有范式加以解释,导致"危机"。在库恩看来,这种"范式危机"只能通过革命方式加以解决,因为,范式的取代意味着对根本性问题的看法发生分歧,而这种分歧是基于信仰而非理性。新的学术经典作品的诞生,也培育了新的科学家共同体,信奉旧范式的科学家共同体由于各种原因崩溃,新范式确立,成为新的正统,科学革命得以实现。如此循环下去。

范式概念固然可以淡化历史进化论色彩,但是也带来了两大问题。第一,不同时代之间,不同史学家群体之间真的不可沟通么?他们之间是否存在知识的延续呢?史学史难道停留在"点鬼簿"的状态?让普通史学家为"大师"的光辉所笼罩?

范式则将学术演进的根本性力量赋予了几个创作经典作品和范式的大师,一旦经典确立,范式巩固,似乎就不再需要大师了,学术的演进随之就变成了短暂的大师"创造期"与漫长的专家"守成期"之间的更替。但是现代历史学的进步舞曲是由"大师"和普通史学家群体共同谱写出来的。古代历史学家的作品能够留存下来的,只是极少数,而现代历史学家的作品几乎都有机会流传,薪火相传,在教室、图书馆、档案馆等等。他们无法被忽视。

第二,历史学处在怎样的状态:常规科学还是前常规科学?如果是前者,范式是什么?决定这一范式的经典作品又是什么?如果属于后者,那么,历史学如何才有可能变成常规科学?海登·怀特认为历史学还处于前常规科学状态,应该通过学术革命,转化为常规科学。他从写作修辞的角度,为历史学立法,将历史学改造为常规科学。

二、元史学

现代历史学家并不排斥写作技巧,但是反对用文学化的语言纹饰作品。德罗伊森曾经总结过历史写作的体裁。他将历史写作分成四种类型:(1)研究式表达,报道研究者得出结论的全过程。(2)叙述式表达,基于特定立场,"把研究对象的发展变化原原本本的陈述出来"。(3)教学式表达,彰显历史演化的阶段和目的,表达研究结果对于当今社会的教育意义。(4)讨论性表达,古为今用,将当下的问题、剖析清楚。[1] 在他看来,叙述式表达主要适用于描述事件与人物,而"语言的历史""法制史"

---

[1] 德罗伊森:《历史知识理论》,第90—108页。

和农业制度史等都不相宜,因为对它们的真正感觉,无法加以表述。

二战后,文学批评对"文本"独立性、作者与读者之间关系的理论反思,刺激部分历史学家反思历史写作的文本性。海登·怀特1973年发表《元史学:十九世纪欧洲的历史想象》,认为历史写作也是"以叙事散文话语为形式的语言结构","是在历史场、未经加工的历史纪录、其他历史叙事和读者之间加以调和的尝试"。因此有必要将历史写作当做一种反思对象。传统上将历史写作区分为以理论分析为主的元历史,与基于史实考订的正宗历史的做法,是错误的。一切历史写作要么是材料太少,需要想象加以填充,要么材料太多,需要适当取舍;这两种方式都包含有解释成分,以"元历史"的基本假定作为前提。因此,一切历史写作都是元史学性的。

历史写作元素包括五个方面:(1)编年,(2)故事,(3)情节编排模式,(4)论证模式,(5)意识形态含义。编年和故事都属于历史写作的最初材料,编年提供世界的秩序和意义感,故事具有叙事性,并通过情节编排分为四类:罗曼司、悲剧、喜剧和讽刺;论证的类型也有四类:形式论的,有机论的,机械论的和语境论的;最后是四种意识形态含义:无政府主义的,保守主义,激进主义和自由主义。历史写作最终都是通过语言来表达意义,上述三种阐释方式通过相应的语言表达模式实现。归根结底,阐释源自于语言的四种比喻类型:隐喻,换喻,提喻和反讽。

四种情节编排模式体现出特定时代的特定口味偏好,那时它们被认为更真实一些。通常反讽之后流行的是浪漫主义,悲剧之后是喜剧,喜剧之后是反讽。四种情节编排模式、四种论证模式、四种意识形态和四种语言比喻类型之间存在某种亲和性(见下表),然而在写作中,历史学家并不一定恪守这种亲和性原则。正是这种原则与写作实践的不一致性使得诸模式的组合出现了内在的张力,历史学家的写作就是克服这种张力,形成特定的风格,传递美感。

主导比喻类型	情节编排模式	论证模式	意识形态	历史学家
隐喻	浪漫剧	形式论者	无政府主义	米什莱
换喻	悲剧	机械论者	激进主义	托克维尔
提喻	喜剧	有机论者	保守主义	兰克
反讽	讽刺剧	语境论者	自由主义	布克哈特

凭借这样一套想象历史的话语模式,怀特认为可以使得历史学发生革命。"历史研究的非科学性或原始科学性质就在于历史学家不能——如17世纪的自然科学家那样——就某一特定的话语模式达成一致见解。""要想获得科学的资格,就必须拥有一种借以交流发现的技术语言。"①也就是说,历史写作固然主观,但是因为历史话语本身有规律可循,因此,通过对历史话语规律的探索,可以将历史学升级为常规科学。历史作品的更替也不是追求更加客观,而是满足读者的预期和口味,使得他们认为新作品更为真实。可能最终起决定性作用的是意识形态,左右着对作品的评价和接受。与其说历史学关乎真实,不如说更关乎讲述方式。

与此同时,普通历史学家也在提倡历史叙事。1979年劳伦斯·斯通在《叙事史的复兴——一种新型旧史学的兴起》中,批评研究经济、结构和社会的历史学作品中缺乏具体的人,充斥大量图表和数据,除了少数的专业同行之外,对普通读者没有吸引力。

但是这种复兴历史叙事的努力与后现代主义理论家的主张并不是一回事。1992年斯通联合同事中世纪学家斯皮格尔发表短篇札记《历史学和后现代主义》,批评后现代主义对于史学研究的消极影响。强调:"如果保留在合适的限度内,所谓'语言学转向'对历史学功不可没,它教导我们更加细心地检验文本,挖掘字面背后的意思,解读语法细微变化的含义等。"他提出六项主张,联合后现代主义者,获得共识。

第一,得用明白易懂的语言写作;

第二,历史真实是不可能获得的,任何结论都是暂时性的和假设性的,等待具有更新材料的更好理论来推翻;

第三,我们都是有偏见的,因此,在阅读历史之前,应该调查该史家的背景;

第四,文献是由易犯错误的人类写作而成,因此必须考虑作者的动机、文献的性质及其背景;

第五,要靠各种形式来表述真实,形式有时与历史真实一样重要;

第六,仪式在人类历史中起着重要作用。

但是,也要与后现代主义极端分子划清界限:"一旦它主张历史真

---

① 海登·怀特:《〈元史学:十九世纪欧洲的历史想象〉之前言;历史诗学》,载陈永国、张万娟译:《后现代历史叙事学》,中国社会科学出版社2003年版,第369—427页。

实纯粹是一个语言问题,那么我们就分道扬镳了,因为一旦假定文本之外无他物,那么,我们所知道的历史将彻底崩溃,事实与小说将绞在一起。"①

不管我们是否接受后现代主义这个一揽子式词汇,语言分析、文本分析、话语分析、权力概念与意识形态概念,叙事技巧等等,业已与历史学家的日常工作紧密相连了。在传统的史料批评、社会科学方法之外,又增加了历史写作方面的反思,分析的历史哲学更加丰富而新颖。新的哲学分析给历史研究带来挑战,也同时受到历史学家那沉默而有力的回应,被迫做出修正和更新。

1996年,勒高夫出版厚达千页篇幅的传记《圣路易》,用作品回应了理论界的挑战。关于13世纪初的这位法国国王,我们拥有较为丰富的史料,但是有理由怀疑这些资料的可信性。勒高夫将这些文献加以分类,哪些文献在不经意间透露了圣路易的信息?哪些材料特意提供对圣路易的认识?借助于这些资料,不仅可以认识到这些编纂者的写作动机,及其背后的利益集团,而且还可以走进圣路易,认识到真正的圣路易,得到历史真相。圣路易不仅仅是文献中被描述、被界定的对象,而且也在被时代造就的同时,造就着他的时代,在实现个人意图与屈服于社会压力的互动之中,在经历一连串意外事件中逐渐形成自己清晰的性格。②

更多的历史学家则没有勒高夫那样的雄心与时间。他们更多地只是交代哪些是文献提供的信息,哪些属于史料空白,哪些叙述又是历史学家出于何种考虑进行的历史构造。通过克服自我偏见获得历史真实,尽量不带偏见地分析史料,观察历史。诚如汤因比所言:"如果历史学家是诚实的、具有自我批评精神的,并且很擅长反省艺术和心理分析,那么他肯定将尽最大努力去撰写一部没有偏见的历史。"③

---

① Stone, Lawrence & Spiegel, Gabrielle M., History and Post-Modernism, in *Past and Present*, No. 135 (May, 1992), pp. 189-191.
② 雅克·勒高夫:《圣路易》,引言,第10—23页。
③ 王少如、沈晓红译:《汤因比论汤因比:汤因比与厄本对话录》,上海三联书店1997年第2版,第16页。

第四节　分析范畴

一、历史知识与真实

　　分析的历史哲学关注的核心问题是历史知识,围绕"真实"而展开。追求真实乃是历史学最为根本的职业操守,舍此则历史学没有存在的合法性。"真实"至关重要,它必定成为任何历史学方法论的核心。

　　学术史上大规模的方法论争论往往是由"真实"引起的。各种史学流派的兴起,无不肇基于此。新流派之所以兴,是因为利用新的假设、方法可以比旧史学做到更加真实,而旧史学无不因此而背上"曲解"历史真实的恶名。根据新的真实标准,旧史学似乎无法保证历史叙述的真实性。真实标准如何不断变化,知识界如何看待历史知识、理解其真实性,是分析的历史哲学革新的根本基础和源泉。随着史学实践的进步,历史学家对于历史真实的理解,会越来越自觉、也越来越深入。现代史学从关心整理史料,研究社会到反思历史写作,逐渐增加关照的层面和内容。

　　历史学家并不能够直接观察到他的研究对象,过去不再来。长时段理论的引入,加上现实中的历史遗留,使得历史学家有可能更加贴近他的研究对象,但并不能从根本上改变这一尴尬的局面,历史学家得借助于历史记录来理解历史现象。19世纪普遍相信通过史料批判,能够得出历史真相,20世纪上半叶,以为利用社会科学的方法,可以反映过去社会的面貌;而到20世纪末,历史作品成为文本,与其说文本反映了历史现象,毋宁说它反映了作者的意图和写作技巧,以及读者与作者之间的互动。似乎文本之外无历史。传统的历史记录与历史现象之间的关系,因为文本概念的引入,而发生了新的变化。这个新变化的发生很大程度上是因为有了"读者"。历史记录、读者、与历史现象之间究竟是什么关系?

二、实用与真实

　　随着时代的变化,人们的价值观和审美标准随之改变,人们对于历史知识的需要也发生着改变。这种需要用时下的流行话语来说就是"市场"。现实需要强烈地影响着历史学的研究方式,那么真实与实用又是怎样的关系呢?对于这种关系的考察也是分析的历史哲学的一个固有范畴。著名的年鉴运动，据说发端于布洛赫年幼的儿子的一句问话："爸爸、爸爸，历史学有什么用？"古代史家将真实与实用几乎等同看待，现代史家一度将二者分开，而现在又意识到二者背后千丝万缕的联系。意识形态与话语权力，它们与历史真实之间的关系如何？

从"真、善、美"的统一性来看，实用体现了历史学家的人文关怀，希望研究成果对社会有所帮助，对人们的生活有所改善，反映了造福人类的善良愿望。古今不能分离，今天是明天的历史，昨天是今天的来源，历史学家联络古今，沟通中西，将历史研究与人类进步紧密相连，实现真和善的统一。而以美文写作表达出来，供人诵读。"文质彬彬"既是对读者负责，又是为读者着想，也是实现善。不过，对于历史学家而言，对读者最大的责任在于提供历史真实。不仅仅迎合读者一时之好，而且尊重历史、现实和未来，沟通古今，为读者增加历史经验，而使得作品垂之久远。

三、主体与客体

历史研究的主体是历史学家，客体是被研究的对象：历史发生。主体和客体之间的关系是所有认识论乃至学术研究中都存在的普遍范畴。在史学认识论中，这对范畴很大程度上可以转化为另外一对相关范畴：古与今。历史学研究的对象很特殊，作为现代人的历史学家如何处理大体上不复存在的过去，通过史料，来间接地理解过去？历史学家如何能够理解史料，洞悉产生史料的那个社会现实？历史经验如何可能？都是关乎历史学存在合法性的重大理论问题。可以说古今关系是20世纪分析历史哲学中关注最多，哲学家们分歧也最为明显的一对范畴，往往也是新史学流派的力量和源泉之所在。

主体与客体之间的关系，往往是用客观性来加以衡量的。在19世纪，客观性是指排除主观偏见，不偏不倚，超越对立双方的立场，为历史研究的真实性提供保障。直到20世纪50年代，沃尔什还说："我们将看到，这两个主题（真实性与客观性——引者注）是密切相关的，而且确实可以看做是同一个题材的不同方面。"① 其实，真实性的背后隐藏着特定的标准，真实性判断也是一个价值判断，真与客观性之间的联系被淡化了。虽然如此，不带偏见地研究历史，还是历史学家处理主客体关系的主要原则。

---

① 沃尔什：《历史哲学导论》，第69页。

历史学研究通常被分成两个部分或程序,历史事实与解释,前者客观、科学,不以人的意志为转移;后者主观,是精神冒险。所谓"事实是神圣不可侵犯的,意见却是不受拘束的"。爱德华·卡尔不同意这个二分法,他认为,没有历史学家的加工和阐释,事实毫无意义。历史研究是历史学家与历史事实之间相互作用的过程,是现在与过去之间永无止境的对话。但卡尔的回答,并不是一种真正的回答。

从逻辑上讲,真有两种:根据"符合理论",符合为真;根据"贯通理论",只有整体才真。维特根斯坦将二者综合起来,在经验领域,适用符合理论,此外,则需要贯通理论。所谓真实,就是"认同",如果一个群体认同某一现象,那么对于群体成员而言,这一现象便是真实的;如果若干个群体有此认同,那么它们之间便有一致的真实性认识;推而广之,一个时代有此认同,则这个时代具有确定的真实观;如果若干个时代有此认同,则这若干个时代具有确定的真实观。更进而推至极端,人类有此认同,则人类具有确定的真实观。要达成这种认同,交流至关重要,美国哲学家蒯因借助于"主体间性"原则,推定一代科学家之间可以通过交流解决认识的一致性问题。不同时代的精神之间的交流,后人对前人的理解,是否也会导致某种终极的历史真实呢?

阅读书目:

阿克顿著,侯健、范亚峰译,《自由与权力:阿克顿勋爵论说文集》,商务印书馆2001年版。

海登怀特著,陈永国、张万娟译,《后现代历史叙事学》,中国社会科学出版社2003年版。

托马斯·库恩著,金吾伦、胡新和译:《科学革命的结构》,北京大学出版社2003年版。

沃尔什著,何兆武、张文杰译:《历史哲学导论》,社会科学文献出版社1991年版。

杨生茂编:《美国历史学家特纳及其学派》,商务印书馆1984年版。

后　记

从1998年开始在北京大学讲授"史学概论"课程，便着手写作此稿。至今十年有余。前后数易其稿。写作中考虑最多、最难解决的问题不外乎是：究中西之际，通古今之变，调和史学理论与史学实践。由于个人专业的关系，用力最多的，还是贯通中西，试图对古今中西史学家的实践进行总结，求同存异，为中西史学交流搭建对话平台。

以一人之力实现这一目标，谈何容易！好在有本系师生的无私帮助，不仅可以减少错误，而且增添了不少勇气。尤其是北京大学历史学系的马克垚教授、朱孝远教授和张帆教授，北京大学经济学院的刘群艺副教授，美国罗文大学的王晴佳教授，瓦溪本大学的杜涌涛教授。他们都认真校读过原稿，提出了许多有益的修改意见。陈昊等同学也曾就具体章节提出过很好的建议，本书的责任编辑刘方对提高稿件的质量，贡献良多。对于他们的帮助，在此深表谢意！当然，书中任何错误概由本人负责。